权威·前沿·原创

皮书系列为
"十二五""十三五"国家重点图书出版规划项目

BLUE BOOK

智库成果出版与传播平台

体育产业蓝皮书

BLUE BOOK OF
SPORTS INDUSTRY

江苏省体育产业发展报告
（2019~2020）

REPORT ON THE DEVELOPMENT OF JIANGSU SPORTS
INDUSTRY (2019-2020)

主　编／王志光
副主编／王　峰　孙金荣
执行主编／徐光辉　姜同仁

社会科学文献出版社
SOCIAL SCIENCES ACADEMIC PRESS（CHINA）

图书在版编目（CIP）数据

江苏省体育产业发展报告.2019－2020／王志光主编
.－－北京：社会科学文献出版社，2020.10
（体育产业蓝皮书）
ISBN 978－7－5201－7445－9

Ⅰ.①江… Ⅱ.①王… Ⅲ.①体育产业－产业发展－
研究报告－中国－2019－2020 Ⅳ.①G812

中国版本图书馆 CIP 数据核字（2020）第 197445 号

体育产业蓝皮书
江苏省体育产业发展报告（2019~2020）

主　　编／王志光
执行主编／徐光辉　姜同仁

出 版 人／谢寿光
责任编辑／陈晴钰
文稿编辑／陈　颖

出　　版／社会科学文献出版社·皮书出版分社（010）59367127
　　　　　　地址：北京市北三环中路甲 29 号院华龙大厦　邮编：100029
　　　　　　网址：www.ssap.com.cn
发　　行／市场营销中心（010）59367081　59367083
印　　装／三河市东方印刷有限公司

规　　格／开 本：787mm×1092mm　1/16
　　　　　　印 张：20.75　字 数：309 千字
版　　次／2020 年 10 月第 1 版　2020 年 10 月第 1 次印刷
书　　号／ISBN 978－7－5201－7445－9
定　　价／158.00 元

江苏省体育产业发展报告（2019～2020）
编委会名单

主　　编　王志光

副 主 编　王　峰　孙金荣

执行主编　徐光辉　姜同仁

编　　委　陈　艳　　陈建国　　陈爱玲　　陈银利　　程　兵
　　　　　范　芹　　顾　颖　　郇昌店　　胡　娟　　刘　森
　　　　　刘东升　　刘　娜　　李　国　　李燕领　　柳昌贵
　　　　　骆　磊　　苗　琳　　彭　艳　　秦宏图　　孙海燕
　　　　　施亚飞　　陶玉流　　温　阳　　王丽丽　　王　凯
　　　　　王　进　　王佳玉　　王　松　　吴雨天　　徐光宇
　　　　　薛文玉　　谢晓倩　　谢新峰　　夏会国　　叶新成
　　　　　杨靖三　　周　丹　　朱菊飞　　张小海　　张建明
　　　　　张　强

主要编撰者简介

王志光 江苏省体育局副局长，分管体育产业、体育彩票、体育经济、体育装备等。

王　峰 江苏省体育局体育经济处处长。

孙金荣 江苏省体育产业指导中心（江苏省体育产业研究院）主任。

徐光辉 江苏省体育产业指导中心（江苏省体育产业研究院）副主任，研究方向为体育产业政策。

姜同仁 安徽财经大学教授，现任体育产业管理与发展研究院执行院长、安徽省体育产业重点研究基地常务副主任。主要研究方向为体育产业理论与政策、体育产业发展战略。

摘　要

　　江苏地处长江三角洲和"一带一路"交会点，经济基础雄厚，创新要素集聚，人文环境优越，体育产业资源条件和区域优势明显，经济贡献突出。经过多年的快速发展，江苏省体育产业质量和效益稳步提高，体育产业工作取得明显成效。2018年全省体育产业实现总产出4066.18亿元，创造增加值1387.20亿元，增加值占GDP比重达到1.50%；全省城乡居民体育消费总规模达到1918亿元，同比增长17.8%，人均体育消费水平达到2382.01元，同比增长17.5%。江苏体育产业呈现良好的发展态势，体育产业规模逐步扩大、产业结构逐步优化、体育消费规模凸显、产业基础不断夯实，呈现经济贡献突出、品牌影响力显著增强、区域特色已经成形、载体作用逐步发挥、引导培育效果彰显的良好态势。全省体育产业在发展过程中，注重加强顶层设计、厚植发展基础、打造多元载体、实现协同发展，成效显著。随着新时代高质量发展、消费逐步升级、创新动能释放，江苏省体育产业工作基础将进一步加强、结构布局进一步优化、产业贡献进一步提高，步入新的发展阶段。

　　本报告重点梳理了体育产业重点领域和各类产业载体的发展态势。经过多年的培育，江苏各市区域体育产业特色已经成形，一批体育产业基地、体育服务综合体、体育特色小镇、体育公园等成为推动江苏体育产业快速发展的重要力量，体育产业发展专项资金的引导培育效果彰显，由体育用品品牌、赛事品牌、服务品牌以及培训品牌等组成的品牌影响力不断扩大。

　　关键词：体育产业　体育消费　体育经济

Abstract

Jiangsu province is located at the intersection of Yangtze River Delta and Belt and Road, with a solid economic foundation, a cluster of innovative elements, superior humanistic environment, obvious advantages in region and sports industry resources, and outstanding economic contributions. After years of rapid development, quality and efficiency of the sports industry in Jiangsu Province have been steadily improved, and efforts on sports industry have achieved remarkable results. In 2018, the province's sports industry achieved a total output of 406.618 billion yuan, creating an added value of 138.720 billion yuan, an increase of 1.50% of GDP; sports consumption of the urban and rural residents in Jiangsu province was 191.8 billion yuan, a year-on-year growth of 17.8% percent, and the per capita of sports consumption reached 2382.01 yuan, up to a year-on-year growth of 17.5%. Jiangsu sports industry presents a favorable development trend, with the scale of sports industry being gradually expanded, the structure of sports industry being gradually optimized, the scale of sports consumption being increasingly prominent, and the industrial base being constantly strengthened, with characteristics of prominent economic contribution, significantly enhanced brand impact, already formed regional characteristics, increasingly important carrier role, as well as prominent guidance and cultivation effect. Through efforts on prioritizing top-level design, ramming development foundation, creating multi-carriers, Jiangsu sports industry has achieved remarkable results in realizing coordinated development. With high quality development, gradual upgrading of consumption and release of innovative momentum in the new era, Jiangsu sports industry will enter a new development stage of further strengthened sports industry foundation, further optimized structure layout, and further improved industrial contribution.

The *Report* devotes much space to reviewing development trends of the key areas and various industrial carriers of Jiangsu sports industry. After many years of cultivation, sports industries in different cities in Jiangsu Province have formed respective regional characteristics, and a number of sports industry bases, sports service complexes, sports health & fitness characteristic towns, together with sports parks have become important impetus to promotion of rapid development of Jiangsu sports industry, with prominent cultivation guiding effect of special fund for sports industry development, and increasingly expanding brand influence of sports goods brands, sports event brands, sports service brands and sports training brands.

Keywords: Sports Industry; Sports Consumption; Sports Economy

目 录

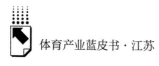

Ⅳ　附录

皮书数据库阅读 **使用指南**

CONTENTS

I General Report

II Sub-reports

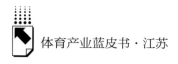
Ⅲ　Special Reports

Ⅳ　Appendices

总 报 告

General Report

B.1

江苏省体育产业发展报告（2019~2020）

姜同仁　徐光辉　李　国*

摘　要：　经过多年的培育和发展，江苏省体育产业规模逐步扩大、产
　　　　业结构逐步优化、体育消费规模凸显、产业基础不断夯实，
　　　　呈现经济贡献突出、品牌影响力显著增强、区域特色已经成
　　　　形、载体作用逐步发挥、引导培育效果彰显的良好态势。全
　　　　省体育产业在发展过程中，注重加强顶层设计、厚植发展基
　　　　础、打造多元载体、实现协同发展，成效显著。随着新时代
　　　　高质量发展、消费逐步升级、创新动能释放，江苏省体育产
　　　　业工作基础将进一步加强、结构布局进一步优化、产业贡献

* 姜同仁，安徽财经大学教授、体育产业管理与发展研究院执行院长，安徽省体育产业重点研
究基地常务副主任，研究方向为体育产业理论与政策；徐光辉，江苏省体育产业指导中心副
主任，江苏省体育产业研究院副院长，研究方向为体育产业；李国，南京工业大学副教授，
研究方向为体育经济学。

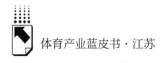

进一步提高，步入新的发展阶段。

关键词： 体育产业　体育经济　体育消费　高质量发展　江苏省

作为现代经济与体育高度融合的产物，体育产业自产生之初便被赋予了重要的经济功能，成为发展潜力巨大的新兴产业、朝阳产业和幸福产业。加快发展体育产业，对于拓展江苏体育发展空间、丰富群众体育生活、转变体育发展方式、推进新时代体育强省建设、实现建设"强富美高"新江苏目标将产生深刻影响，对于促进经济社会全面进步、更好地满足人民日益增长的美好生活需要具有重要意义。近年来，江苏省积极贯彻落实《国务院关于加快发展体育产业促进体育消费的若干意见》、《国务院办公厅关于促进全民健身和体育消费推动体育产业高质量发展的意见》以及《省政府关于加快发展体育产业促进体育消费的实施意见》，将体育产业放到全省经济社会发展全局中去定位、布局和谋划，体育产业工作取得明显成效。2018年全省体育产业实现总产出4066.18亿元，创造增加值1387.20亿元，增加值占GDP比重达到1.50%；全省城乡居民体育消费总规模达到1918亿元，同比增长17.8%，人均体育消费水平达到2382.01元，同比增长17.5%。江苏省体育产业呈现良好的发展态势，逐渐成为全省经济社会发展的重要力量。

一　江苏省体育产业发展历程

经过40余年的培育和发展，江苏省体育产业走过了从无到有、从小到大的不断进步过程，产业规模快速扩张、产业结构持续优化、市场环境不断改善、产业贡献逐步提升。江苏省体育产业发展大致经历了三个主要阶段。

（一）起步发展阶段（改革开放至2000年）

体育产业的发展历程是体育运动逐渐走向商业化、职业化，并且不断与相关产业链交叉融合的过程。作为现代社会经济高度发展的产物，江苏省体育产业的发展历程实际上是江苏省社会经济发展的缩影。改革开放以前，我国处于计划经济时代，体育被定义为一种社会事业，其发展管理主要依靠政府财政支出，体育的商业属性和经济功能尚未受到重视。改革开放以来，随着社会主义市场经济体制的深化改革，国家体育部门提出了体育社会化发展的方针，对体育场馆的经营提出了"以体为主、多种经营"的要求，江苏省体育产业经营管理活动开始蹒跚起步。在党的十四大确立的社会主义市场经济体制改革目标的指引下，体育产业化口号被正式提出，特别是1992年红山口会议标志着体育产业的层次基本确立。1995年，南京市五台山体育中心开始推进综合改革，首次揭开全省体育场馆市场化运作之路。资料显示①，1998年全省体育用品生产厂家达到200多家；先后涌现出专营体育用品销售机构200多家。这一阶段江苏省体育产业的发展特点主要为以下几点：一是长江沿岸小型加工企业开始投入体育用品的生产销售，并根据体育市场的需求，不断调整产品结构，朝着体育产业专业化方向发展；二是外资企业开始涌入江苏省体育市场，开始投资开发体育产品，并将国外前沿的体育产业研发理念、生产技术与管理制度引入，加速了江苏省体育产业的发展；三是国际体育品牌的代理商开始在江苏省建立代理网点，营销体育产品，国内体育用品专卖店开始出现，体育企业品牌意识开始提升；四是江苏省城乡居民体育健身意识开始提高，健身观念开始转变，自发性群众体育组织开始涌现，城乡居民健身热情高涨，体育市场需求开始显现，体育健身逐渐成为城乡居民休闲娱乐的重要形式之一。总体而言，在初始发展阶段，江苏省体育产业以"体育用品制造销售"为突破口开始起步，在其带动下其他体育行业也随着社会经济的快速发展开始萌芽，为广大居民提供了日渐丰富的体育产品。但也存在一定的问题和不足：体育产业发展规模相对较小，未能在社会经济发展中发挥规模效益；体育产业发展相对单一，体育用品信息相对零散，未能及时捕捉市场动态，影响体育消费者的运动体验；体育产

---

① 宋昱等：《江苏省体育产业发展研究》，《体育文化导刊》2011年第9期，第79～82页。

业专业化水平较低，尚未形成完整的产业链，体育相关产业发展相对滞后，本土体育品牌建设意识欠缺；体育产业投融资环境相对较差，对外来投资资本的吸引力不强，致使外来资本缺乏根植性，出现外流情况等，在一定程度上限制了江苏省体育产业的发展。

（二）稳步推进阶段（2001~2009年）

以2001年江苏省获得第十届全运会的主办权为契机，江苏省体育产业进入稳步推进阶段。这期间，江苏省加强内部资源整合运营，组建体育产业指导中心和体育装备中心，成立江苏苏体实业发展有限公司，为体育资源产业化运作和管理提供支撑。十运会市场开发总收入6亿元、净收入4亿元，创造了全运会资源开发的新纪录。2006年8月，江苏省在全国率先出台《江苏省体育产业振兴规划纲要（2006~2010年）》。承办十运会所产生的巨大拉动效应使作为江苏省城乡居民"健康投资"的体育产业获得了空前的发展良机，体育用品制造与销售业、体育健身休闲、体育竞赛与表演业等已初具规模，在江苏省国民经济发展中的作用日趋明显。2006年全省体育产业创造增加值146.81亿元，占全省GDP比重为0.68%；2007年全省体育产业创造增加值197.04亿元，同比增长34.21%，体育产业增加值占全省GDP比重上升为0.77%，同比增长13.24%。总体而言，随着经济的高速发展和居民生活水平的提高，江苏省体育产业进入了稳步发展阶段，体育产业结构日趋合理，体育行业逐渐健全，体育市场需求潜力正逐步被挖掘，体育产业的经济功能日渐凸显，极大地满足了江苏省城乡居民日益增长的体育需求。

（三）快速发展阶段（2010年至今）

2010年国务院办公厅发布了《国务院办公厅关于加快发展体育产业的指导意见》（国办发〔2010〕22号）。为积极响应中央要求，江苏省人民政府随后印发《关于加快发展体育产业的实施意见》，提出了具体的工作目标。2014年国务院印发《关于加快发展体育产业促进体育消费的若干意见》

（国发〔2014〕46号），江苏省政府随即印发《关于加快发展体育产业促进体育消费的实施意见》，提出了"到2025年，基本建立结构合理、门类齐全、功能完善、竞争力强的体育产业体系，形成政府引导、市场驱动、社会参与、协同推进的发展格局，对其他产业的带动作用明显提升，体育产业规模发展、集约发展、创新发展水平位居全国前列"① 的发展目标，在财政、金融、税费、用地等方面实行一系列扶持政策，推动江苏省体育产业进入政策驱动的快速发展阶段。同时，江苏省体育产业工作更加凸显抓实和落地，积极推出众多举措，如广泛开展全民健身运动、推动健康关口前移，让全民健身、运动康复等与临床医疗、疾病防控等结合起来，努力为人民群众提供全生命周期的卫生与健康服务；率先建成全国公共体育服务体系示范区；连续推出由5亿元体育产业专项资金、5000万元体育消费券、1000个优质健身俱乐部、40个体育服务综合体、20个体育健康特色小镇组成的五大"组合拳"。全省体育产业规模、质量和效益均大幅提升，社会投资体育产业的热情高涨，体育产业的影响力和贡献度达到了前所未有的高度。

二　江苏省体育产业发展现状

经过多年的快速发展，江苏省体育产业已具备一定规模，体育产业质量和效益稳步提高，体育产业总体发展水平，特别是彩票销售、赛事运作、场馆多元化经营等位居全国前列，基本形成以健身休闲、竞赛表演、场馆服务、装备制造、服务贸易、体彩销售、体育旅游、体育培训、体育康复等为主的体育产业体系。

（一）总体发展概况

1. 产业规模逐步扩大

随着江苏省经济社会平稳健康发展，人民生活水平逐渐提高，体育产业

---

① 江苏省人民政府：《省政府关于加快发展体育产业促进体育消费的实施意见》，2015年6月9日。

取得较快发展。统计数据显示，2006年江苏省体育产业增加值仅为146.81亿元，"十一五"末已经达到364.51亿元，增加了1.5倍。进入"十二五"，伴随着政策红利的释放，体育产业继续保持较快发展，2011年全省体育产业吸纳从业人员37.69万人，创造增加值448.18亿元；2015年体育产业增加值达到879.81亿元，是2011年的2倍。进入"十三五"，2016年江苏省体育产业总规模已经达到3154.09亿元，创造增加值跨过1000亿元大关，达到1049.54亿元。2017年江苏省体育产业实现总产出3585.64亿元，同比增长13.7%；创造增加值1219.58亿元，同比增长16.2%。2018年全省体育产业总产出4066.18亿元；创造增加值1387.20亿元，同比增长13.7%，体育产业增速明显高于GDP增长率，表现极为突出。

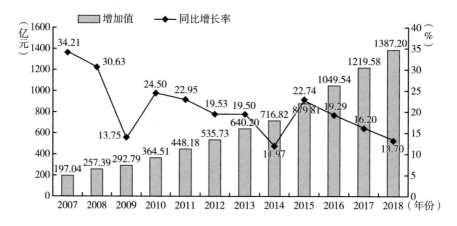

图1 2007～2018年江苏省体育产业统计数据

资料来源：江苏省体育产业指导中心，下同。

2. 产业结构逐渐优化

产业结构是影响经济发展的重要因素，是产业发展水平的重要标志。发达国家经验表明，产业结构向服务业转移已经成为一个普遍特征和发展规律。受大众多元体育需求和政策利好的引导激励，江苏省体育服务业快速发展，体育制造、体育建筑业占比明显下降，全省体育产业结构不断优化。统计数据显示，2018年全省体育服务业实现总规模2112.05亿元，占体育产业总规模的 51.9%；创造增加值 921.04 亿元，占体育产业增加值的 66.4%，同比增长 8 个百分点。体育制造业实现总规模 1869.90 亿元，占体育产业总规模的 46.0%，同比下降了 11.2 个百分点；创造增加值 446.74 亿元，占体育产业增加值的 32.2%，同比下降了 8.4 个百分点。体育中介、体育培训等生产性服务业得到明显发展，两者创造增加值占比从 2015 年的 3.0% 增至 2018 年的 14.0%；体育竞赛表演、体育健身休闲、体育场地和设施管理等核心业态呈现快速发展态势，三者创造增加值占比从 2015 年的 9.6% 增至 2018 年的 13.4%（见表 1）。全省体育产业结构符合产业演进趋势，呈现良好的优化态势。

表 1 2015~2018 年江苏省体育产业结构情况

单位：%

体育产业类别名称	2015 年	2016 年	2017 年	2018 年
江苏省体育产业	100.0	100.0	100.0	100.0
体育管理活动	2.5	2.6	2.5	3.6
体育竞赛表演活动	1.5	2.1	2.1	1.7
体育健身休闲活动	2.6	2.8	3.1	6.0
体育场地和设施管理	5.5	5.9	6.0	5.7
体育经纪与代理、广告与会展、表演与设计服务	0.5	0.6	0.7	2.9
体育教育与培训	2.5	2.6	2.8	11.1
体育传媒与信息服务	1.2	1.7	1.9	3.5
体育相关服务	4.2	4.7	5.0	6.8
体育用品及相关产品销售、出租与贸易代理	32.5	33.2	34.2	25.0
体育用品及相关产品制造	45.7	42.7	40.6	32.2
体育场地设施建设	1.2	1.1	1.0	1.4

3. 体育消费规模凸显

江苏省是全国唯一一个以省为单位的国家公共体育服务体系示范区，实现了城市社区"10 分钟体育健身圈"和"农民体育健身工程"全覆盖，人均体育场地面积达 2.01 平方米，经常参加体育锻炼人口比例达 35%，国民体质达标率稳定在 90% 以上。近年来，江苏省针对国家战略新要求，积极探索发展体育产业，促进体育消费的创新举措。2018 年江苏省城乡居民体

育消费总规模 1918 亿元，同比增长了 17.8%；人均体育消费支出 2382.01
元，同比增长了 17.5%。其中，江苏省城乡居民人均体育消费支出排名前 4
位的分别为体育用品类（人均 602.51 元）、体育培训类（人均 362.85 元）、
体育彩票费用（人均 333.37 元）和俱乐部会员费（人均 227.70 元）。购买
体育直播录播节目的消费支出最低，但人均 38.77 元的支出较 2017 年增长
了 17.9%（见表 2）。城乡居民对"体育与健康"的需求呈现多样化、多元
化的特点，"请客吃饭不如请客流汗"日渐成为新时代江苏省城乡居民消费
的新时尚。

表 2　2018 年江苏省城乡居民体育消费支出统计一览

消费项目	消费均值(元)	排序
购买体育用品及器材,体育服装、鞋帽,报纸期刊以及纪念品的费用	602.51	1
为自己和家人支付的体育技能培训费用(包括私人教练费用在内)	362.85	2
购买体育彩票的费用	333.37	3
支付体育俱乐部的会员费	227.70	4
支付运动所需的场馆、场地租金	160.45	5
参加马拉松、徒步、自行车、冰雪、帆船、潜水、漂流、户外宿营、汽车露营等形式体育运动的差旅费用和门票费用	146.71	6
购买运动营养保健品的费用	105.77	7
进行电子竞技消费以及在游戏中的付费总金额	105.55	8
观看体育比赛购买的门票费用	104.80	9
体育康复疗养和创伤治疗的医药费	87.96	10
单位福利发放或亲朋馈赠的体育用品、健身会员卡及门票等的估值	65.95	11
参加体育比赛的报名费	39.62	12
购买体育直播录播节目(含电竞比赛节目)的费用	38.77	13
合计	2382.01	

资料来源：江苏省体育局发布的《2018 年度江苏省城乡居民体育消费统计公报》。

4.产业基础不断夯实

近年来，全省抓住承办大型体育赛事和各地城市功能整体提升的机遇，

坚持政府主导，创新投融资机制，规划、推进全省体育设施建设工作，为体育产业的发展奠定了坚实的物质基础。"十五"期间，每年从省级体育彩票公益金中提取 2 个百分点扶持县级体育设施建设。省政府把县级"新四个一"工程列入年度重点工作，把人均体育场地面积纳入科学发展观评价体系和文明城市创建标准。省体育局把体育设施建设纳入体育强市强县考核指标体系，进一步调动了基层建设体育设施的积极性。各地把体育场馆设施建设列入当地经济社会发展及城市建设总体规划，在省级专项资金的引导下，积极筹措资金、调配土地，并通过银行融资、市场化运作、土地置换等多种方式吸纳社会资本共同参与体育设施建设。引导大型体育场馆合理利用附属配套设施和闲置空间，增加体育服务项目，拓展场馆经营空间，提高场馆综合利用水平。鼓励社会力量参与体育场馆建设运营，支持和引导企业、社会组织利用闲置厂房、社区房产等开发大众健身场所，支持具备条件的单位通过多种形式整合开发全省连锁的社区型健身会所，丰富公共体育服务产品供给。截至目前，13 个省辖市建成"两个中心"（体育中心和全民健身中心），90% 的县（市、区）基本建成"新四个一"工程（即一个塑胶跑道标准田径场、一个 3000 座体育馆、一个游泳馆或标准室内游泳池、一个 3000 平方米以上的全民健身中心）；乡镇（街道）绝大多数都建有小型全民健身中心和多功能运动场，体育设施实现行政村全覆盖，并不断向农民集中居住区和较大自然村延伸。同时，各地按照"依托场馆、立足本体、全面发展、服务社会"的方针，加强体育设施综合开发利用，面向大众提供体育服务，面向市场进行产业化经营，创造了良好的社会和经济效益。

（二）基本发展特点

1. 经济贡献表现突出

近年来，江苏省以建设"强富美高"新江苏为突破口，积极贯彻"创新驱动战略、开放互动战略、梯次带动战略、协同推动战略"四大发展战略，努力构建"健身休闲、竞赛表演、场馆服务、体育培训、体育用品制造与销售、体育场地建设、体育中介服务、体育彩票销售"等多领域协同发展的新格局，不断满足江苏省居民多元化、多样性的体育需求，体育产业实现快速增长，经济社会贡献率逐渐提高。统计显示，"十一五"时期，江苏省体育产业增加值占 GDP 比重从 2006 年的 0.68% 增至 2010 年的 0.88%；进入"十二五"时期，体育产业增加值占 GDP 比重进一步提升，2013 年已经超过 1%；2018 年达到 1.50%，相对于 2006 年，提高了 0.82 个百分点。体育产业已经成为江苏省国民经济发展新的增长点，为社会经济发展注入了新动能（见图 2）。

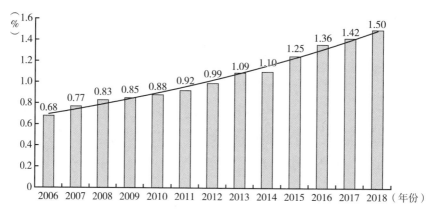

图 2　2006～2018 年江苏省体育产业增加值占 GDP 比重情况

2. 品牌影响力显著增强

经过多年的培育，江苏省体育产业品牌影响力快速形成，通过加强对体育企业品牌建设的培育和指导，推进体育产品和服务标准化建设，推出由体育用品品牌、赛事品牌、服务品牌以及培训品牌等组成的品牌集群。全省形成了五台山、英派斯、徐州成功、泰州皇仕堡等一批体育场馆品牌，健身服务品牌和大型连锁健身服务品牌；培育环太湖国际公路自行车赛、世界斯诺克无锡精英赛、中国羽毛球大师赛、宿迁中国生态四项公开赛、扬州鉴真国际半程马拉松赛等一批国际一流的品牌赛事，按照"一县一品"品牌扶持行动的思路培育一批国内知名的体育赛事，打造江阴、武进、苏州金鸡湖等系列龙舟赛、溱潼会船节、启东风筝节、泰兴花鼓节、洪泽湖水上运动会、连云港渔民运动会等传统赛事活动；培育金陵、铁人、康力源、边城、钱璟、共创、

ZGL、阿珂姆、力牌等国内知名的体育用品品牌；打造江阴海澜国际马术俱乐部、扬州红山体育公园、盐城梦幻迷宫等体育旅游品牌；南京、常州、苏州、连云港等地相继出现以体育手段进行康复的服务机构，为打造体育康复品牌提供支撑。江苏省体育产业品牌区域影响力已经形成，示范引领作用逐步显现。

3. 区域特色已经成形

近年来，各市依据自身的传统和文化，建设具有区域特色的城市体育文化，增进居民的城市认同感、增进市民的幸福感，形成了独具特色的地方名片：南京凭借六朝古都优势，致力于打造亚洲体育名城，成为青奥会举办地，被国际轮滑联合会授予"世界轮滑之都"称号，成为世界首个，也是目前唯一被授予该荣誉的城市；无锡依托物联网技术和应用优势，致力于建设智慧体育城市，推进体育基础设施智慧化、体育政务管理智慧化、全民健身智慧化、竞技运动训练智慧化、体育产业智慧化等工程，积极打造资源开放共享、运作规范高效、可持续发展的智慧体育之城；宿迁以建设"国际时尚体育城市"为目标，完善时尚体育"1＋X＋1"赛事体系，广泛汇聚时尚体育元素，编制和发布时尚体育城市指数，努力擦亮时尚体育城市品牌。各地依托特色资源，积极激发发展潜力，持续壮大体育产业综合实力，逐步形成各具特色的产业群和集聚区。

4. 载体作用逐步发挥

各类体育产业载体是推动江苏省体育产业快速发展的重要力量，一批体育产业基地、体育服务综合体、体育特色小镇、体育公园等迅速发展起来。2013 年昆山、江阴、溧阳三地成功创建苏南（县域）国家体育产业基地，武进、宜兴、张家港、南京建邺区相继获批国家体育产业示范基地；江苏省先后命名 100 家省级体育产业基地，2017 年江苏综合和特色类体育产业基地实现总产出达到 274.08 亿元，同比增长 25.81%；体育产业示范单位营业收入达到 493.44 亿元，同比增长 45.89%，贡献突出。江南环球港、李宁体育园等一批体育服务综合体得到快速成长，2017 年营业收入达到 4.71亿元，同比增长 36.52%（见表 3）。大批体育产业载体发展取得积极成效，助力江苏省体育产业快速发展。

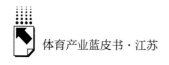

表3   2015～2017年江苏省各类体育产业载体规模情况

单位：亿元

体育产业载体	2015 年	2016 年	2017 年
体育产业基地	744.75	813.25	902.04
体育产业示范单位	352.04	338.23	493.44
体育服务综合体	1.67	3.45	4.71

注：1. 数据由各体育产业载体提供；2. 体育产业基地为总产出，其余载体为营业收入；3. 由于部分载体数据缺失，实际统计样本体育产业基地为16个、示范单位为59家、体育服务综合体为18个。

5. 引导培育效果彰显

江苏省在全国较早推出体育产业专项资金制度，助推体育产业良性发展。设立体育产业专项资金客观上是一种政策导向和政府的调控行为，主观上又是一种吸引社会资本多元化投资和发挥财政资金杠杆效应最大化作用的行为。江苏省自2011年设立省级体育产业发展引导资金，以资助、贴息等方式扶持体育企业、体育赛事、体育人才等，正式拉开了江苏省体育产业近十年来飞速发展的大幕。随着对全省体育产业重视程度不断提升和经济发展水平的不断提高，政府体育产业专项资金扶持力度和支持范围不断扩大，9年累计投入达到7.966亿元，支持1009个项目（见表4）；专项资金作用显现，社会投资体育产业的积极性逐步高涨，正在向体育用品制造与销售、场馆设施建设管理、健身服务连锁经营、体育赛事商业运作等不同领域发展，并广泛渗透到体育产业各个方面，推动全省体育产业进入快速发展阶段。数据显示，在2011～2015年江苏省体育产业发展专项资金资助的569个项目中，有288个项目的专项资金拉动效益大于等于10，约占总数量的一半，拉动效益大于10的项目个数总体呈现逐年增长的趋势。

表4   2011～2019年江苏省体育产业专项资金统计数据

项目	2011 年	2012 年	2013 年	2014 年	2015 年	2016 年	2017 年	2018 年	2019 年	合计
项目总数量（项）	89	97	123	144	116	114	115	110	101	1009
资助总金额（万元）	6010	5990	8000	10000	9900	9820	10000	10000	9940	79660

资料来源：江苏省体育产业指导中心。

三　江苏省体育产业推进措施

江苏省作为全国体育强省，为贯彻落实国家关于体育产业的有关政策，科学谋划、大胆决策、创新发展，大力促进体育消费，做大做强体育产业，充分发挥体育产业在建设健康中国、保障和改善民生、推进体育供给侧结构性改革、挖掘和释放消费潜力、增强经济增长新动能等方面的积极作用，成效显著。

（一）加强顶层设计，实现体育产业科学发展

为落实国务院体育产业相关政策文件，2015 年 6 月，江苏省印发《省政府关于加快发展体育产业促进体育消费的实施意见》（苏政发〔2015〕66号），提出全面提升体育产业发展水平，不断促进体育事业与体育产业协调发展。2017 年 5 月，进一步印发了《省政府办公厅关于加快发展健身休闲产业的实施意见》（苏政办发〔2017〕74 号），提出全面提高健身休闲产业质量效益，为培育经济增长新动能注入新动力，为建设"强富美高"新江苏做出新贡献。省政府统领性顶层设计，为江苏省体育产业统筹发展、协调发展、科学发展指明了方向。

1. 加强规划引领

推动体育产业发展，规划先行，2016 年 6 月，江苏省发展改革委、体育局联合印发了《江苏省"十三五"体育产业发展规划》（苏发改社会发〔2016〕903 号），提出到 2020 年，初步建立结构合理、门类齐全、功能完善、竞争力强的体育产业体系，体育产业发展水平和工作水平居全国领先地位。为进一步强化落实效果，江苏省体育局、发展改革委、财政厅等部门相继下发了山地户外运动产业、航空运动产业、水上运动产业、冰雪运动产业等行动方案，从四大领域规划了发展目标、主要任务和保障措施，并进一步细化了健身休闲产业的重大项目目录。航空运动产业领域确立了华东地区水上飞机总部、南京老山直升机场等 12 个重大项目，计划总投资 56.68 亿元；

冰雪运动产业领域确立了四季滑雪公园、梅园滑雪场等 16 个重大项目，计划总投资 43.39 亿元；山地户外运动产业确立南京攀岩世界杯场地建设、自行车骑行赛道等 46 个重大项目，计划总投资 32.95 亿元。多项体育产业规划的相继出台，从多个角度、多个领域统领了体育产业的未来发展，有力地推动了江苏省体育产业的多样化、多层次发展。

2. 细化政策体系

加大政策争取力度，着力形成相对完善的体育产业发展政策体系。在此基础上加大政策实施、工作组织、考核评估、宣传发动工作力度，努力释放政策效能。完善体育产业政策体系。加强政策研究，系统梳理政策条目，将财政资金和税费优惠等政策作为重点内容，初步建立起省、市、县相互衔接、协调一致的较为完整的体育产业政策体系，明确体育产业可享受国家和省出台的所有现代服务业扶持政策。加大财政投入，按照"逐年增加、上不封顶"的思路逐步增加省体育产业发展引导资金总量；注重强化金融支持，明确支持符合条件的体育企业进入资本市场、完善体育企业融资担保体系、推进银体合作等扶持政策；完善税费政策，明确非营利组织企业所得税、体育场馆和体育学校房产税等税收优惠，企业发生的体育冠名、广告性资助等费用可以税前列支，体育服务企业、体育学校用水用电用气可享受一般工业价格和居民使用价格等相关扶持政策；给予用地支持，对公共体育设施、重点体育产业项目以及社会力量兴办体育场（馆）建设用地给予优先支持；鼓励社会投资，对非公有资本投资的体育产业项目和建设的体育场馆，在投资核准、融资服务、财税政策等方面享受国有资本投资同等待遇。

3. 释放政策效能

通过体育产业相关重点政策的实施，全省体育产业呈现快速发展的良好态势，初步显示了政策效能。一是推动产业发展创新。在产业政策的引导和带动下，体育产业发展模式、业态类型、资源利用方式、技术研发与应用形式、商业和服务手段以及企业形态等不断创新，推动形成了相对完整的产业链条和较为均衡的产业结构。一批发展模式新颖、经济社会效益显著、成长空间大、带动能力强的优质项目相继涌现，有部分项目的投资规模超亿元；

一批与文化、旅游、科技、卫生、农业、广电等行业融合发展的新兴业态应运而生；一批创新能力强、品牌知名度高、具有一定竞争力的骨干体育企业以及专业性强、运行机制灵活的中小体育企业逐步成长壮大。体育装备制造企业更加重视科技融入和品牌影响，涌现出一批可替代进口的产品、具有国际领先水平的新技术、新工艺和新材料，有3个单位与中科院相关单位进行深度合作；一批企业投身江苏省篮球、足球、乒乓球、羽毛球职业俱乐部，为体育资源社会化运作开拓了更广阔的空间。体育产业领域出现一批学历高、思路开阔、创新能力强的优秀青年企业家、科技领军人才，还有一批退役运动员投身体育产业领域，为提升产业发展水平提供了支撑。二是带动社会投资增加。在省级体育产业发展引导资金的带动下，南京、徐州、常州、苏州、连云港、盐城、泰州、宿迁8个省辖市以及昆山、吴江、江阴、溧阳等县（市、区）设立体育产业发展引导资金。在省市县三级体育产业发展引导资金的带动下，社会投资体育产业的积极性逐步高涨，全省发展体育产业的社会氛围更加浓厚。地方政府、社会企业和各类机构对体育产业发展的重视程度和投入力度均有所加大，一批大企业集团甚至是上市公司开始涉足体育产业领域。三是推进公共体育服务完善。对接公共体育服务体系建设，将健身服务领域作为扶持重点，加大对体育场馆、健身休闲、体育培训等与大众健身密切相关的项目支持力度。一批非体育领域企业特别是部分大型企业集团投资体育产业，其中不乏海澜集团、苏宁集团、江苏中超电缆集团等一批大型企业集团和房地产企业；一大批社会企业直接参与场馆设施建设和运营，利用自身闲置厂房、社区房产等改建体育健身场所，采用市场化方式整合学校场馆对外开放，面向大众提供便民利民的健身服务，为完善公共体育服务提供了重要补充。

（二）厚植发展基础，实现体育产业持续推进

为加快体育强省建设步伐，为新时期全省体育转型发展探索新途径、积累新经验，2016年8月，江苏省体育局下发了《关于建立体育改革发展试验区的指导意见》（苏体办〔2016〕87号）。该指导意见为助推全省体育产业改革发展之路，实现攻坚克难之任务奠定了坚实的基础，实现了优化体育产业空间布局的新模式，形成各门类体育良性互动、共同发展的新格局。

1. 创新体制机制

坚持以改革统揽体育工作全局，探索转变政府职能的新途径，探寻突破体制机制障碍、创新公共体育产品提供方式的新思路。根据新时期全省体育产业发展趋势，积极构建更加积极、更具内涵、更加合理的运行体制和机制。通过充分发挥市场在体育资源配置中的重要作用，加快体制创新、机制转换、职能转变的推进进程，进一步改善现代企业制度，完善法人治理结构，挖掘企业改革潜力。加快推进各类体育产业社会组织和机构广泛参与的深度和广度，打造更加多元、多层次、多样化的市场服务平台，形成合规、合理、合法的高效运作体系，推动全省体育产业健康稳定发展。

2. 加强平台建设

持续打造体育产业智库和孵化平台，先后与相关高校成立江苏省体育产业协同创新中心、体育消费研究中心、体育赛事研究中心，组建江苏省体育产业研究院，为体育产业发展提供高端研究支撑。建立了 2 个国家体育产业联系点。2015 年起推出江苏省体育产业大会，全面展示江苏省体育产业发展成果。重点打造省级体育产业资源交易平台、淮河生态经济带体育产业博览会等活动展会平台，对促进体育领域投资合作与交流起到积极作用。

3. 强化公共服务

加强公共体育服务体系内涵建设，不断提升均等化、全覆盖和城乡体育一体化水平，加快构建功能明确、网络健全、城乡一体、惠及全民的公共体育服务体系。一是示范区创建取得显著成效。采用部省共建模式，在国内率先建成全国公共体育服务体系示范区。成功完成《公共体育服务体系示范区创建指标体系（2.0 版）》升级版。全省 13 个设区市、100 个县（市、区）全部参与创建省级公共体育服务体系示范区。二是公共体育设施逐步完善。各区市基本建成功能齐全的体育中心和全民健身中心，各县（市、区）基本完成"新四个一"工程，城市社区全部建成"10 分钟体育健身圈"，1.8 万公里健身步道覆盖城乡，乡镇（街道）绝大多数建成小型全民健身中心和多功能运动场，体育设施实现行政村全覆盖，并不断向农民集中居住区和较大自然村延伸。三是科学健身指导水平稳步提升。在全国率先实现县（市、区）国民体质监测中心全覆盖，建成125个省级体质测定与运动健身指导站，每年为基层群众进行体质测定和健身指导30多万人次。县（市、区）全部建成全民健身电子地图；地方主流媒体报纸、电视、广播的体育宣传力度明显提升；应用软件开发及基础数据库建设稳步推进。

（三）打造多元载体，形成体育产业动力引擎

近年来，全省注重打造多个层面、多种类型、多形式的体育产业支撑点，以点成线，以线带面，为体育产业点火加力，驱动体育产业车轮跨入快车道。

1. 打出三大"组合拳"

结合江苏省情，先后推出体育产业专项资金、体育消费券、大型场馆补助资金等多种重要组合，为体育产业注入活力。一是设立体育产业专项资金。2010年底，省财政厅与省体育局印发了《江苏省体育产业发展引导资金使用管理暂行办法》（苏财规〔2010〕42号）。明确了2011~2015年专项资金管理机构与职责、资助范围、支持方式、立项管理、实施管理与绩效管理等事项。2016年，结合体育产业发展任务以及强化财政资金监管等要求，积极配合省财政厅修订出台《江苏省体育产业发展专项资金使用管理办法》（苏财规〔2016〕6号），进一步明确省市县三级财政、体育部门工作职责，优化调整了项目资助范围与扶持方式、资金管理、项目管理、监督检查等内容。江苏省体育产业发展专项资金主要通过集中培育一批优质项目来带动全省体育产业的快速发展。专项资金自设立以来，极大地调动了社会投资体育产业的热情，为现阶段全省体育产业形成全国领先的良好发展局面发挥了重要的支撑作用。二是发放体育消费券。2016年10月省体育局印发了《2016年江苏省体育消费券发放方案》，提出在体彩公益金中安排5000万元作为体育消费券，采用"一套终端、两类人群、三种形式"的模式，通过"江苏全民健身卡"和"全民健身公共积分"两个渠道，面向"健身

达人"和自发到定点场所刷银联卡进行体育消费的健身群众,有力地激发了大众参与健身的热情。三是推动体育场馆惠民开放。省政府出台《江苏省体育设施向社会开放管理办法》,有力地推动了各级各类体育设施更大程度地向社会开放。出台《江苏省体育场馆免费低收费开放补助资金管理办法》,在中央补助范围基础上,结合江苏体育场馆实际,适度扩大补助范围。2015 年共有 115 个体育场馆获得总额 5342 万元的省级财政补助;2016年共有 111 个体育场馆获得总额 4868 万元的省级财政补助;2017 年共有110 个体育场馆获得总额 4902 万元的省级财政补助;2018 年共有 113 个体育场馆获得总额 5067 万元的省级财政补助;2019 年共有 123 个体育场馆获得总额 5489 万元的省级财政补助。

2. 推出三大"发力点"

依托江苏省优势资源,着力发挥体育产业集团、优质健身俱乐部、大型体育赛事等产业载体的最大效能。一是成立体育产业集团。2015 年 4 月 21日江苏省体育产业集团正式挂牌,并陆续完成工商、税务登记及货币资本出资等工作,致力于打造"以体为主,多元产业并举"的龙头骨干企业。南京市充分整合青奥会资源组建成立南京体育产业集团。常州体育产业发展有限公司经过多年深耕运作,逐步推进体育资源集团化运作,成为经营性资产市值近 20 亿元的集团公司。苏州、宿迁、扬州等市也相继成立了体育产业集团(公司)。全省和各市级体育产业集团(公司)的成立,有力地整合了体育系统相关的优势资源,加快推进企业化改革步伐,取得较大成效。二是培育优质健身俱乐部。2016 年 9 月,省体育局印发了《江苏省健身俱乐部促进计划(2016~2020 年)》,按照标准引领、专业运作、科学管理的原则,加大政府引导力度,加强制度和标准建设,促进健身俱乐部创新服务内容、拓展承载空间、优化运营模式,实现科学发展。提出到 2020 年,全省建成1000 个具有较大影响、年均拉动体育消费 500 万元以上的健身俱乐部。2017 年 1 月,省财政厅和体育局又联合印发了《江苏省健身俱乐部专项扶持资金管理暂行办法》,为打造优质健身俱乐部,推动全省健身俱乐部又好又快发展奠定了重要基础。三是打造品牌体育赛事。为进一步完善全省体育竞赛体制机制，充分发挥其在拉动消费、服务民生、促进和谐等方面的积极作用，更好地助力江苏"两聚一高"新实践，2017年5月省体育局印发了《关于推进体育竞赛改革提升赛事效能的指导意见》，提出到2020年，形成以"环太湖假日体育圈"和"淮海生态体育带"系列赛事为龙头，10项左右具有较大商业潜力、较高社会效益和推广价值的高水平赛事的品牌赛事集群。精心打造"环太湖国际公路自行车赛"、"环太湖马拉松系列赛"、扬州鉴真国际半程马拉松赛、徐州国际马拉松赛、盐城沿海湿地国际公路自行车赛、宿迁国际生态四项赛、淮安户外挑战赛等高品质赛事。

3. 打造四大"支撑体"

倾力打造体育产业基地、体育服务综合体、体育特色小镇、体育公园等载体，助力体育产业快速发展。一是推进体育产业基地建设。2009年起启动省级体育产业基地创评工作，已动态管理命名省级体育产业基地82家，对体育产业发展起到很好的示范作用。2016年对《江苏省体育产业基地管理办法》进行了修订完善，并针对江苏实际，创新性地提出江苏省体育产业基地三种类型：综合类体育产业基地、特色类体育产业基地和体育产业示范单位，将县域集群作为综合类体育产业基地的类型之一加以确定。二是推进体育服务综合体建设。江苏省在体育服务综合体建设工作方面走在全国的前列，在国内率先推出了体育服务综合体评估认证标准和首批体育服务综合体项目。2017年2月江苏省体育局发布了《关于加快体育服务综合体建设的指导意见》（苏体经〔2017〕6号）及《体育服务综合体建设参考标准》，明确提出"到2020年，全省建成40个左右体育服务综合体，到2025年，建成100个以上体育服务综合体，实现省、市、县三级全覆盖，在全国率先建成设施完备、功能齐全、运营创新、服务领先的体育服务综合体网络体系"。目前，江苏省已在全省范围内认定了两批共计27家体育服务综合体，并引入多业态组合的"综合体模式"，实现了体育场馆良好运营，取得初步成效。三是推进体育健康特色小镇建设。江苏省体育健康特色小镇的实践在全国居于领先地位。在充分论证体育特色小镇功能作用，江苏省体育产业基础、资源条件和发展趋势的基础上，2016年9月，江苏省体育局率先启动了体育健康特色小镇评选工作，相继出台并下发了《省体育局关于开展体育健康特色小镇建设工作的通知》等文件，明确提出到 2020 年全省培育 20 个体育健康特色小镇。为了加强特色小镇管理，省体育产业指导中心会同相关部门积极利用专业智库，在社会调研的基础上出台了《江苏省体育健康特色小镇评估及认证标准》，坚持"宽进严出、动态管理、优胜劣汰、验收认定"的标准，对江苏省在建和拟建的体育健康特色小镇实施动态管理、阶段管理，推进优胜劣汰。经过三批遴选，全省共建成 20 家省级体育健康特色小镇。① 四是推进体育公园建设。江苏省体育局高度重视全省体育公园建设工作，制定《关于加快体育公园建设的指导意见》，明确提出，到 2020 年，全省将建成 1000 个体育公园、20 个示范体育公园、100 个社区示范体育公园，鼓励有条件的市和县域至少建一个奥林匹克体育公园，在全国率先建成功能突出、设施领先、管理创新、绿色生态的体育公园网络体系。全省一批体育公园已相继建成，截至 2019 年 12 月底，全省规模以上体育公园数量达到 796 个，初步形成了"省、市、县、乡、村"五级公共体育设施网络。

（四）实现产业协同，推动体育产业统筹发展

近年来，江苏省积极尝试多种途径、多种手段、多种方式，跳出体育看体育，扩大开放力度，强化部门协作、各地协同、区域合作，实现统筹协调、形成合力、共同发展。

1. 实现部门协同合作

推动建立江苏省体育产业发展联席会议制度。按照省政府 66 号文件要求，与省发展改革委等 27 个部门沟通，形成省体育产业发展联席会议制度成员名单，经省政府办公厅正式印发建立全省体育产业发展联席会议制度。

---

① 根据 2019 年 10 月，江苏省委办公厅、省政府办公厅印发的《关于清理规范面向基层创建示范活动实施方案》（苏办厅字〔2019〕36 号）要求，将省体育局主办的"江苏省体育健康特色小镇"纳入"江苏省级特色小镇创建"项目，原项目取消，由省发展改革委牵头，省体育局参与，统一组织实施。

联席会议由省政府分管领导担任召集人，省政府分管副秘书长、省发展改革委、省体育局主要负责人任副召集人，省发展改革委等27个相关厅局分管领导为成员，联席会议办公室设在省体育局。联席会议主要职能是对全省体育产业发展工作进行宏观指导；研究制定全省体育产业发展总体规划，统筹推进体育产业政策措施落实，督促检查体育产业重点任务完成情况；协调解决体育产业发展中的重点事项和问题；指导国家体育产业联系点建设。

2. 推进空间协同布局

江苏省统筹推进体育产业协调发展，持续推进苏南和苏中、苏北地区在多个层面的交流和合作，积极构建功能协调、独具特色、各具层次的空间布局。充分结合苏南地域资源优势，通过发挥县域国家体育产业基地示范作用，深度加强自主创新示范区建设，全面推进区域体育产业一体化进程，致力于打造高端化平台，有序推动基地持续发展。紧抓大运河优势，积极挖掘沿河节点潜力，开发多样化产业优势项目；结合陇海线、太湖、洪泽湖等天然优势资源，积极壮大生态体育和休闲旅游产业综合实力。

3. 加快区域协同合作

江苏省深度融入长三角地区体育产业协作组织，自2012年起秉承合作、互利、共赢的理念，积极创新合作思路、丰富合作方式、拓展合作内容。一是坚持做"长度"文章，稳固建立长效合作机制。共同签署合作协议，实行定期轮值工作制，协调领导小组由江浙沪皖三省一市体育局领导轮流担任专职组长，相应职能部门负责人为成员，协调小组实行联席会议制度，每年召开两次联席会议。二是坚持做"广度"文章，积极拓展合作项目。签署《长三角体育产业项目合作备忘录》，以项目合作为抓手，扩大辐射范围，努力打造具有良好市场效应和较大品牌影响力的长三角体育产业合作项目，江苏省一批精品线路、精品赛事、精品项目目趋成熟。三是坚持做"深度"文章，不断丰富合作内涵。在以往活动举办、课题研究等合作基础上，进一步深化合作内涵，创新合作方式，丰富合作内容，推动体育旅游深度合作，并向体育消费、人才培训、平台共建等多领域延伸。经过多年的协同发展，江苏省在合作机制建立、合作课题研究、合作项目落地等方面均取得明显成效，形成了一批有影响力的合作成果，加快推进了长三角地区体育产业一体化发展进程。

四 江苏省体育产业发展形势

国务院办公厅先后出台《体育强国建设纲要》《关于促进全民健身和体育消费推动体育产业高质量发展的意见》，进一步提出"体育产业在实现高质量发展上取得新进展""推动体育产业成为国民经济支柱性产业"的战略目标，为推动体育产业发展提供了根本遵循。当前江苏省正处在大有可为、大有作为的重要战略机遇期，工业化、信息化、新型城镇化、国际化持续深入发展，经济结构由工业主导向服务型主导转型的趋势更加明显。在新时代高质量发展、消费升级、新动能转换、政策红利等多重利好推动下，体育产业作为国家重点发展的新兴产业，必将迎来难得的发展机遇。

（一）新时代助推体育产业高质量发展

"推动高质量发展，是保持经济持续健康发展的必然要求，是适应我国社会主要矛盾变化和全面建成小康社会、全面建设社会主义现代化国家的必然要求，是遵循经济规律发展的必然要求。"[1]

1. 高质量发展筑牢产业发展新理念

新时代高质量发展方向充分体现新发展理念，更加注重创新、协调、绿色、开放、共享的协调发展和共向而行。应该说高质量发展已经成为未来相当长时期内我国经济发展的总体方针，是实现我国经济转型升级的根本方略。体育产业高质量发展是推动江苏经济高质量发展的有效手段，是推动社会经济可持续发展的重要力量。体育产业高质量发展将有效促进江苏省经济发展提质增量。

---

[1] 《中央经济工作会议在北京举行 习近平李克强作重要讲话 张高丽栗战书汪洋王沪宁赵乐际韩正出席会议》，《人民日报》2017年12月21日。

2. 高质量发展驱动体育产品提质增效

新时期随着江苏省经济结构转型升级，服务业成为经济结构中体量较大的产业。随着江苏省体育产业跨越式增长，体育服务业也成为江苏省体育产业最大的支柱性产业。提升体育产品质量，既包含提升体育实物产品质量，也包含提升体育服务产品质量。当前我国体育消费者对体育产品的关注点，已由过去"物美价廉"的体育用品转向能够满足美好生活需要的高质量的观赏型和体验型的体育服务产品。高质量发展背景下，居民体育消费习惯、消费结构也随之改变，体育产品质量、体育服务质量、体育消费环境质量等被消费者看重。作为体育实物产品和服务产品的主要供给者，高质量发展江苏体育产业，提升体育产品质量，是新时期江苏体育产业实现高质量发展的必然要求。

3. 高质量发展推动体育规模提质增量

体育产业发展与国民经济增长具有较强的关联性，[1] 同时也有助于转变经济发展方式、调整产业结构、扩大内需、增加就业机会和提高劳动效率[2]。但当前江苏省体育产业在国民经济中的地位仍有待提升，还未成为国民经济发展的支柱产业。据统计，2018 年全省体育产业总规模超过 4066.18 亿元，创造增加值 1387.2 亿元，增加值占 GDP 比重为 1.5%。体育产业经济贡献仍有较大的上升空间，产业结构亟待进一步优化，产业潜力仍有待进一步激发。因此，在新时代发展背景下，高质量发展体育产业，有利于扩大江苏省体育产业规模，提升体育产业发展水平，推动江苏省体育产业成为促进全省经济转型升级的有效载体。

（二）消费升级推动体育产业持续发展

江苏省城乡居民消费结构由传统的实物消费转向新兴的高品质服务消费，强劲的消费需求使全省步入了消费需求持续增长、消费结构加快升级、

---

① 田广、郭敏：《我国体育产业与经济增长的关系研究》，《湖北体育科技》2018 年第 3 期。
② 黄海燕：《新时代体育产业助推经济强国建设的作用与策略》，《上海体育学院学报》2018 年第 1 期。

消费带动经济发展持续加强的发展阶段。消费正向着智能、绿色、健康、安全等方向转变。以健康、健身、休闲等为主的体育消费符合消费结构升级的方向，被列为促进经济增长的六大消费领域之一，这将有利于优化全省体育产业结构、促进体育产业增长。

1. 消费政策助推产品供给优化

2018年9月国务院办公厅颁布实施《完善促进消费体制机制实施方案（2018~2020年）》（国办发〔2018〕93号），指出在体育领域要促进体育赛事发展，培育冰雪运动、山地户外等体育消费新业态；2019年1月，体育总局和国家发展改革委联合印发《进一步促进体育消费的行动计划（2019~2020年）》（体经字〔2019〕13号），指出要通过丰富体育消费业态、培育体育消费观念、提升运动技能、扩展体育消费空间、优化体育消费发展环境、健全体育消费政策体系等方面来促进体育消费升级。2019年7月，江苏省体育局、江苏省发展改革委印发《关于进一步促进体育消费的行动计划（2019~2020年）》，明确提出到2022年全省体育消费总规模达到2800亿元左右。体育消费政策密集出台将有力地刺激江苏体育消费产品需求，优化体育产品供给内容，提升产品质量和水平。

2. 消费升级构筑产业新体系

体育消费者需要什么样的消费客观上决定了体育产品及服务供给，新时期江苏省城乡居民体育消费呈现多样化、多元化特征，体育消费从实物型消费转向参与型和观赏型消费。在需求方面，江苏省体育产业必须坚持以体育消费升级所释放出的体育需求变化为导向，依托现有体育资源，创新体育消费模式，按消费升级规律培育体育消费的新技术、新产业和新业态，形成以消费引领体育产业发展，以消费升级优化体育资源配置，以消费升级激励体育载体创新，进而培育和构建体育产业新体系；在供给方面，江苏省体育产业需持续推进供给侧结构性改革，减少无效和低端体育产品供给，扩大有效和中高端体育产品供给，以满足人民群众日益增长的多元化、多样化体育消费需求。

3.消费升级补齐发展短板

江苏省体育产业发展长期以体育用品制造业为主导产业，体育服务业发展相对滞后，进而导致体育产业结构不平衡和体育服务性产品供给不足，难以满足人民日益增长的体育服务性消费需求，供应短板现象明显。体育消费升级将导致居民对高质量体育产品和优质体育服务的需求显著上升，引导通过技术创新、业态创新、服务创新等方式，提供高质量体育产品和服务来满足体育消费需求。因此，消费升级将倒逼江苏提供高质量的体育产品和服务，不断满足群众体育消费需求，加快补齐体育产业发展短板。

（三）创新动能促进体育产业加速发展

党的十九大报告指出要加快建设创新型国家，创新已经成为引领发展的第一动力。创新驱动也是体育产业实现高质量发展的最重要抓手，江苏省作为体育产业创新发展较为活跃的省份，创新驱动发展战略的落实将成为推动江苏体育产业发展的重要引擎。

1.技术创新成为产业发展第一动力

江苏省体育产业发展长期以代工贸易的体育用品制造业作为主导产业，体育用品处于世界体育用品产业价值链的低端环节，产品附加值低，缺乏高价值品牌。要推动江苏省体育产业高质量发展，技术创新将成为第一动力。通过技术创新提高产品科技含量，变革产品的生产方式，提高企业劳动生产率。技术创新作为提高体育产品附加值和培育高价值品牌的有效手段，将成为体育产业实现可持续发展的第一动力。

2."大众创业、万众创新"助推创新常态化

"大众创业、万众创新"已经成为当前我国落实创新驱动发展国家战略、实现创新常态化的科学举措。2015年6月，国务院颁布《关于大力推进大众创业万众创新若干政策措施的意见》（国发〔2015〕32号），旨在推动经济结构调整、打造发展的新引擎、增强发展新动力，使创新成为富民之道和强国之策。2018年9月，国务院再次颁布实施《关于推动创新创业高质量发展打造"双创"升级版的意见》（国发〔2018〕32号），进一步推进创新

发展战略，进一步落实创新顶层设计，进一步挖掘创新市场潜力，进一步释放创新社会活力，不断推动高质量发展引向深入。江苏省积极制定体育产业相关政策，落实相关措施，推动体育产业创新，加快探索不同行业、不同领域、不同层次体育产业创新驱动新模式，持续打造基于创客、平台、基地等新兴众创空间，激发市场潜力，全面扩大体育产业发展规模，提升质量效益。

3. 创新供给方式激发体育市场活力

以互联网、物联网、大数据等数字经济为代表的信息服务业突破了体育产品供给端和需求端存在的障碍，改变了体育产品的供给方式和消费方式，激发了体育产业发展的市场活力。"互联网＋体育"的发展，将体育产业需求端与供给端连接起来，精准对接体育消费供给与需求，形成供需平衡。体育产品的供给通过互联网和移动消费终端，将线上与线下消费信息进行整合，通过挖掘体育消费需求，针对不同消费者多样化的体育消费需求，提供多元化、多样化的体育产品，有效供给体育产品。创新体育产品供给方式必将有利于挖掘江苏省体育消费需求信息，进而有效调整生产规模，提升体育服务质量，实现体育产品供给和需求有效对接，提高体育产业发展的市场活力。

五　江苏省体育产业发展展望

经过多年的发展，江苏省体育产业取得了明显成效，但总体来说仍处于发展阶段，体育产业结构有待优化，体育产业质量有待提升，体育产业政策效果有待激发，体育产业人才严重不足，与体育产业高质量发展还不相适应。当前，江苏省正处于体育改革发展的攻坚期、体育产业质量提升的关键期、体育产业持续发展的机遇期，江苏省体育产业将迎来新的发展阶段。

（一）工作基础进一步加强

1. 体制机制改革进一步深化

新时代江苏省体育产业发展的特点和规律，要求体制机制进一步深化、政府职能进一步转变。坚持引导并充分发挥市场在体育资源配置中的决定性作用，进一步建立健全政府管理、行业自律、企业依法经营的体育管理体制与运行机制。进一步整合优化政府部门体育产业职能，健全工作机构和人员配备。通过转变职能、简政放权、放管结合等有效措施，全面调动社会力量的主动性，不断挖掘体育产业发展的内在潜力。进一步破除体育行业壁垒和体制机制障碍，促进体育领域资源全面开放，推动体育资源市场化运作。进一步鼓励引导企事业单位、社会组织、个人参与体育发展，推进体育产业资源多主体供给。

2. 载体智库建设进一步完善

江苏省体育产业管理体制机制改革的进一步深化，体育产业载体和体育产业智库建设将进一步完善。将重点打造一批国家级、区域级体育产业基地和平台，强化日常指导和动态管理，进一步发挥产业集群的聚集效应、规模效应、区域辐射效应。鼓励有条件的地区开展体育产业创新试验区、体育消费试点城市建设，通过各地有效的先行先试措施，不断探索有效的发展经验。重点培育大型企业支撑、科技创新驱动和全产业链带动等特色产业基地。实施体育产业重大项目推进计划，培育一批产业层级高、投资规模大、带动能力强的重大项目，在全面带动体育产业发展中起到示范和带头作用。此外，将进一步加强体育产业发展战略和基础理论研究，建设体育产业智库和协同创新中心。全面发挥全省教育资源优势，多渠道、多途径、多层次培养懂经营擅体育的复合型人才。不断完善体育产业智力和项目相结合的柔性引进机制，不断提升体育产业从业人员素质和专业水平以及体育产业智库的决策支持作用。

3. 产业政策红利进一步释放

随着江苏省体育产业顶层设计趋于成熟，规划设计和政策体系将进一步完善，产业政策将推动各项具体措施逐步落地，体育产业效果进一步显现。通过加强政策研究和工作调研，各地将在一些重点领域和关键环节形成一批具体推进计划和措施。鼓励各地结合实际，细化完善体育产业政策，并争取有所突破。进一步加大体育产业政策创新力度，不断加强各项体育产业投资

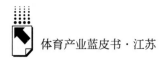

基金、政府购买服务、社会资本参与等新型政策工具的设计与使用，争取在全国率先形成一批创新政策和实践样板，政策正效应进一步释放。

（二）结构布局进一步优化

1. 产业结构进一步升级

江苏省经济结构调整步伐加快，必将为体育产业进一步优化结构、扩大市场规模、激发产业活力提供重要机遇。江苏省应统筹规划、合理布局全省体育产业发展，紧抓产业结构调整的重大机遇，研究制定促进体育产业结构优化的扶持政策，引导更多制造型企业参与体育服务业发展，增加附加值，拉长产业链；重点挖掘体育服务产业的巨大潜力，加快培育赛事表演、健身休闲、中介服务、传媒与信息、用品销售等极具市场潜力的细分产业群；促进体育与健康、教育、旅游、科技等行业融合发展，积极培育新模式、新业态，通过政策扶持、标准化推动、平台支撑等手段，引导多元投入，开发消费热点，延伸产业链条，把体育产业发展成为江苏省第三产业新的增长点。

2. 空间布局进一步合理

随着各地区位优势、经济潜力和产业基础的不断夯实，分工合作、各具特色、协同发展的体育产业空间布局逐步形成。经济发达的苏州市、南京市、无锡市体育服务业比重进一步提升，带动关联性较强的体育相关产业快速发展。经济水平居中的南通市、徐州市、常州市、盐城市和扬州市地域特色产业将得到进一步发展，营造和谐共生的体育产业发展环境。对于经济水平相对靠后的泰州市、镇江市、淮安市、连云港市、宿迁市，在资金、技术等方面的扶持和引导下，充分借鉴发达城市的发展经验，实现跨越式发展；各市在投资、项目、人才等方面的合作将进一步紧密，从而推动产业链转移、企业组团转移，促进全省各地体育产业协同、错位、联动发展。

3. 产业环境进一步改善

随着对外开放程度不断加大，江苏省将进一步完善体育行业领域的政策措施，吸引多元资本注入，不断推动体育公共产品供给的丰富和体育公共服务水平的提升。为进一步优化体育产业市场环境，应建立健全监督、管理、服务一体化市场监管体系，完善经营高危险性体育项目管理，强化体育行业信用体系建设和安全管理。探索建立多部门联动综合执法机制，加大体育市场执法力度。健全标准体系，强化标准实施，提高体育产业标准化水平。搭建资源信息、金融资本、研究咨询等服务平台，公布体育产业专项调查统计数据、消费指数、研究报告和投资指南。充分利用广播、电视、报纸、网络、手机等媒体，引导大众更新健身理念、优化生活方式、培养消费习惯，不断推动体育产业发展、提升体育消费水平。

（三）产业贡献进一步提高

1. 产业规模进一步扩大

随着政策红利的进一步释放，市场活力进一步激发，江苏体育产业将跨入新的发展阶段。经科学预测，2018~2025年江苏体育产业增加值呈现快速发展之势，2020年将突破1500亿元，2025年体育产业将突破3000亿元大关，增长态势明显。从预测数据来看，江苏省体育产业在2020年将能够顺利完成《江苏省体育产业"十三五"发展规划》中的量化目标，在2025年将超额完成《江苏省政府关于加快发展体育产业 促进体育消费的实施意见》设定的目标要求，经济贡献进一步扩大，产业规模位居全国前列。

2. 产业效能进一步提升

随着创新驱动步伐的加快，体育产业内在潜力将得到进一步释放，产业效能水平进一步提升。体育用品制造业逐步从低端向创新型方向发展，产品对外竞争力不断增强，内在附加值不断提高。体育用品业科技创新和品牌建设步伐不断加快，引领行业发展的技术领先、潜力巨大、质量更优的产品不断涌现。省体育产业集团将进一步做大做强，形成竞争优势和发展优势。一批骨干体育企业快速成长起来，中小微体育企业进一步壮大，并充分利用众创空间等新型创业服务平台孵化培育一批创新型体育企业。而通过招商引资、招才引智、项目合作等多种方式，国内外大型体育企业和重点体育项目将纷纷落户江苏，推动形成龙头体育企业和重大体育项目的集聚高地。苏南

（县域）、张家港、建邺区等一批国家体育产业基地引领作用将进一步得到发挥，一批产业层级高、投资规模大、带动能力强的体育产业重大项目逐步成长起来，具有体育产业特色县（市）和体育器材、体育旅游等特色的乡镇趋于成熟。随着各地资源和产业优势的进一步挖掘，一批具有较大影响力的企业、品牌和园区得到快速发展。

3. 消费潜力进一步释放

随着江苏省体育产业规模和产业效能的不断提升，城乡居民的体育消费潜力将得到进一步释放。在生活水平不断提高的背景下，城乡居民的体育消费需求呈现多元化、多样性的新时代特征，体育消费结构优化升级，体育消费能力进一步提升，对体育消费产品和服务的要求也进一步提高。健步走、自行车、马拉松等喜闻乐见的运动消费项目需求进一步攀升，冰雪、户外、航空等时尚项目逐渐成为新时代年轻人的重要休闲方式。体育创意项目、体育拓展活动等深受青少年、儿童的喜爱。城乡居民的体育消费潜力将进一步被激活。江苏省应按照服务民生、培育主体、活跃市场、扩大消费、满足需求的原则，通过政府引导和市场调节，扩大体育消费需求，健全体育市场体系。进一步鼓励有条件的地区全面配建全民健身设施、发展体育公园，进一步推进体育健身新项目、新产品的研发与推广。进一步引导地方政府结合本地资源优势打造品牌赛事、特色旅游、传统项目与休闲娱乐等高度融合的综合消费场所，不断满足居民多元化、多样性的体育消费需求。

参考文献

黄海燕、潘时华主编《长三角地区体育产业发展报告（2016～2017）》，社会科学文献出版社，2017。

陈伟东：《江苏体育产业发展路径选择》，《中国体育报》2016年1月22日。

张为付主编《江苏体育产业发展研究报告2017》，南京大学出版社，2018。

姜同仁：《新常态下中国体育产业政策调整研究》，《体育科学》2016年第4期。

丁宏：《促进江苏体育产业跨越发展若干建议》，《新华日报》2015年4月28日。

分报告

Sub - reports

B.2

江苏省区域体育产业发展报告

张建明 王 进*

摘 要: 江苏省地处长江经济带经济发达区域,发挥着承东启西、联南接北的经济联带效应和产业示范效应;江苏省是"一带一路"的交会点,在"一带一路"建设中发挥着产业集聚效应和经济扩散效应。江苏省体育产业在生态协同发展理念的指引下,依托江苏良好的经济基础和安居乐业的小康社会,通过科学制定产业规划、搭建体育产业平台、引入新兴体育休闲娱乐项目,整合区域内外资源,逐步形成了政府政策引领、城市节点互动、产业主体发动、产业资本投入、产业项目驱动、产业平台承载、区域联动辐射的立体交互网络化产业生

* 张建明,博士,南京体育学院副教授,硕士生导师,主要从事体育产业、体育赛事经济与管理研究;王进,南京体育学院体育产业与休闲学院书记,副教授,硕士生导师,主要从事体育产业经济与管理研究。

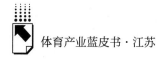

态协同发展体系,形成了区域各具特色的体育产业发展新模式。

关键词: 体育产业 产业生态 区域协同

经过多年的谋划、布局和建设,江苏省体育产业奠定了坚实的发展基础。在贯彻落实《江苏省政府关于加快发展体育产业促进体育消费的实施意见》过程中,江苏培育了一批新兴体育产业业态的市场经营主体,建设了一批体育产业基地、体育健康特色小镇、体育公园、体育服务综合体等市场平台和项目载体,形成了较为完善的业态体系。进入新时代,我国全面建设小康社会,江苏省体育产业优先发展商业性体育竞赛表演、体育健身、体育休闲、体育旅游业,重点发展体育用品制造业;建设新兴体育产业平台、鼓励举办体育会展、刺激居民体育消费等一系列产业发展战略举措,有效推动了江苏省区域体育产业发展。

一 江苏省区域体育产业发展背景

江苏省经济社会发展速度快、水平高,区位优势明显,生态资源丰富,体育产业发展理念和模式先进,产业体系完备,群众基础广泛,文化氛围浓厚,这些都为江苏省区域体育产业发展提供和营造了良好的环境,特别是"新时代、新生活、新体育"机遇的到来,更为其发展添能加力。

(一)雄厚的经济社会实力带动区域体育产业发展

江苏省经济社会持续快速发展,为区域体育产业发展提供了源源不断的动力。一是经济快速增长为体育产业发展提供保障。改革开放40年来,江苏省人均GDP不断提高,省统计局公布的数据显示,2017年江苏省人均GDP,在世界银行公布的189个国家(地区)中,与排名第50位的国家水平相当。按照世界银行人均国民收入的划分标准，江苏省已跨入高收入水平行列。2019 年江苏省 GDP 已经达到 99631.5 亿元，第三产业总产出为51064.7 亿元，经济基础较为雄厚。二是社会小康生活为体育产业发展夯实基础。2016 年，江苏省人均住房面积为 46.3 平方米，其中城镇和农村人均住房建筑面积分别是 40.3 平方米、56.9 平方米。2017 年，江苏省在社会保障方面取得重大成就，城乡居民基本养老保险制度全面建立，大病保险实现全覆盖，主要社保险种参保率在 95% 以上；在全国率先实现县域义务教育基本均衡全覆盖，高中阶段毛入学率达 99.1%；私人汽车保有量 1408.2 万辆，同比增长 12.5%，净增 156 万辆。2019 年，全省居民人均可支配收入41400 元，同比增长 8.7%；全省居民人均生活消费支出 26697 元，同比增长 6.8%。江苏省居民基本实现病有所医、老有所养、幼有所学、居有所住、行有代步车辆，居民可支配收入大幅度提升，居民积极参与体育消费成为现实。

（二）强大的产业基础支撑区域体育产业发展

经过多年的拓展和积淀，江苏省区域体育产业形成了多元而扎实的发展基础。一是完备的体育产业体系为进一步发展奠定产业基础。在"十二五"期间，江苏省形成了以体育竞赛表演产业为核心，以体育健身娱乐、体育培训、体育场馆经营、体育彩票、体育用品制造、体育用品销售、体育会展、体育服务中介八大业态为主体，以体育地产、体育科研、体育品牌、体育建筑为支撑的体育产业结构体系。二是大型体育赛事的宣传效应为体育产业发展奠定文化基础。江苏南京是国内成功举办大型综合性国际体育赛事为数不多的城市之一，2013 年举办了第二届亚洲青年运动会，2014 年举办了第二届青年奥林匹克运动会。江苏省还承办过全运会、城运会等全国综合性运动会。在江苏省内已经有 12 个地级市分别承办过省运会。大型综合性体育赛事的举办，不仅推动了赛事经济发展，建成一批大型公共体育场馆，为广大居民提供健身、竞赛、培训、休闲等服务，让居民感受到体育产业发展所带来的实惠；而且，大型体育赛事的文化宣传，对举办地的城市形象、城市品牌推广产生积极影响；对广大居民的社会责任感、竞争与合作、社会凝聚力、文化包容、强身健体、体育消费观念等方面产生潜移默化的影响。三是民俗节会与自主品牌赛事的开发为体育产业发展奠定群众基础。江苏省依托各市的自然资源和体育文化资源，先后培育了一批如"环太湖国际公路自行车赛"、"斯诺克世界杯"、苏州吴中"环太湖"国际竞走和行走多日赛、中国生态四项公开赛等品牌赛事以及各地区的马拉松、自行车等赛事。这些具有时代特色的新兴体育赛事，通常是在项目参与人数较多的基础上逐渐形成，具有较好的群众基础。四是，江苏充分挖掘省内传统体育项目，形成了一批如龙舟赛、龙狮赛、泰兴花鼓节、启东风筝节、溱潼会船节、洪泽湖水上运动会、连云港渔民运动会等具有民俗特色的体育赛事活动。这些具有地域特色的群众性赛事和节庆活动，既有文化传承功能，又深得广大居民认同和喜爱，并能让积极参与其中的居民有很强的满足感和获得感。

（三）有力的协同创新能力驱动区域体育产业发展

江苏省推进区域体育产业发展，充分体现了"创新、协调、绿色、开放、共享"的理念。一是概念创新，跨区域协同发展。传统观念上，江苏省区域划分为苏南、苏中和苏北。为了缩小区域间差距，"十二五"初期，江苏省体育产业提出了"三带两圈"的发展战略部署，即沿江、沿海、沿大运河三条体育产业带，环太湖和环洪泽湖两大体育产业圈。经过多年的建设，江苏省已经形成了沿江高技术体育用品制造业、沿海体育休闲旅游产业、沿大运河马拉松赛事产业、环太湖国际公路自行车赛事、环洪泽湖体育休闲旅游产业。二是模式创新，县域一体化建设。2013 年，江苏省获批建设"苏南（县域）国家体育产业基地"，这是国内第一个由三个县域（溧阳、昆山、江阴）构成的体育产业基地。通过模式创新，苏南县域体育产业走出了一条具有特色、亮点鲜明的发展新路子。溧阳利用后发优势，依托优美的山水资源，提出全域一体，以赛事为引擎，以养生康复、休闲娱乐为两条主线创建十大体育旅游基地，带动溧阳旅游产业发展。江阴在发展高技术体育用品制造业的同时，发展高端服务业，整合马术训练、表演、比赛等项目，建设旅游观光、运动休闲等配套设施，形成以马术旅游为特色的体育休闲产业基地。昆山依托制造产业优势，大规模利用外资，发展高端体育装备制造业和体育创意产业。三是协同创新，发挥国家战略区位叠加优势。长三角区域是我国综合实力最强的经济中心，是国家参与国际竞争的重要战略区域，江苏省有 9 个城市位居其中。长江经济带是东中西合作经济带，是我国新一轮高水平改革开放的战略性内河经济带，江苏地处其发达区域。江苏还是"一带一路"的交会区域。江苏地处国家多重重要战略叠加区域，在促进社会经济效能由东向西、由南向北辐射及带动长江经济带发展方面具有极其重要的作用。在国家大力发展体育产业的背景下，长三角地区体育产业协作会议制度应运而生，2018 年 10 月召开的第二次会议强调了体育产业三省一市的重点工作任务，形成了 20 项体育产业合作项目，进一步明确了整合体育产业资源，实现跨省、跨区资源优势互补、协同合作共赢的区域体育产业发展目标。

二　江苏省区域体育产业发展现状

江苏省体育产业坚持区域协调、创新融合的理念，进行科学合理规划，优化产业空间布局，充分利用已有的体育产业基础、各地自然资源、体育人文基础，形成了一批新型业态和平台载体，呈现持续快速发展的良好态势。积极推进沿江区域体育用品制造业集聚区建设和发展，促进产业提质增效。依托苏南的山水资源，积极开发体育旅游、康体养生、水上运动等项目，形成以体育旅游、体育休闲养生为主的产业体系。依托苏中江淮地区丰富的水域资源和沿海优势，积极开发水上运动项目，发展民俗体育赛事活动和体育休闲产业。依托苏北冰雪资源，积极推动江苏冰雪运动产业发展。

（一）江苏省区域体育产业发展概况

从苏南、苏中、苏北三大区域体育产业分布看（见图 1），三大区域体育产业增加值在 2010 年出现大幅度增长，苏南区域的增长率从 2009 年的

13.00%增至2017年的15.67%，苏中区域的增长率从2009年的12.26%增至2017年的17.16%，苏北区域的增长率从2009年的18.46%降至2017年的16.82%。这一方面反映出体育产业具有投资周期短、产出效益高的特性；另一方面也反映了江苏在贯彻落实《关于加快发展体育产业的指导意见》的过程中，从省到市县具有反应快、见效快的特点；同时，反映了江苏省政府《关于加快发展体育产业的实施意见》（以下简称《实施意见》）的六项重点任务、七项保障措施得到市场主体的认可，并给予积极响应和执行。

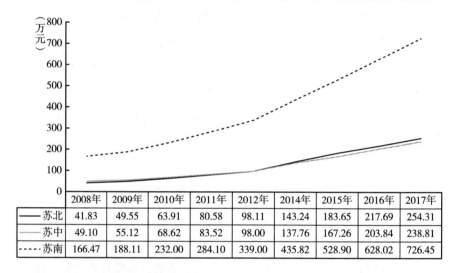

（万元）	2008年	2009年	2010年	2011年	2012年	2014年	2015年	2016年	2017年
苏北	41.83	49.55	63.91	80.58	98.11	143.24	183.65	217.69	254.31
苏中	49.10	55.12	68.62	83.52	98.00	137.76	167.26	203.84	238.81
苏南	166.47	188.11	232.00	284.10	339.00	435.82	528.90	628.02	726.45

图1 2008~2017年苏北、苏中、苏南体育产业增加值

从产业增加值的递增趋势看，2016年和2017年的增长率呈现下降态势，主要是受宏观经济增速放缓，占体育产业总产出比重60%左右的体育用品制造业增速放缓的影响。但是从2010年到2017年，苏南区域年均增长率为18.7%，苏中区域年均增长率为20.6%，苏北区域年均增长率为23.3%。这一组数据不仅反映《实施意见》中的举措持续有效，还反映了《江苏"十三五"体育产业发展规划》制定的三大产业发展方向具有精准性和前瞻性，五项重点任务和主要举措具有很强的可操作性和有效性。

从苏南、苏北两大区域在发展过程中的差距看，2010年苏南区域体育产业增加值是苏北区域的3.63倍，到2017年则缩小到了2.86倍，由此可见，两个区域的差距在不断缩小。江苏在优化体育产业空间布局、促进区域协调发展、缩小南北差距方面已经取得一定成效。

（二）苏南区域体育健身休闲旅游融合发展

体育具有天然的产业黏性，能够与诸多产业实现融合发展，"融"便是"十三五"期间江苏体育产业发展的重要理念和主旋律。早在 2013 年，江苏溧阳市便推出了"体育＋旅游"的发展理念和建设思路，并建成了国家级体育产业（体育旅游）基地。经过一段时间的发展，江苏顺势而为，2018 年出台了《江苏省体育旅游发展行动计划》及水上、航空、山地户外、冰雪等行动方案，形成了一批以体育旅游、体育休闲、康体养生为主题的产业基地或特色小镇，如"太湖体育旅游度假小镇""溧阳上兴山地户外运动小镇""江阴新桥马术运动小镇""南京老山有氧运动基地""南京汤山体育休闲度假小镇""高淳桠溪慢城体育运动休闲小镇""武进太湖湾体育运动休闲小镇"。除上述特色小镇外，还有一批以登山、温泉养生、农家乐、马术、漂流为主题的体育休闲度假区。这一区域的康体养生、体育旅游产业不仅满足了上海、南京、杭州等周边城市居民的需求，形成了较强的产业集聚效应和示范效应，而且这种融合式发展的理念，带动了"体育＋文化""体育＋商业""体育＋电子竞技""体育＋金融"等一批多种业态的融合，为江苏体育产业发展注入新活力。

（三）沿江区域体育用品制造业提质增效

江苏体育用品及相关产品制造业，在体育产业中占据主导地位，主要集中于长江两岸的八市，已经拥有一批具有很强自主研发能力及核心竞争力的生产制造企业。江苏从"长三角一体化"发展战略、"一带一路"倡议出发，瞄准国际市场，做好体育用品制造业参与国际市场竞争的准备，大力扶持体育用品制造业提质增效，鼓励科技创新，加大品牌建设支持力度。涌现出如南通铁人、张家港金陵、江阴四方、南京边城、常州钱璟、扬州阿珂姆等一批知名体育用品品牌。张家港金陵是中国体育器材在 A 股上市的第一家企业；形成了新店镇、曹甸镇、小纪镇、武坚镇等一批沿江体育用品制造产业集聚的小镇。这些企业拥有一批具有国际领先水平的生产新工艺、新材料、新技术的自主知识产权，企业的技术创新团队及每年大量的产品研发投入，为江苏体育用品制造业发展和参与国际市场竞争夯实了基础。

（四）苏中沿海区域新兴休闲项目增添动力

苏中及其沿海区域的地形地貌受长江水系和淮河流域的影响，除拥有我国第四大淡水湖洪泽湖外，还有骆马湖、高邮湖、宝应湖、微山湖、大纵湖、白马湖、石臼湖、射阳湖等星罗棋布的湖泊及水网交错的内河、海河体系，形成了由西向东的江淮及沿海湿地生态大走廊。保持生态优良、有限开发、合理利用是苏中及沿海区域发展体育产业的指导性原则。苏中区域建设仪征枣林湾和宿迁湖滨晓店镇两个体育特色小镇，打造大纵湖体育休闲生态旅游度假区、溱湖湿地公园、淮安白马湖旅游度假区，制定并出台《江苏省加快发展水上运动产业行动方案》，在满足苏中区域居民体育休闲、生态养生需求的同时，推进连云港滨海运动、盐城大丰湿地公园、大运河休闲体育产业带等新兴体育休闲运动项目建设。目前，航空运动产业初具规模，在南京、无锡、镇江、淮安、盐城已形成集管理平台、航空运动器材装备制造、低空飞行表演、飞行业务培训、飞行营地于一体的航空产业体系。苏中区域体育休闲产业在发展篮球、羽毛球、乒乓球、太极拳、瑜伽、健身、网球、轮滑等居民喜爱、参与程度较高的运动项目产品的同时，积极开发水上表演、水上骑行、快艇、沙滩排球、沙滩足球等水上和近水运动项目，为江苏体育产业发展增添新动力。

（五）苏北区域冰雪运动产业添时尚新活力

江苏北部地区是温带季风气候，四季分明，冬寒夏热。北京成功申办2022年冬奥会，冰雪运动、冰雪产业、冰雪文化随之而热。江苏依据地区气候特点，积极开发苏北区域冰雪资源，发展冰雪运动产业。徐州贾汪冰雪大世界，在保护自然生态环境的同时，建成了江苏最大的大景山滑雪场。连云港市建有白龙潭滑雪场和潜园冬奥滑雪场等 6 个滑雪场，滑雪产业方兴未艾。江苏大力推广冰雪项目，为体育产业发展注入了时尚新活力。目前已经建成 16 个真冰冰场和 18 个滑雪场，为百姓提供冰雪体验、培训、场馆等服务。

三　江苏省区域体育产业发展特色

江苏省各市的区域体育产业在资源利用、业态布局、平台搭建、传统产业集聚、新兴产业培育、保障举措、创新发展、绿色发展、开放发展、协同发展等诸多方面均有不俗表现。然而，由于各市资源禀赋、文化传统、经济基础、社会背景、科技支撑等方面存在差异，其体育产业资源也各不相同，呈现各具特色发展的理想态势。依据 13 个市体育产业发展的核心特征，分别将其划分为体育名片、传统文化、生态融合、智慧体育、时尚休闲五大特色类型。

（一）体育名片型

南京以举办 2013 年亚青会、2014 年青奥会为契机，提出了在 2015 ~ 2020 年把南京打造成亚洲体育中心城市和世界体育名城的战略部署，随后采取系列推进举措，取得了显著成效。苏州将打造"国际体育文化名城"作为城市发展方向和目标，经过多年建设，已基本具备竞技水平领先性、体育竞赛表演国际性、体育产业繁荣、民众体育文化基础扎实等国际体育文化名城特征。

1. 南京——亚洲体育中心城市和世界体育名城

近年来，南京高度重视建设亚洲体育中心城市和世界体育名城的工作，重点推进体育产业、群众体育、学校体育发展，并通过连续举办国际赛事，提升南京影响力和国际知名度。建成了建邺区、溧水区 2 个国家体育产业示范基地，边城体育用品有限公司、万德体育产业集团 2 个国家体育产业示范单位，金地体育公园、不止骑自行车系列认证赛 2 个国家体育产业示范项目，江宁区、浦口区、南京全民健身中心、南京棋院、汤山房车营地等 10 多个省级体育产业基地。创建了高淳桠溪、汤山温泉、老山有氧、黄龙岘茶乡等 4 个体育类特色小镇。建设了奥体中心、大金山国防园、秦淮永银体育运动俱乐部、江宁野趣国际营地等 6 个体育服务综合体。南京每年有各类群众体育赛事活动 1000 多场次，直接参与的市民超过 100 万人。南京 2016 年举办世界速度轮滑锦标赛，2017 年举办首届世界全项目轮滑锦标赛，被国际轮滑联合会授予"世界轮滑之都"称号，成为世界首个，也是目前唯一被授予该荣誉的城市。2018 年举办羽毛球世锦赛、世界女排大奖赛、南京马拉松等一系列精品赛事。2017 年 4 月，据英国 SPORTCAL 发布的全球体育城市指数排名，北京排第 9 名，南京排第 10 名，提升了南京城市影响力，增强了体育产业发展后劲。

2. 苏州——国际体育文化名城

苏州在建设和打造"国际体育文化名城"过程中，从群众体育到竞技体育、从休闲体育到职业体育、从体育公共服务到体育产业发展，都取得了许多值得肯定的成果、值得学习的思路和值得借鉴的经验。一是在公共体育服务领域，苏州市、县（区）均获得省级公共体育服务体系示范区命名，率先提出并建成城乡一体"十分钟体育健身圈"，全市所有镇、街道建有 1000 平方米以上的文体中心；率先实现市（县）区国民体质监测中心全覆盖；建成环古城河健身步道、金鸡湖健身步道、运河体育公园、晨晚练健身点 6749 个、环太湖自行车道等；在提供居民日常健身公共服务设施的基础上，推行"苏州市体育惠民消费行动"，激活体育消费；呈现健康、活力、动感的城市体育文化氛围；建设国际一流体育服务综合体场馆——苏州奥体中心，为科技和现代感强烈的苏州工业园区营造良好的体育文化环境。二是在国际体育赛事方面，苏州通过举办第 53 届世界乒乓球锦标赛、"汤尤杯"世界羽毛球团体锦标赛、吴中环太湖国际竞走和行走多日赛、环太湖国际公路自行车赛、太湖国际马拉松赛等，提升苏州的国际影响力。苏州还把培育篮球主场文化纳入打造国际体育文化名城内容，成为新的突破点。江苏肯帝亚 CBA 常规赛主场落户苏州，平均每场观众人数近 3000 人。三是在职业足球方面，2016 年苏州东吴职业足球俱乐部征战中乙联赛，获得足协杯最佳商务展示奖。足球队在队伍建设、球迷文化营造、青训培养等方面快速发展，战绩也稳步提升。目前，苏州拥有苏州东吴和昆山 FC 两支中乙职业足球俱乐部和苏州苏超中甲五人制足球俱乐部，苏州东吴和昆山 FC 都有望递补进入中甲。四是在体育产业领域，苏州科学规划、合理布局、积极引导和鼓励、推进建设和发展。2013 年开始设立市级体育产业发展引导资金（2017 年更名为市级体育产业发展专项资金），先后出台了《苏州市市级体育产业发展专项资金管理办法》《苏州市市级体育产业补贴项目实施细则》《苏州市"体融通"担保贷款实施细则》《苏州市市级体育产业贷款贴息项目实施细则》等规范性文件。2015 年，苏州被命名为全国首批 35 个体育产业联系点城市之一。苏州现有国家体育产业示范基地 2 个，国家体育产业示范单位 1 家，国家体育产业示范项目 2 个，江苏省体育产业基地 14 个，苏州市级体育产业示范基地 62 个。国家级体育旅游目的地 2 个、精品景区 5 个、精品线路 3 条、精品赛事 2 个。培育了 1 个国家运动休闲特色小镇、3 个省级体育类特色小镇和 10 个市级体育特色小镇。2018 年全市体育及相关产业总产出为 905.1 亿元，同比增长 8.5%。

（二）传统文化型

经过数千年的历史文化传承和积淀，武术文化已融入徐州人的血脉，依托深厚的汉文化及其武术文化底蕴，徐州积极建设"国际武术文化名城"。泰州人民非常喜爱棋类文化项目，传统中国象棋和围棋群众基础宽广深厚，近代传入我国的国际象棋也深受百姓欢迎，这在国内十分罕见，因此泰州致力于发展成为"中国棋文化名城"。

1. 徐州——国际武术文化名城

徐州市是目前全国唯一的既是市级武术之乡又有县级武术之乡的城市。近年来，徐州积极打造国际武术文化名城，多措并举成果显著。

一是打造具有自主品牌的中国·徐州"丝路汉风"国际武术大赛，自 2016 年举办以来，已连续举办四届，参赛国家和选手人数逐年递增，表明

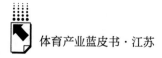

这一自主 IP 赛事的国际影响力不断提升，获得了全球武术爱好者的认同。该赛事举办当年，便荣登"江苏省十大最具品牌价值体育赛事"榜。

二是推动武术传承人培养体系建设。目前，全市共有各类武术馆（校）400 余所、辅导站点达 1600 余处，武术教练、拳师、段位指导员 1141 人，社体指导员 2272 人，晋段高层次人才超过 7000 人。徐州超过 50% 的中小学开设武术教学，青少年武术运动队伍逐步壮大，训练水平不断提高。各县（市、区）均成立了武术协会，90% 以上的镇（街道）有武术俱乐部，市武协注册会员现拥有个人会员 38658 人（2019 年底统计数字）、单位会员 168 个。

三是加强武术非物质文化遗产制度建设。目前全市有 6 项市级、省级非物质文化遗产：丰县八极拳、丰县六步架大洪拳、沛县武术、徐州八卦太极拳、铜山徐式北派少林拳、彭祖导引养生术。

四是加强武术文化建设，提升武术文化软实力。建设武术博物馆，加强武术理论研究，与徐州市高校和南京体育学院合作组建科研团队，深化武术文化国际交流。

2. 泰州——中国棋文化名城

泰州在特有的棋文化基础上，通过棋类培养、棋类赛事两大举措推进"中国棋文化名城"建设，不仅为国内国际象棋、围棋等项目输送了专业人才，而且不断举办的赛事也丰富了广大居民的业余文化生活，增强了市民的城市认同感和幸福感。首先，挖掘和弘扬传统棋文化，积极发展棋类培训项目，做好棋文化的传承和人才培养。已建成兴化国际象棋学校体育产业示范基地，现有泰州棋院、泰州凤城棋院、腾龙棋院，以及各类培训机构、培训班数十家。其次，通过常年举办棋类赛事，带动棋文化产业发展。如女子国际象棋世界冠军挑战赛、"春兰杯"世界职业围棋锦标赛、"黄龙士杯"三国女子围棋擂台赛、泰州市段级位赛、全国国际象棋锦标赛（个人甲组）等。

（三）生态融合型

南通、常州、扬州、淮安、连云港依靠各自的自然资源优势和已累积的体育产业实力，促进体育及相关产业协同发展，延伸、拓展产业链，在各具特色的生态融合发展道路上富有活力地跃进。

1. 南通——生态体育城市

南通是世界冠军的摇篮、体育之乡，先后为国家输送了21名世界冠军，其中奥运冠军7位，累计夺得世界大赛金牌101枚。南通利用良好的生态环境，在开沙岛先后建成了中国乒乓球通州训练基地、中国乒协乒乓球运动学校，集训练、科研、人才培养、对外交流等诸多功能于一体，成为江苏乃至国家乒乓球人才重要的培训基地。在发展体育休闲产业方面，南通开沙岛房车露营基地以"运动休闲"为主题，建有露营区、木屋区、团建区、儿童项目区、水上娱乐区、综合接待服务中心，设有森林探险、快乐大本营、户外烧烤、篝火晚会、户外拓展等特色体育生态旅游产品，满足了长三角区域市民休闲娱乐的消费需求。

南通积极引导和鼓励体育用品制造业升级发展，加大研发投入，提高产品品质，提升品牌内涵，增强核心竞争力。全市已拥有自营出口权的健身器材生产企业多达170余家，体育用品"南通品牌"在欧美发达国家市场占有先机。如东县新店镇70多家企业生产的健身器材远销欧美等20多个国家和地区，被江苏省机械工业联合会授予"江苏省健身器材之乡"荣誉称号，被省体育局评为"特色类体育产业基地"。海门近百家球类制造商，年产足球500多万只，体育制造业总产值达到16.82亿元。南通铁人运动用品公司生产的5大系列1000多种产品远销世界50多个国家和地区，获得"中国十大体育用品品牌""中国轻工业体育用品行业十强企业"等荣誉称号。

2. 常州——运动健康城市

常州市体育产业体系完善，体育旅游、体育场馆、体育赛事、体育彩票、公共体育等产业全面发展。发展是为了人民，常州积极打造国家运动健康城市。2017年，常州制定了运动健康城市建设三年行动计划，并已建成全省首家体育医院综合门诊部、常州奥体运动与健康促进中心、常州奥体健康服务中心，初步形成集体质体能测试、运动能力评估、科学健身指导、疾病预防保健和运动康复医疗于一体的专业健康管理服务平台。通过连续举办中国（常州）国际运动康复大会，积极搭建促进康体融合的交流平台，来自北京、天津、上海等数十个省（自治区、直辖市）的体育院校、科研院所，涉及医疗康复、运动训练、大众健身、体育产业等多个领域的上千名代表参加了会议，是国内同类会议中规模最大、参会人员最多，具有较强影响力的会议。

2019 年，常州以争创国家全民运动健身模范市为抓手，推进建设运动健康城市，坚持对标创建、创新创建，不断丰富公共体育产品和服务供给，提高市民百姓的获得感和幸福感。计划通过举办 30 项以上群众体育赛事、更新及新建 109 个村（社区）健身路径、建设 20 个以上二代智慧健身路径示范点；利用现代信息技术，开发应用"常享动"App，为市民提供体育场馆在线查询、预订、支付和评价等便捷服务，并同步进行智能场馆改造建设，初步建成智慧体育 O2O 平台；探索社区体育公园托管模式，支持配合教育部门做好学校体育设施向社会开放工作。

常州为建设运动健康城市，制定了中长期发展规划，重点打造集茅山融道教养生文化、山水文化、礼佛文化、盐文化、花木文化为一体的国家级养生休闲度假胜地，争创中国健康旅游示范基地；借助西太湖科技产业园的优势，坚持"产城融合、宜居宜业、科技驱动、自主创新"的发展理念，开发西太湖水域资源，在西太湖沿岸发展一批水上运动休闲旅游项目，重点打造具有自主知识产权的西太湖国际半程马拉松赛。

3. 扬州——体育旅游城市

扬州是国家历史文化名城，既有"淮左名都，竹西佳处"之称，又有"中国运河第一城"的美誉。扬州把体育和旅游相结合，形成了健身休闲、竞赛表演、体育旅游、运动康复等融合发展的良好态势，体育旅游休闲城市已得到广大市民的认同。目前，已经建成了具有代表性的体育旅游产业区块，如枣林湾生态园四大特色体育旅游项目板块，即以青马车寨、天乐湖为有机组成，以体育旅游、拓展训练、房车露营为主体形成的运动拓展体育旅游区块；铜山小镇建成后既能满足多元化、个性化的大众健身、娱乐、旅游的需求，又能满足大型文娱活动、赛事的承办需求，真正实现集吃、住、行、游、娱、购、学、奇、种、养于一体的体育运动休闲目的地。以廖家沟中央公园、七河八岛为中心，以生态体育体验、身体康复、健康养老为重点形成了休闲康体体育旅游区块；以蜀冈—瘦西湖为纽带，以大众健身和体育服务为产业特色，以市游泳健身中心、宋夹城、唐子城、蜀冈西峰为核心形成了绿色生态体育旅游区块；以三湾生态公园、南部体育公园、扬子津公园和滨江生态林业带、瓜洲露营为基地，以户外骑行、极限运动为重点形成了户外露营体育旅游区块。

发挥赛事的产业联动效应，推动体育与旅游融合发展。扬州市利用"扬马"的品牌效益，打造历时一周的赛事旅游嘉年华；利用国际沙排赛、深潜基地皮划艇赛和"马自骑"三大赛事的群众参与度，打造时尚体育赛事体验季；利用大运河地域资源和"运河三宝"，打造具有地域特色、本土风情的自主品牌赛事，助推运河旅游经济发展。

4.盐城——运动休闲康养之城

盐城在注重保护自然资源和生态环境的基础上，结合"湿地之都、百河之城"的地域特色，重点打造了大洋湾、大纵湖、九龙口、梅花湾等滨水健身休闲产业带；培育了黄海湿地国际公路自行车赛、国际沙滩排球赛、中国盐城国际马拉松等系列具有国际影响力的品牌赛事；依托黄海森林公园、阜宁金沙湖等体育旅游度假基地，深入挖掘景区赛事资源，目前已成功举办了盐城龙舟赛、黄海森林半程马拉松赛等系列景区赛事。在市政府实施的"开放沿海、接轨上海"战略中，盐城被定位为"北上海后花园"，并写入政府规划文件，将其作为体育旅游休闲康养基地打造，使运动休闲与旅游康养相结合；持续走好体育旅游融合发展之路。阜宁金沙湖景区被命名为2019年度长三角地区最佳体育旅游目的地。大丰梦幻迷宫景区被评为省体育服务综合体，盐都大纵湖体育旅游示范基地入选全国体育旅游精品项目；积极探索体医融合发展新模式，提升盐城健康生活水平，盐城市体育局与盐城师范学院联合开展慢性疾病运动康复课题研究，发挥体育运动在防病、治病、康复等方面的作用，推广覆盖全生命周期的体育健康服务，推动健康关口前移，针对患有慢性疾病的不同人群，开展有针对性的运动处方治疗，研究康复效果，目前该项目已取得初步成效。

5. 淮安——生态体育城市

淮安建设生态体育城市的理念和模式与南通有较大差异。淮安市以生态新城建设为切入点，通过建设现代化行政中心、商务中心、体育中心、文化中心、旅游中心等生态城市功能板块，将体育融进生态新城建设，并以此为核心，利用丰富的体育资源，形成强大的集聚辐射效应，成为影响苏北、全省的体育产业核心示范区。主要举措是通过建设古淮河体育产业风光带，及其环洪泽湖和环白马湖体育圈，发挥金湖银集镇、淮安区施河镇等乡镇的节点功能，形成点状体育产业集聚区。重点以投资 10 亿元的龙宫大白鲸世界和投资 5 亿元的金湖水上森林公园两大项目为抓手，打造龙宫大白鲸世界综合海洋生态文化、水上游乐设施、文化秀场和虚拟情景等多种新型娱乐元素体育旅游项目。依托 5000 多亩水杉林、3000 多亩芦苇荡和水上兵马俑等自然奇观优势，打造田园牧歌、树屋部落、清境江湖、活力森林、文创养生、水上迷宫六大片区，建成华东地区首个集休闲、体验、体育、度假、探险、养身、文创于一体的大型森林体育公园。2018 年淮安举办淮河生态经济带体育产业博览会，此类"区域联动、跨越发展"活动，推动生态体育城市建设。

6. 连云港——山海体育休闲城市

连云港历史久远，古迹丰富，依山傍海，港城一体，是"中国优秀旅游城市"；现有 1 个国家 5A 级景区、8 个国家 4A 级景区和 200 多个风景点。连云港依托特有的山海资源，积极打造"山海休闲体育城市"，规划建设"三园三圈"，即沙滩体育公园、森林体育公园、社区体育公园，连岛滨海体育健身休闲圈、环云台山山地体育健身休闲圈、环湖（河）岛体育休闲健身圈；建设滨海健身步道和沙滩体育公园，开发游艇、快艇、沙滩排球、沙滩足球、游泳等滨海休闲体育项目；建设山地健身绿道和森林体育公园，开发山地马拉松、定向越野、山地自行车、攀岩等系列山地休闲体育项目。此外，积极培育体育品牌赛事，促进山海体育休闲城市建设。举办环连岛自行车、马拉松、铁人三项等体育赛事。扶持海滨大道自行车和马拉松赛,云台山山地马拉松、山地自行车、摩托车拉力赛,花果山新年登山比赛等品牌赛事。培育龙舟、帆船等具有发展潜力的体育赛事。

(四)智慧体育型

在数字化智能时代来临的时候,开拓创新的无锡人提出了建设智慧城市和智慧体育的发展目标,随后一系列的有效举措为实现智慧体育城市建设目标奠定了坚实的基础。

无锡是我国云计算试点城市之一,是全国智慧城市示范市。2017年无锡市体育局和经信委联合制定了《无锡市智慧体育总体发展规划(2017~2020年)》,旨在通过建设体育数据库、云计算等项目,运用互联网技术,建设体育物联网,形成智慧体育生态体系,实现公共体育服务模式创新,转变体育发展方式,培育新的经济增长点。

2016年,无锡市创建了全国首个智慧体育产业园,是智慧体育企业的孵化器,引进了汇跑体育、海韵体育、贝乐运动、动吧体育、双象股份等19家企业;2018年8月,智慧体育产业园与江苏乐运积极推动智慧体育综合体建设,对传统体育场馆进行数据化智能化改造,建成智慧足球场、智慧篮球馆、智能游泳馆、智能健身房、智能羽毛球馆等;到2019年,引进体育科技类企业达65家,主要从事体育信息开发、体育康复产品研发、体育赛事数据信息产品研发、体育信息服务等。现已基本建成"智慧体育"服务网络和平台;建成体育场馆数字化运营平台;建成金匮公园健身步道无线Wi-Fi,向市民提供更多运动版移动互联网服务。为2020年实现无锡市智慧体育总体发展规划目标夯实了基础。

(五)时尚休闲型

新时代,宿迁体育产业发展以建设"国际时尚体育城市"为目标,坚持发展时尚体育运动,大力开发和打造系列时尚体育赛事,着力培育体育健身服务、体育用品销售、体育装备制造、体育休闲旅游等市场,不断优化投资环境，拓展空间，引导体育消费，努力打响时尚体育城市品牌。镇江以建设"航空体育城市"为目标，通过全面推进航空体育、科技体育项目建设，促使特色体育产业成为镇江经济新的增长点。

1. 宿迁——时尚体育城市

宿迁是项羽的故乡，境内有骆马湖、洪泽湖两大淡水湖，享有"华东净土、江苏氧吧"的美誉，是中国优秀旅游城市、国家园林城市、国家卫生城市、国家城市设计试点城市、国家知识产权试点城市、联合国环保节能新型示范城市、全国文明城市。宿迁紧密结合这些资质荣誉，提出以时尚体育赛事为突破口，通过 PPP 模式运作，推进重大时尚体育基础设施建设，培育面向国际的本土时尚体育品牌，进而实现"国际时尚体育之城"的建设目标。2016 年，宿迁确立了"1+5+1"时尚体育赛事体系，"1"即市民时尚体育大联赛，"5"即生态四项赛、宿迁城市定向赛等 5 项品牌赛事，"1"即宿迁国际时尚体育周。谋划"1+5+1"向"1+N+1"发展，开发力量赛、壁球、自行车等系列时尚体育赛事。2017 年，宿迁市体育总会积极响应供给侧结构性改革号召，以问题为导向，进一步加大宿迁市体育社团改革力度，创新体育社团发展模式，以"全民运动、全民参与、全民健康"为宗旨，发挥部门优势，内引外联，实施"体育+X"的融合方式，全力打造"时尚体育四季游嘉年华"新品牌，倾力做到"全民健身"周周有活动，倾心为市民呈献精美的"运动套餐"，倾情建设"健康宿迁"，同时，宿迁举办"2017 国际时尚体育城市暨体育健康特色小镇建设论坛"，为加快建设献策献力。

2. 镇江——航空体育城市

镇江有道教圣地茅山和三山（金山、焦山、北固山）两个国家 5A 级风景区，以及其他众多名胜古迹。在全域一体旅游示范区概念引领下，镇江市提出积极拓展航空体育、科技体育，充分发挥现有基础优势做大做强，打造航空体育城市，走资源消耗低、产业集群强、科技附值高的体育产业发展新路子。2016 年，镇江成功举办首届江苏航空体育旅游季，提升了镇江航空体育产业在全国的影响力。2017 年 9 月，中国国际飞行器设计挑战赛总决赛暨第二届江苏航空体育旅游季开幕，中国国际飞行器设计挑战赛总决赛作为本届航空体育旅游季的"重头戏"，吸引了来自北京航空航天大学、北京理工大学、厦门大学等全国 98 所高校近 2000 名选手参赛。赛事融合了科技、教育和体育运动，与美国举办的世界大学生航空设计大赛、欧洲大学生载重飞机设计大赛并列为世界高校科研类飞行器设计赛三大赛事。2018 年，成功举办遥控航模飞行员执照培训考核、市中小学航模教练员培训班，以及省遥控航模飞行员初级技术代表培训班。积极开展航空赛事活动，承办江苏省青少年万人纸飞机总决赛，第二十届"飞向北京——飞向太空"全国青少年航空航天模型教育竞赛（江苏预选赛），协调相关单位举办青少年航空夏（冬）令营活动。

四　江苏省区域体育产业发展展望

多年来，江苏省各地区体育产业通过政府积极引导、充分利用区域优势、整合资源、搭建平台、推进项目建设、优化结构、转型升级，实现持续快速发展。然而，江苏作为经济社会发达省份，位于"长三角区域一体化""一带一路""长江经济带"国家三大战略叠加区，还应做得更好，要积极发挥引领示范作用，形成辐射效应。新时代江苏省积极探索协同联动发展新模式，提出"1＋3"功能区战略部署，其中"1"是指长江两岸的八个城市构成的城市群，"3"分别指由江苏沿海三市南通、盐城、连云港构成的沿海经济带，由扬州、泰州、淮安、宿迁四市组成的江淮生态经济区以及以徐州为中心的淮海经济区。希望通过这一新战略突破过去苏南、苏中、苏北之间存在差距的困境。这一新模式不仅为江苏区域体育产业一体化协同联动发展提供了新方向，也为长三角区域一体化协同发展、长江经济带协调发展提供了新思路。

（一）推进沿江区域体育企业全面升级发展

实施"1＋3"战略，江苏沿江 8 市体育用品制造业是体育产业发展的龙头和核心基础。江苏体育产业"1"区，应加大体育用品制造业的科技研发和品牌建设力度，提升核心竞争力，积极参与国际国内两个市场的竞争。苏中沿江三市的辐射，使沿海经济带和江淮湿地生态经济圈成为智能体育用品制造业的配套产业区。进而形成高新技术、高效集聚、高附加值的高端体育用品制造业全产业链。在继续保持"1"区城市群各自产业发展特色的同时，加快无锡智慧体育城市建设和发展，建成体育产业大数据中心，为"1"区的高科技和智能化发展奠定专业技术基础。积极推进"1"区的场馆基础设施的智能化改造，探索标准化运营管理模式，形成技术先进、流程标准、管理规范的新型模式，使得新型场馆管理模式在开放包容的基础上，可通过相应改进后推广到"3"区，推动"3"区的协调发展。

（二）推进沿海江淮区域生态体育融合发展

沿海经济带和江淮湿地经济圈是生态环境优良的区域，未来发展体育产业，应充分发挥区域内的生态优势，既要做好"1"区与江淮经济区、东陇海区域的承接工作，实现先进生产力、管理模式、新技术的南北协同；还需积极发展生态体育旅游、休闲体育项目、新兴休闲娱乐项目，发展体育养生、体育康复、康复医疗等产业；形成绿色休闲产业集聚区、体育休闲旅游特色区。以生态环保为前提，积极探索江淮生态经济区、沿海经济带从单纯的生态保护向体育休闲旅游的生态经济方向发展的新模式；探索环境保护与经济发展和谐共生的路径，走出一条生态优先、绿色发展的新路子。

（三）推进淮海区域体育产业发展制度建设

淮海经济区横跨苏皖鲁豫四省，是汉文化的发祥地，且位于长三角、京津冀两大经济发达区域的中间，具有承东启西、联南接北的经济枢纽作用。然而，改革开放40年来，淮海经济区相对处于经济洼地，体育产业发展相对滞后。徐州作为区域中心城市，已经迈出了区域一体化建设的步伐，淮海经济区核心区城市市长会议共同签署《关于加快淮海经济区核心区一体化建设的意见》。今后在推动体育产业一体化发展的进程中，首先应该着手启动经济区域内的制度建设，建立区域内城市磋商协调机制，逐步推动产业发展的优惠政策、人才流动、资金扶持政策、资源共享、市场的一体化，打破传统行政区域的制度障碍，实现区域内经济发展制度一体化，为社会经济一体化、体育产业市场一体化探索新模式，抓住"一带一路"的重要战略节点，扎实推进淮海经济区中心城市建设，真正发挥其龙头作用，打造极具实力、令人信服的淮海经济区中心城市体育产业。

参考文献

江苏省统计局：《江苏统计年鉴—2018》，http：//tj. jiangsu. gov. cn/2018/indexc. htm。

潘时华、徐光辉：《2014 年江苏体育产业发展报告》，载《长三角体育产业发展报告（2014 - 2015）》，2015 年。

江苏省体育产业指导中心：《015 - 2017 年江苏体育产业数据公报》，江苏省体育局，2017 年。

江苏省体育局：《江苏体育发展"十三五"规划》，http：//jssports. jiangsu. gov. cn/art/2016/6/27/art_ 40614_ 3097895. html。

南京市体育局：《2017 年南京市体育产业报告》，南京市体育局，2017 年。

镇江市体育局：《2017 年镇江市体育产业报告》，镇江市体育局，2017 年。

常州市体育局：《2017 年常州市体育产业报告》，常州市体育局，2017 年。

无锡市体育局：《2017 年无锡市体育产业报告》，无锡市体育局，2017 年。

苏州市体育局：《2017 年苏州市体育产业报告》，苏州市体育局，2017 年。

扬州市体育局：《2017 年扬州市体育产业报告》，扬州市体育局，2017 年。

泰州市体育局：《2017 年泰州市体育产业报告》，泰州市体育局，2017 年。

南通市体育局：《2017 年南通市体育产业报告》，南通市体育局，2017 年。

淮安市体育局：《2017 年淮安市体育产业报告》，淮安市体育局，2017 年。

宿迁市体育局：《2017 年宿迁市体育产业报告》，宿迁市体育局，2017 年。

盐城市体育局：《2017 年盐城市体育产业报告》，盐城市体育局，2017 年。

连云港市体育局：《2017 年连云港市体育产业报告》，连云港市体育局，2017 年。

徐州市体育局：《2017 年徐州市体育产业报告》，徐州市体育局，2017 年。

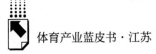

石磊、陈伟强：《中国产业生态学发展的回顾与展望》，载《生态学报》，2016 年第 22 期。

朱蓓、肖军：《国内外产业生态学研究进展述评》，载《安全与环境工程》，2015 年第 06 期。

格雷德尔、艾伦比：《产业生态学》（第 2 版），施涵译，清华大学出版社，2004 年。

尹宏、王苹：《文化、体育、旅游产业融合：理论、经验和路径》，载《党政研究》，2019 年第 2 期。

金悦峰、栗媛：《以青奥会为契机把南京建设成为亚洲体育中心城市和世界体育名城的研究》，载：《当代体育科技》，2015 年第 32 期。

楚英兰：《苏州市国际体育文化名城建设理念构建与路径探索》，载：《福建体育科技》，2018 年第 5 期。

周迎春、马大慧、毛学娇：《生态体育城市内涵分析》载：《体育世界》，2017 年第 11 期。

B.3
江苏省体育行业发展报告

陶玉流 许 悦*

摘　要：　江苏省体育产业门类齐全，结构不断优化，呈现跨界融合的态势。体育竞赛表演业、体育健身休闲业、体育用品制造业、体育场馆服务业等行业贡献突出，是江苏省重点打造的业态门类。围绕"十三五"体育产业发展规划，江苏省明确体育产业主要领域和发展方向，优先发展竞赛表演、健身休闲、场馆服务等本体产业，创新发展体育新业态，取得了良好的经济效益和社会效应，为新时代体育强省建设发挥了积极的推动作用。

关键词：　体育行业　竞赛表演　健身休闲　体育用品制造　场馆服务

一　江苏省体育行业发展现状

江苏省体育各行业在多年的培育下快速发展，体育产业门类体系趋于完善，产业结构逐步优化，呈现跨界融合的态势，一批经过打造的行业精品生根发芽、茁壮成长，规模和影响力不断扩大，品牌效应逐步显现。

（一）体育产业门类体系完善

江苏省体育产业基本形成竞赛表演、健身休闲、场馆服务、体育培训等

---

* 陶玉流，苏州大学体育学院，博士，教授，博士生导师，主要研究方向为体育文化哲学、体育产业；许悦，苏州大学体育学院，主要研究方向为体育产业。

与基本体育服务密切相关的体育本体产业体系，以及体育用品制造与销售、服务贸易、彩票销售等体现体育产业总量规模的支柱产业集群，同时体育旅游、体育康复、体育传媒、体育金融等体现体育与相关行业融合发展的新兴体育产业形态发展迅速，体育产业门类体系不断健全（见表1）。

表1　2018年江苏省体育产业行业类别及产出情况

行业类别	总产出（亿元）	总产出占比（%）	增加值（亿元）	增加值占比（%）
一、体育服务业	2112.05	51.9	921.04	66.4
1. 体育管理活动	111.43	2.7	49.75	3.6
2. 体育竞赛表演活动	65.00	1.6	23.36	1.7
3. 体育健身休闲活动	164.13	4.0	83.75	6.0
4. 体育场地和设施管理	151.05	3.7	79.60	5.7
5. 体育经纪与代理、广告与会展、表演与设计服务	109.56	2.7	40.84	2.9
6. 体育教育与培训	323.29	8.0	154.15	11.1
7. 体育传媒与信息服务	100.55	2.5	48.60	3.5
8. 其他体育服务	245.84	6.0	94.42	6.8
9. 体育用品及相关产品销售、出租与贸易代理	841.21	20.7	346.57	25.0
二、体育用品及相关产品制造	1869.90	46.0	446.74	32.2
三、体育场地设施建设	84.23	2.1	19.42	1.4
合计	4066.18	100.0	1387.20	100.0

（二）体育产业结构不断优化

按照三次产业划分规定，各类体育产业行业主要分布在第二、第三产业之中。数据显示，2018年江苏省体育产业实现总产出4066.18亿元，创造增加值1387.20亿元。从名义增长来看，总产出比2017年增长了13.4%，增加值增长了13.7%，增加值占GDP的比重为1.50%，比2017年增长0.08个百分点。从体育产业内部结构来看，体育服务业增加值为921.04亿元，占全部体育产业增加值比重为66.4%，发展势头迅猛。体育用品及相关产品制造的增加值为446.74亿元，占全部体育产业增加值比重为32.2%。体育场地设施建设的增加值为19.42亿元，占全部体育产业增加值比重为 1.4% 。整体来看，江苏省体育产业结构呈现体育服务业在体育产业中所占比重不断增加的趋势，体育服务业的外延不断扩展，与健康、旅游、传媒、信息等产业融合的新兴服务业迅速崛起。

（三）体育行业融合态势凸显

江苏省体育产业关联度高、融合性强，与康养、旅游、教育、文化、林业、农业、水利、交通、金融等产业融合发展，积极拓展新业态，培育新需求，运动康复、体育休闲旅游、体育文化、体育培训等融合发展的业态领域蓬勃发展。近年来，涌现了一批以水上、山地户外、航空、冰雪等运动项目为载体的特色体育旅游基地和体育旅游项目（景区、线路）；建设运动康复医院和健康管理中心，拓展多样化健身健康服务；一批体育传媒专业品牌和优质项目在江苏落地，体育传媒新业态快速发展。数据显示，2018 年全省体育旅游活动、体育健康服务、体育会展服务、体育金融、体育科技、资产管理服务、知识产权服务等其他与体育相关服务实现总产出 245.84 亿元，占体育产业总产出的比重为 6%，创造增加值 94.42 亿元，占体育产业总增加值的比重为 6.8%。整体来看，江苏省体育产业融合态势明显，新业态、新模式、新领域不断涌现，呈现良好的融合发展态势。

二 江苏省体育产业主要行业发展态势

江苏省依托优越的地理区位和独特的产业条件优势，加快推进体育产业核心业态发展，体育竞赛表演、体育用品制造、体育健身休闲、体育场馆服务等主要行业呈现良好的发展态势。

（一）体育竞赛表演业

近年来，江苏省举办全国以上体育赛事数量和质量连续多年位居全国前列。2013 年举办南京亚青会，2014 年举办南京青奥会和亚青会、第十八届省运会，国际奥委会主席巴赫盛赞南京青奥会"完美无缺"，奠定了江苏省体育竞赛表演业的地位。继而又成功举办29届世界乒乓球锦标赛、国际田联竞走世界杯、斯诺克世界杯等，积极培育了环太湖国际公路自行车赛、扬州鉴真国际半程马拉松赛、南京马拉松赛、苏州吴中"环太湖国际竞走和行走多日赛"、宿迁生态四项赛等一批自主品牌赛事以及其他地域色彩鲜明、与传统文化相契合的群众性体育赛事。2018年，江苏体育竞赛表演业实现总产出65亿元，创造增加值23.36亿元。

1. 办赛数量和质量位居全国前列

1949年以来，江苏省一直是全国体育竞赛活动活跃的省份，承办全国、亚洲级及世界性的竞赛数量位居全国前列。1995年，江苏承办第三届城市运动会，体育场馆建设取得了长足的发展，全省培养了一批专业化的竞赛组织人才队伍；2005年，以十运会的成功举办为显著标志，江苏体育竞赛水平跃升至全国先进行列；2014年举办夏季青年奥林匹克运动会，江苏省办赛能力和水平得到进一步增强，体育竞赛不断繁荣发展。2019年全省共举办国际性赛事103场、全国性赛事172场、全省性赛事264场。近年来成功举办了世界羽联世界羽毛球锦标赛、国际剑联世界击剑锦标赛、国际排联世界女排联赛总决赛、国际田联竞走世界杯团体赛、国际排联沙滩排球U19世锦赛、国际曲联女子曲棍球世界冠军杯赛、铁人三项亚洲杯、亚足联U23锦标赛决赛、国际田联世界杯挑战赛、男篮世界杯南京赛区等大型国际赛事。

2. 特色发展品牌体育赛事

江苏省高度重视品牌体育赛事打造，环太湖国际公路自行车赛、扬州鉴真国际半程马拉松赛、宿迁生态四项赛等成为城市名片。随着体育赛事审批制度的改革，体育产业市场化、社会化程度不断提升，以社会力量投入为主体的办赛数量显著增加。南京、苏州、无锡、徐州、常州、扬州等多地马拉松赛事蓬勃开展，2018年江苏境内举办马拉松及相关规模赛事146场，场次位居全国第二；2019年江苏省在中国田径协会认证赛事41场（其中A类认证38场，B类认证3场），800人以上规模赛事200余场。各地积极融入长三角区域一体化发展国家战略和淮河生态经济带、大运河文化带等建设，培育打造溱潼会船节等一批具有江苏历史文化底蕴和品牌特色的赛事。同时紧跟时代潮流发展水上、山地户外、航空、电子竞技等消费引领性强、大众参与度高的时尚运动项目赛事，开展了江苏冰雪嘉年华、江苏省滑雪旅游节等冰雪赛事活动。

3. 全力开展全民健身赛事活动

江苏省各地广泛开展全民健身赛事活动，举办省智力运动会、省运会群体项目比赛，开展"魅力江苏最美体育"系列品牌赛事活动，重点打造"舞动江苏"全省广场舞大赛、"爱乒才会赢"全省乒乓球球王争霸赛、"乐在棋中"全省象棋棋王赛、"羽民同乐"全省羽毛球赛、"奔跑江苏"四分马健身跑、"我爱足球"中国足球民间争霸赛（娃娃组）、"乐钓江苏"钓鱼俱乐部联赛、"舞比快乐"体育舞蹈俱乐部联赛、"骑乐无穷"山地自行车俱乐部联赛、"智跑江苏"定向越野联赛等品牌赛事活动。

4. 积极拓展体育竞赛表演市场

江苏省加大体育竞赛表演市场培育力度，积极支持省市、体育产业集团做大做强竞赛表演产业板块，推动拓展体育竞赛表演产业链开发和配套服务。已举办4届江苏体育产业大会，将体育赛事作为重点内容，同步发布赛事相关政策、推介重点赛事和企业。落实体育赛事审批制度改革要求，2017年和2019年省体育局分别出台《关于推进体育竞赛改革提升赛事效能的指导意见》和《推动江苏体育竞赛表演产业高质量发展行动方案》，除涉及国家安全、政治、军事、外交等方面的特殊体育项目赛事外，进一步优化确需保留的安全许可以及道路、空域、水域、无线电使用等行政审批事项。推进省本级体育竞赛裁判员管理职能向省属社团转移试点，探索建立裁判员与多元化赛事相结合模式。在体育赛事监管方面将赛风赛纪、反兴奋剂工作作为重中之重，加大违规惩戒力度。

5. 体育赛事拉动作用明显提升

通过大力推动体育赛事改革，取消商业性和群众性赛事审批，极大地激发了社会各界办赛与群众参赛热情，有力地促进了体育赛事与旅游产业融合互动，竞赛表演产业的引擎拉动作用日益凸显。江苏省体育产业发展专项资金加大对体育赛事领域扶持力度，每年支持比例均近40%，对足球、篮球、排球等重点职业体育赛事支持金额达到每个 300 万元或 500 万元。2018 年在南京举办的羽毛球世锦赛总票房达 1530 万元，决赛现场观众上座率达 93.4%，呈现出一票难求、场馆周边一房难求的局面。环太湖国际公路自行车赛自 2010 年起已成功举办九届，每一届环太湖赛都是一场竞技体育与群众体育、体育赛事与文化旅游深度融合的骑行盛会。由社会俱乐部创办的不止骑·中国 24H 单车环太湖认证赛已连续举办七届，是目前国内规模最大、具有自主 IP 的长距离、24 小时不间断骑行的大型自行车认证赛，参赛和沿途观赛人数近 10 万人，直接带动旅游、餐饮等消费过亿元。新跆联无锡赛事管理有限公司运营奥运会资格赛、全运会资格赛等 19 项不同级别的跆拳道赛事，在 2017~2018 年累计 100 多个比赛日期间，运营方接待了近 70 个国家和地区的超 1 万名运动员，自主完成近 1000 个小时的赛事转播，仅世界跆拳道大满贯冠军系列赛就产生经济效益 2.16 亿元，带动餐饮、交通等消费 6.15 亿元。

（二）体育健身休闲业

近年来，江苏省体育健身休闲业发展势头稳健，初步形成了项目覆盖面广、投资主体多元、各类健身休闲产品互补权衡的进展框架。这样的发展格局基本满足了群众多层次、多元化的需求，同时，场馆的建设吸引了大量非体育企业的直接参与，为健身休闲业发展提供了强大助力。2018 年，全省体育健身休闲业实现总产出 164.13 亿元，创造增加值 83.75 亿元。

1. 产业引导力度不断加大

体育健身休闲业拥有多重表现形态，可以是经济行为，例如健身俱乐部、健身中心；可以是具有较强公益性的文化活动，例如群众性比赛以及宣扬民族文化的体育锻炼活动等；可以是电子游艺、展演、电子竞技活动，与其他体育产业具有高度的融合性。为加大对体育健身休闲业的支持，江苏省出台《江苏省健身俱乐部促进计划（2016~2020 年）》（苏体群〔2016〕39号），设立专项扶持资金资助健身俱乐部，同时将健身俱乐部纳入体育消费券适用范围和体育产业发展专项资金扶持范围。

2. 产业发展规模不断提升

近年来，随着江苏省支持力度加大，体育健身休闲市场日趋火爆，产业规模不断提升，数据显示（见表2），全省体育健身休闲业实现总产出从2015年的47.91亿元增至2018年的164.13亿元；创造增加值从2015年的22.81亿元增至2018年的83.75亿元，占全省体育产业比重从2015年的2.6%增至2018年的6.0%，体育健身休闲业呈现良好的发展态势。

表2　2015～2018年江苏省体育健身休闲业发展情况

年份	总产出(亿元)	总产出占比(%)	增加值(亿元)	增加值占比(%)
2015	47.91	1.7	22.81	2.6
2016	56.87	1.8	29.53	2.8
2017	74.42	2.1	37.97	3.1
2018	164.13	4.0	83.75	6.0

3. 产业融合态势日趋明显

江苏省将体育与旅游、休闲、娱乐、健康等行业结合起来，拓展产业发展领域，推动产业融合发展，形成了一批具有较大知名度的体育休闲旅游品牌项目，例如江阴海澜马术运动旅游景区、红山体育公园等。鼓励各类主体利用闲置厂房、商业用房、仓储用房等改造为体育健身设施。2011～2019年省体育产业发展专项资金支持体育健身类项目新增体育设施面积约110万平方米。各地市根据地方特色制定出适合当地体育健身休闲业发展的政策及规章制度，例如扩大发展连云港海滨运动休闲、盐城湿地生态运动休闲、南通海洋运动休闲等产业。同时积极迎合各行热点，以大运河成功申遗等文化事业进展为契机，以沿运河八市为节点，融合开发体育与旅游、文化、生态、休闲相结合的多层次体育产品和项目。

（三）体育制造业

在制造强国战略实施的背景下，江苏省体育制造业坚守《中国制造2025》行动纲领，由传统装备制造业向现代服务业发展，占全国体育用品企业产值比重高达 16.71%，涌现了江苏康力源、江苏金陵、江苏共创、南通铁人、南京边城等一批知名体育企业，昆山、江阴、溧阳三地成功创建苏南（县域）国家体育产业基地，培育一批体育用品制造特色乡镇。2018 年，江苏省体育制造业实现总产出 1869.9 亿元，占全省体育产业总产出的比重为 46.0%，创造增加值 446.74 亿元，占比 32.2%，在江苏省体育产业中占据龙头地位。

1. "链条式"、"集聚式"齐力发展

江苏省体育制造业依托轻重工业基础，不仅在全国范围内占据较为突出的优势地位，而且产业的门类体系也十分健全，各地市的体育制造业企业在体育用品及器材制造、运动车船及航空运动器材制造、体育用相关材料制造、体育相关用品和设备制造等方面均有涉及，且产业集聚程度较高。从企业聚集密度和产品类别看，运动鞋服主要集中在江苏昆山等地，运动器材主要集中在江苏江都、泰州等地，篮、排、足球用品主要集中在江苏张家港等地。近年来，江苏体育制造业转型升级工程不断推进，对接《中国制造2025》相关条例，加强对体育用品科技的创新以及管理的创新和商业模式创新，不断提高体育产品竞争力和附加值，正在为早日实现"到 2020 年培育 15 家具有核心竞争力和品牌影响力的大型体育用品企业以及 10 个体育用品制造基地"的目标而努力。

在江苏省众多体育用品制造基地中，常州溧阳以江苏中关村科技产业园为依托，规划面积 50 平方公里的"体育运动休闲装备产业园"，响应国家体育总局《航空运动产业发展规划》，重点发展以溧阳通用航空产业园为基础的航空运动装备产业。江苏省南通市始终加快构建体育用品制造集聚区，积极扶持崇川区的健身用品制造；港闸区的户外体育用品制造如东的新店健身器材制造以及海门余东球类用品制造，形成具有特色的 4 大体育用品制造集聚区（特色制造产业园），具有示范效应，提高了体育用品制造集约化水平。江苏徐州市政府鼓励邳州康力源、贾汪全家福等体育制造企业转型升级，着力打造邳州体育用品研发与生产制造产业园，并以康力源为龙头，成立淮海经济区体育用品制造基地，不断提升品牌影响力，壮大产业综合实力。

2. "引进来"、"走出去"同步推进

江苏省体育制造业把"引进来"和"走出去"较好地结合起来，坚持对外开放的基本国策，在领域上扩大范围，优化对外开放结构，提高开放质量，完善安全高效的开放型经济体系，形成经济全球化条件下参与国际经济合作和竞争的新优势。无锡市看准体育这个"朝阳产业"，创办了全国首个智慧体育产业园，将互联网、物联网引入体育产业，使得园区不断发展壮大。目前已有35家国内外企业入驻无锡智慧体育产业园，成为全国首个具有"互联网+体育""物联网+体育"特色的产业园。

江苏省着力培育一批具有本土优势和较强竞争力的大型体育制造企业以及专业化中小体育制造企业，鼓励拥有先进技术的其他领域企业投身体育用品领域。大力推进体育用品的智能化制造，培养组建体育用品智能制造的骨干企业和创新团队，建设智能工厂和数字化车间。在新型运动康复装备和可穿戴式运动设备等智能体育产品上加大研发力度。鼓励体育制造企业在产品装备的创新开发中要满足缺乏主动运动功能和亚健康人群的需求，鼓励发展与跑步、骑行、登山、钓鱼等群众参与度高的运动项目相关联的专业化运动装备，积极开展个性化体育用品定制服务。此外，还着力打造一批体育用品制造基地和体育用品制造特色乡镇。以江苏康力源健身器材有限公司为例，作为徐州体育产业的龙头企业，康力源公司是国内健身器材生产的领军企业，公司拥有两个现代化生产基地，建筑面积20万平方米，拥有焊接机器人等高智能化国际优秀技术装备480台套及ROHS试验化学成分、光谱分析、动静载实验室等业内一流的检测实验室。主要产品包含跑步机、健身车、力量训练器、自由重量类训练器、专项模仿及塑身训练器、户外路径、群体活动器材七大系列共700多个品种，产品远销亚洲、欧洲、北美、中东等40多个国家和地区。经中国轻工业联合会综合评价，公司综合实力连续多年在全国同行业排名第二。2017年，公司开发了100多个品种的新产品，拥有40多项专利掌握核心技术，强大的研发能力已成为其核心竞争力。

3. 由装备制造向现代服务业发展

江苏省体育制造业稳扎稳打，坚持转型升级工程，努力克服体育制造业存在的市场集中程度较低、"块状经济"小资本集聚、产品科技含量低等一系列问题，不断加强体育用品科技创新、管理创新和商业模式创新，全力提高体育产品竞争力和附加值。各地市的体育制造企业响应供给侧结构性改革新要求，采用新材料、新技术、新思路，开发一批技术领先、绿色环保、适应国内市场需求的产品；并且不断加强产品创意与设计服务、信息技术等领域合作，合理利用互联网技术，引入文化创意等时尚元素，发展体育用品智能制造和定制服务；此外体育制造企业运用电商平台拓宽营销渠道，开拓国内外市场。

江苏体育制造业按照"品牌引领、科技支撑、融入时尚、提升层级"的思路，以科技创新为理念引导体育用品企业从生产制造环节向研发设计、营销推广、运营服务等领域延伸。例如成立于1992年的江阴四方游泳康复产业股份有限公司虽规模不大，但率先开创了国内泳池开放设备、拼装式游泳池、更衣室产品、游泳竞赛和游泳救生装备、水处理设备、水中康复等系列产品的自主研发和规模化生产，打破了国外产品的市场垄断，是集研发、生产、销售、售后、产业投资及运营管理服务于一体的游泳康复产业实体企业，成为江阴市乃至江苏省体育制造业中小企业向服务型制造业转型的典范。

（四）体育场馆服务业

江苏省近年来不断完善覆盖城乡的省、市、县、乡、村五级公共体育设施网络，抓住重大体育赛事举办、全国公共体育服务体系示范区建设和城乡一体化加快推进的机遇，各设区市基本建成具备完整功能的"两个中心"（体育中心和全民健身中心），县（市、区）基本建成可提供相关服务的"新四个一工程"（1个塑胶跑道标准田径场、1个3000座体育馆、1个游泳馆或标准室内游泳池、1个3000平方米以上的全民健身中心）。县级以上城市社区建立"10分钟体育健身圈"，绝大多数乡镇（街道）建有全民健身活动中心，行政村体育设施实现全覆盖并不断提档升级，全省建成1.8万公里健身步道和数百个体育公园。在完善场馆设施的同时，积极推进公共体育场馆运营管理改革,以南京奥体中心为代表的多家体育场馆,积极引进企业发展模式,不断改革创新体制机制,提高场馆运营水平和服务能力,在大型场馆运营改革上先行先试,为全国场馆转型升级探索了新路。同时积极依托各地优质场馆资源,建设业态融合、功能多元的体育服务综合体。2018 年,江苏省体育场馆服务业实现总产出 151.05 亿元,创造增加值 79.60 亿元。

1. 切实加强体育场馆重视程度

江苏省委、省政府高度重视体育场馆建设运营工作,2016 年底,时任省政府副省长张敬华在全国体育工作座谈会中做了题为"创新体制机制推动体育场馆运营改革"的汇报,并批示要求"省体育局召开体育场馆运营改革推进会,实现年底县级体育场馆市场化运营全覆盖。"2017 年,省体育局会同九厅局出台体育场馆实施意见,制定《体育场馆运营管理改革试点方案》,明确了体育场馆运营管理试点工作的总体要求、工作目标和主要任务,并统筹考虑江苏各地经济社会发展水平和场馆规模、管理体制、运营模式等多种要素,遴选涉及省市县,覆盖苏南、苏中、苏北的首批十余个试点场馆,同时以体育场馆管理体制或运营模式、运行机制、运作主体、服务内容、多元功能、智慧场馆等为重点,探索构建"主体多样、功能多元、业态融合、开放共享、高效灵活"的体育场馆社会化运营发展模式,为全省乃至全国体育场馆转型发展、效能提升提供积极示范。

2. 有序推进场馆运营管理改革

江苏省积极落实国家体育总局等八部委的部署,在全国率先出台实施意见,按照体育场馆运营管理改革试点工作方案要求,以构建公司化运营格局为核心,引入和运用现代企业制度,在全省范围内对体育系统所属的公共体育场馆推行"所有权属于国有、经营权属于公司"的分离改革模式,持续激发场馆发展活力。南京奥体中心场馆运营权划归省体育产业集团,南京、常州等市成立体育产业集团(或公司)并负责本级体育场馆的运营。此外,全省有 46.3% 的县(市)通过成立体育产业公司运营或委托专业公司进行管理,基本形成了公司化运营公共体育场馆的格局。江苏省五台山体育中心、南京奥体中心不断优化人事和收入分配制度,拓展经营空间,提升服务水平,两家场馆营业收入均迈入亿元大关。镇江体育会展中心实行所有权与经营权分离和轻资产运营,成立镇江体育产业发展有限公司负责运营,采取多种方式与社会资本合作,创新体育服务内容供给和商业营销模式,取得了良好的运营效果。南京体育产业集团与北京微赛时代体育科技有限公司共同出资,组建南京体育集团场馆运营管理有限公司(南京体育产业集团全资子公司),负责青奥会主场馆南京青奥体育公园的场馆运营管理,通过发挥双方资源优势,提升场馆运营效能。该场馆先后完成了 2017 年轮滑全项目世界锦标赛、2019 年国际篮联篮球世界杯亚洲区预选赛、国际田联世界挑战赛(南京站)等大型国际赛事举办任务,受到了广泛好评与充分肯定。

苏州市吴江区通过 PPP 模式改造提升吴江体育馆,建立笠泽文体广场综合体,将体育场、体育馆、游泳馆、网球中心、训练馆等场馆分别委托苏州力美康文化体育发展有限公司等具有不同专业能力的公司运营管理,有效提高了运营效能。

3. 全面提升体育场馆运营水平

为破解大型体育场馆运营管理难题,实现体育场馆可持续长效发展,江苏省各地体育场馆不断创新运营模式,完善管理体制,坚持多元发展,做强做优体育本体产业,做实做大相关业态。2017 年,伴随着《江苏省体育局:关于加快体育服务综合体建设的指导意见》等政策的出台,江苏省以体育设施、体育服务的特殊功能为载体,继续扩大存量资源功能,整合增量资源运行。同时以建设打造业态融合互动、功能复合多元、运行高效集约的体育产业聚集区和城市功能区为目标,同时突出体育功能,融健康、旅游、文化、休闲、商贸等多种服务功能于一体的产业特色。目前江苏省已评定命名了 27 家业态融合度高、功能复合多元、运行高效集约的体育服务综合体。与此同时,江苏省配合体育产业发展专项资金、体育消费券的资金扶持以及体育健身俱乐部的主体培育,全方位将体育场馆的"基础资源"属性转为"资产载体"属性。

4. 持续推动体育场馆惠民开放

江苏省以省政府令出台《江苏省体育设施向社会开放管理办法》，明确由体育部门牵头，围绕体育场馆公共服务标准、综合运营评价体系和免费低收费开放等要求，统筹推进公共体育场馆开放服务。鼓励学校与专业化体育设施管理企业或与企业互动合作，开展体育设施向社会开放工作。省财政设立体育场馆免费、低收费开放补助专项资金，在中央财政补助的基础上，扩大补助范围，公共体育场馆在特定空间和时段免费或低收费向社会开放，统筹推进公共体育惠民，各地体育场馆认真制订免费低收费开放实施方案，公示开放时间、服务项目、服务内容和管理制度，并积极创新惠民举措，拓展服务项目，切实提高场馆公共服务水平。同时着力丰富赛事供给，发挥省体育场馆协会的联盟作用，整合场馆、赛事、传媒、保险、互联网等资源，组织全省体育场馆共同举办群众性系列体育赛事活动，例如 2019 年度江苏省城市假日联赛辐射全省 13 个地级市及所辖各区、县，实现全省联动、全民参与，吸引 600 余个健身俱乐部、1.2 万名草根爱好者参与。

三 江苏省体育行业发展展望

（一）进一步打造竞赛表演产业链

以拥有自主 IP 的环太湖国际公路自行车赛为主抓手，辅以苏州马拉松、镇江马拉松、金湖马拉松、邳州马拉松、淮安智力运动会、吴中竞走多日赛和全民健身业余赛等多项赛事，积极推进"跨省发展"战略，将赛事活动延伸至"环太湖"、"长三角"以及"泛华东"区域中心城市，打造一条国际、国内多级别，专业、业余全参与，政府推动、市场运作、企业管理的竞赛产业链。争取用 5 年左右的时间，使江苏省各级赛事的数量、质量和效益都提升到一个较高的层次，辐射、带动其他产业的提升，为江苏体育竞赛表演业和体育产业的跨越发展做出更多、更大的贡献。同时加大体育竞赛改革力度，充分利用并支持社会力量成为办赛主体，在举办国内国际重大赛事方

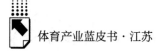

面拥有更多的话语权，培育具有自主知识产权的品牌赛事，对符合条件的社会体育组织给予经费及政策扶持。

（二）进一步培育体育产业"新载体"

体育产业集聚作为体育产业发展的重要载体，运用其能产生的创新与竞争效益，积极加强建设并规范引导国家级体育产业基地、建设体育类特色小镇、打造体育服务综合体等。促进体育与旅游、文化、传媒、健康等产业融合，将各类体育公园、旅游景区、户外基地、产业园区等合理运用，并融入体育健康元素，强化其体育健身的功能，推进建设特色鲜明、集聚程度高的体育健康特色小镇或体育产业融合示范区。以市场为主要导向，扩大体育健身休闲业的产品供给，盘活闲置资源，落实好《江苏省体育设施向社会开放管理办法》，鼓励企业、团体的内部体育设施在保障场地正常使用的条件下在节假日向社会大众开放。鼓励创业创新，兴办各类体育健身休闲企业。把握当前物联网、互联网、数字经济、智能控制等现代信息技术与体育产业相融合的趋势，发展体育产业区块链、高端体育装备制造业、电子竞技等。

（三）进一步推动体育制造业转型升级

坚持更高水平地"引进来"和更大步伐地"走出去"，在引进先进制造业技术的同时，推动江苏省体育制造用品出口，并逐步打开国内高端与国际市场，促进江苏省体育用品制造业向中高端迈进，同时采取多种方式开展国际国内合作，引进先进的科学技术和优秀人才，改善目前江苏体育制造业市场竞争力不足，价值链攀升能力缺失的问题。鼓励和支持优质的体育用品制造企业在省外境外兴办实体、设立分支机构，加强建设网络媒体营销和研发中心来打造具有特色的优势品牌；以科技创新为理念引导体育用品企业从生产制造环节向研发设计、营销推广、运营服务等领域延伸，尤其是向服务型制造业转型，以面向省内市场为主向放眼全国市场转变，从而实现江苏省体育制造业转型升级工程目标。

（四）进一步推动体育场馆运营模式革新

体育服务综合体是体育服务业乃至整个体育产业发展过程中的必然产物和重要载体，建设体育消费综合体也将成为场馆行业的必然发展趋势。近年来国务院出台的一系列政策都在鼓励体育场馆推动运营模式的革新，改善以往体育场馆运营效果不佳、服务能力差、利用率低、持续发展力不足等问题。在国家和地方大力扶持的背景下，体育服务综合体的建设和发展能充分盘活体育场馆资源、体育生态资源和人文资源，促进无形资产开发，扩大无形资产价值和经营效益。同时也鼓励各类体育社会组织利用城市公园、闲置场地，建设并运营小型化、多样化场地场馆设施，盘活社会存量资源以提高公共体育服务水平。

（五）进一步强化行业跨界融合

加强体育产业与相关行业的跨界融合，积极推动体育产业与文化、旅游、金融、养老、传媒、健康等行业融合以促进体育产业资源要素流动。体育服务综合体作为体育产业新载体，江苏省应继续扩大体育服务综合体的发展优势，以体育大中型场地或场馆设施为基础，以体育服务为核心，融旅游、文化、休闲、健康、商贸等多种服务功能来打造具有地域特色的体育产业聚集区或城市功能区。进一步加强江苏省体育服务综合体、体育小镇、体育产业园区等新载体建设的统筹规划与建设标准，引导发展体育主题公园、体育旅游、体育文化体验、体育会展、电子竞技等特色项目，并针对江苏地域特色设立产业融合示范区，吸引集聚培育一批专业能力强、技术含量高、具有发展潜力的体育类企业或相关平台，在体育产业融合方面进行转型创新，做到全国的先行先试。

B.4
江苏省体育消费发展报告

刘东升　陈　艳*

摘　要： 本文立足于江苏"两聚一高"发展背景，研究江苏省体育消费发展现状。江苏省城乡居民人均体育消费支出总额从2017年的2028.33元增长至2018年的2382.01元。日常健身消费成为主导，户外时尚运动消费需求潜力巨大，观赏型体育消费潜力有待挖掘。未来，江苏省可重点考虑在宏观政府层面完善体育消费政策，在中观市场层面推进体育消费扩容，在微观个体层面夯实体育消费基础。

关键词： 体育消费　供给侧结构性改革　高质量发展

在深化供给侧结构性改革、建设体育强国、推进绿色发展等多重背景下，促进体育消费成为体育工作以及地区经济社会发展的重要新命题。江苏在推动体育产业高质量发展的进程中，创新体育产业引导资金，推动体育小镇建设，深入大型体育场馆建设与运营等供给侧改革深水区。那么，这一系列改革在需求端有何反映？改革是否符合体育市场需求态势？因此，研究江苏省体育消费发展状况意义重大。

一　江苏省体育消费发展背景

当前，国内外形势更加错综复杂，不稳定不确定因素有所增加，党和国

---

* 刘东升，博士，南京师范大学副教授，主要研究方向为体育消费与体育产业空间布局；陈艳，江苏省体育局，主要研究方向为体育产业政策。

家高度重视消费提质扩容的战略功能。江苏一以贯之地深入落实国家各项体育消费促进政策，强调体育消费在发展体育产业中的基础性、引领性作用。

江苏是全国唯一一个以省为单位的国家公共体育服务体系示范区。近年来，江苏针对国家战略的新要求，积极探索发展体育产业、促进体育消费的创新举措。根据《2018年江苏省体育产业统计报告》，2018年江苏省实现体育产业总产出4066.18亿元，同比增长13.4%；创造增加值1387.2亿元，同比增长13.7%，增加值占GDP比重为1.5%。江苏在聚焦聚力国家战略实施机遇的进程中，以探索性、创新性、引领性的实践工作，不断创造着体育产业高质量发展成果。

（一）坚持政策引领，助推体育消费发展

以《江苏省政府关于加快发展体育产业促进体育消费的实施意见》《江苏省政府办公厅关于加快发展健身休闲产业的实施意见》《江苏省政府办公厅关于进一步扩大旅游文化体育健康养老教育培训等领域消费的实施意见》《江苏省体育局关于开展体育健康特色小镇建设工作的通知》《江苏省体育局关于加快体育服务综合体建设的指导意见》《江苏省财政厅、江苏省体育局关于印发〈江苏省健身俱乐部专项扶持资金管理暂行办法〉的通知》等政策带动，江苏省积极拓展山地户外、水上、航空、冰雪、马术、击剑、高尔夫、电子竞技、极限运动等时尚体育消费，鼓励发展体育与互联网以及健康、养老、旅游、文化相融合的新消费模式。

（二）整合工作抓手，激发体育消费活力

引导各地依托滨海、湖泊、江河、湿地、山地丘陵等自然生态资源和产业特色优势，加强规划设计和项目布局，引进和培育与本地区发展特征相契合的户外运动、特色运动和时尚体育项目，大力发展特色小镇。统筹实施好体育产业专项资金、体育消费券、健身俱乐部等系列政策措施，充分发挥促进体育消费工作的组合效力。根据江苏省体育产业指导中心（江苏省体育产业研究院）的统计，2011年至2018年，江苏8亿元体育专项资金带动社

会资本投入体育产业累计达到近 280 亿元，财政投入乘数为 1∶34.9。2017 年开始，江苏每年在全省向健身群众发放 5000 万元体育消费券。2016 年，江苏设立省健身俱乐部专项扶持资金，资金政策实施以来，累计发放健身俱乐部专项扶持资金 5460 万元，支持 142 个健身俱乐部发展。

（三）加强载体建设，激发体育消费潜力

早在 2013 年，国家体育总局、国土资源部等八部委联合制定印发《关于加强大型体育场馆运营管理改革创新　提高公共服务水平的意见》时，江苏便谋划体育服务综合体建设。按照 2017 年《省体育局关于加快体育服务综合体建设的指导意见》要求，江苏积极推进利用体育场馆存量和增量资源，建设一批体育服务综合体，丰富体育活动内容，拓展体育活动载体，增强体育消费活力。根据江苏省体育局的公示名单，截至目前，江苏省共命名了 43 家体育服务综合体，涵盖商业中心内嵌型、体育中心型、全民健身中心型、其他型四种类型，切实发挥了消费带动作用。

二　江苏省体育消费发展现状

（一）体育消费支出情况

调查数据显示：2018 年江苏省城乡居民人均体育消费支出为 2382.01 元，较 2017 年江苏省城乡居民人均体育消费支出的 2028.33 元，有所提升。按照 2018 年江苏省常住人口规模计算，全省 2018 年体育消费总规模达到了 1918 亿元。其中，体育用品类（人均 602.51 元）、体育培训类（人均 362.85 元）、体育彩票费用（人均 333.37 元）和体育俱乐部会员费（人均 227.70 元）分别位居人均体育消费支出额度的前 4 位（见表 1）。

购买体育直播录播节目的消费支出最低，但人均 38.77 元的支出较 2017 年人均 32.87 元的支出有所增加。

表1 2018年江苏省城乡居民人均体育消费支出情况

消费项目	消费额（元）	排序
购买体育用品及器材,体育服装、鞋帽,报纸期刊以及纪念品的费用	602.51	1
为自己和家人支付的体育技能培训费用（包括私人教练费用在内）	362.85	2
购买体育彩票的费用	333.37	3
支付体育俱乐部的会员费	227.70	4
支付运动所需的场馆、场地租金	160.45	5
参加马拉松、徒步、自行车、冰雪、帆船、潜水、漂流、户外宿营、汽车露营等形式体育运动的差旅费用和门票费用	146.71	6
购买运动营养保健品的费用	105.77	7
进行电子竞技消费以及在游戏中的付费总金额	105.55	8
观看体育比赛购买的门票费用	104.80	9
体育康复疗养和创伤治疗的医药费	87.96	10
单位福利发放或亲朋馈赠的体育用品、健身会员卡及门票等的估值	65.95	11
参加体育比赛的报名费	39.62	12
购买体育直播录播节目（含电竞比赛节目）的费用	38.77	13
合计	2382.01	

注：体育用品及器材指球类、操舞类体育器材及配件、训练健身、运动防护用具、运动车、船等设备及其他；体育技能培训指各种体育培训机构、专项运动俱乐部的体育技能培训（武术、棋类、赛车、气功、航空等），青少年、少儿体育培训；会员费指会员按期向体育俱乐部缴纳的费用。

资料来源：《2018年度江苏省城乡居民体育消费统计调查报告》。

（二）体育活动参与情况

数据显示：2018年，江苏省城乡居民参与人次较多的体育运动项目，排名前5位的分别为：徒步（占55.11%）、路跑及马拉松（占48.25%）、羽毛球（占34.83%）、棋牌类（占27.88%）、跳绳（占24.80%）。排名后5位的分别为定向越野（占0.73%）、摩托艇（占0.66%）、漂流探险类（占0.53%）、航空飞行类（占0.52%）、皮划艇（占0.46%）（见表2）。

根据《2017年江苏省城乡居民体育消费统计调查报告》，2017年江苏省城乡居民参与较多的体育运动项目排名前5位的分别为：跑步（占54.05%）、自行车（占37.62%）、羽毛球（占34.39%）、棋牌类（占

24.25%）、跳绳（占22.59%）。排名后5位的分别为马术（占0.77%）、帆船（占0.80%）、保龄球（占1.11%）、皮划艇（占1.16%）、高尔夫（占2.27%）。

表2 2018年江苏省城乡居民体育运动项目参与情况

参与的体育运动项目	数量(人)	百分比(%)	排序
徒步	13378	55.11	1
路跑及马拉松	11713	48.25	2
羽毛球	8455	34.83	3
棋牌类	6767	27.88	4
跳绳	6020	24.80	5
自行车骑行	5194	21.40	6
篮球	4745	19.55	7
游泳	4351	17.92	8
乒乓球	4115	16.95	9
登山	3992	16.45	10
足球	3376	13.91	11
广场舞、健身操等操舞类运动	2710	11.16	12
电子竞技	1965	8.10	13
瑜伽	1952	8.04	14
台球	1839	7.58	15
排球	1675	6.90	16
轮滑	1223	5.04	17
网球	1118	4.61	18
门球	838	3.45	19
冰雪项目	725	2.99	20
武术	782	3.22	21
击剑	694	2.86	22
跆拳道	627	2.58	23
高尔夫	560	2.31	24
户外露营	511	2.11	25
汽车摩托车运动	287	1.18	26
保龄球	274	1.13	27
帆船	198	0.82	28
马术	190	0.78	29
定向越野	177	0.73	30
摩托艇	159	0.66	31

参与的体育运动项目	数量（人）	百分比（%）	排序
漂流探险类运动	128	0.53	32
航空飞行类运动	126	0.52	33
皮划艇	111	0.46	34

（三）体育比赛观赏情况

数据显示：2018 年江苏省城乡居民非现场观看的体育比赛直播、录播、集锦等媒体产品的人次，排名前 5 位的分别为：NBA 联赛（占 33.64%）、世界杯及欧美足球联赛（占 29.60%）、CBA 联赛（占 20.16%）、羽毛球（占 19.10%）、女排大奖赛（占 18.91%）。排名后 3 位的分别为马拉松及跑步类（占 1.87%）、电子竞技类（占 1.66%）、高尔夫（占 1.11%）（见表 3）。

根据《2017 年江苏省城乡居民体育消费统计调查报告》，2017 年江苏省城乡居民非现场观看的体育比赛直播、录播、集锦等媒体产品的人次，排名前 5 位的分别为：NBA（美国职业篮球联赛，占 28.75%）、国际足球比赛（占 22.03%）、CBA（中国男子篮球职业联赛，占 20.67%）、网球（占 19.79%）、赛车比赛（占 17.01%）。排名后 3 位的分别为马拉松及跑步类（占 2.02%）、电子竞技①类（占 2.04%）、高尔夫（占 6.30%）。

表3　2018 年江苏省城乡居民观看体育比赛节目情况

非现场观看的体育节目	数量（人）	百分比（%）	排序
NBA 联赛	8166	33.64	1
世界杯及欧美足球联赛	7184	29.60	2
CBA 联赛	4894	20.16	3
羽毛球	4637	19.10	4

---

① 电子竞技运动是以电竞游戏为基础，信息技术为核心的软硬件设备为器械，在信息技术营造的虚拟环境中，在统一的竞赛规则，以及在规则保障下公平进行的对抗性电竞游戏比赛。

非现场观看的体育节目	数量(人)	百分比(%)	排序
女排大奖赛	4591	18.91	5
冰雪项目	4380	18.04	6
中超及亚冠比赛	3367	13.87	7
乒乓球	3033	12.49	8
田径	2705	11.14	9
网球	2767	11.40	10
中国排球联赛	2331	9.60	11
橄榄球	2240	9.23	12
F1及其他赛车比赛	1370	5.64	13
棒垒球	1284	5.29	14
游泳跳水花游类	620	2.55	15
马拉松及跑步类	454	1.87	16
电子竞技类	404	1.66	17
高尔夫	269	1.11	18

数据显示：2018年江苏省城乡居民现场观看体育比赛的人次，排名前5位的分别为：马拉松及跑步类（占12.80%）、羽毛球（占10.25%）、中超及亚冠（占6.96%）、CBA联赛（占6.16%）、网球（占5.36%）。排名后3位的分别为电子竞技类（占1.19%）、棒垒球（占0.50%）和游泳跳水花游类（占0.44%）（见表4）。

根据《2017年江苏省城乡居民体育消费统计调查报告》，2017年江苏省城乡居民现场观看体育比赛的人次，排名前5位的分别为：马拉松及跑步类（占11.49%）、网球（占10.36%）、CBA联赛（占7.00%）、中超及亚冠（占4.75%）、搏击类（占4.62%）。排名后3位的分别为高尔夫（占1.57%）、电子竞技类（占1.41%）和F1及其他赛车比赛（占0.73%）。

表4　2018年江苏省城乡居民现场观看体育比赛情况

现场观看的体育比赛	数量(人)	百分比(%)	排序
马拉松及跑步类	3106	12.80	1
羽毛球	2489	10.25	2
中超及亚冠比赛	1690	6.96	3

现场观看的体育比赛	数量（人）	百分比（%）	排序
CBA 联赛	1495	6.16	4
网球	1302	5.36	5
中国排球联赛	1289	5.31	6
排球大奖赛	1182	4.87	7
乒乓球	1154	4.75	8
世界杯及欧美足球联赛	885	3.65	9
田径	873	3.60	10
冰雪项目	845	3.48	11
武术搏击类	758	3.12	12
橄榄球	432	1.78	13
高尔夫	401	1.65	14
NBA 联赛	389	1.60	15
电子竞技类	288	1.19	16
棒垒球	121	0.50	17
游泳跳水花游类	107	0.44	18

（四）体育消费满意程度

数据显示：2018 年，江苏省城乡居民体育消费满意度最高的项目为体育电视直播（百分制得分为 76.8），满意度最低的项目为体育健身服务（百分制得分为 75.2）（见表5）。

根据《2017 年江苏省城乡居民体育消费统计调查报告》，2017 年，江苏省城乡居民体育消费满意度最高的项目为体育电视直播（百分制得分为 73.2），满意度最低的项目为体育场馆服务（百分制得分为 71.6）。

表5　2018 年江苏省城乡居民体育消费满意度情况

消费项目	满意度均值（百分制）	排序
体育电视直播	76.8	1
体育服装鞋帽	76.2	2
体育装备器材	76.0	3
体育场馆服务	75.8	4

续表

消费项目	满意度均值（百分制）	排序
体育网络直播	75.4	5
体育健身服务	75.2	6

（五）体育消费阻碍因素

数据显示（见表6）：没有闲暇时间（占比44.72%）、经济收入有限（占比37.57%）、场地因素（占比36.08%）分别排在江苏省城乡居民体育消费阻碍因素的前3位。

表6 2018年江苏城乡居民体育消费阻碍因素情况

项目	频数（人次）	百分比（%）	排序
没有闲暇时间	10855	44.72	1
经济收入有限	9119	37.57	2
场地因素（交通条件、设施和费用因素）	8757	36.08	3
身体不适合	4778	19.68	4
精力不充沛	4510	18.58	5
没有伙伴	4143	17.07	6
不懂体育技能	3384	13.94	7
对体育没有兴趣	3077	12.68	8
家人不支持	1032	4.25	9

三 江苏省体育消费发展态势

（一）融入日常健身生活的体育消费渐成主导

江苏省城乡居民体育用品及服务性支出主要分布在场地设施、健身物品以及相关活动缴费方面，反映出日常健身消费已经成为江苏省城乡居民体育消费主导。2018 年，江苏省城乡居民参与人数较多的体育运动项目，排名前 5 位的分别为徒步（占 55.1%）、路跑及马拉松（占 48.2%）、羽毛球（占 34.8%）、棋牌类（占 27.9%）、跳绳（占 24.8%）。这些项目都属于公众广泛参与的健身休闲项目，对公共服务供给的保障性要求高①。

截至 2018 年，江苏率先基本建成全国唯一的公共体育服务体系示范区，基本实现城市社区"10 分钟体育健身圈"和"农民体育健身工程"全覆盖，各设区市基本建成体育中心和全民健身中心。根据《2018 年江苏省体育产业工作报告》，90% 以上的县（市、区）建成"新四个一工程"。江苏深化体教融合，引导体育健身培训机构发展，扩大一线社会体育指导员队伍，开设科学健身大讲堂，建设业余等级评定。既有覆盖百姓身边的体育场地设施硬条件，也有系统、科学、指向性明确的全民健身指导软条件；既有人、财、物支撑的公共体育服务保障，也有省、市、县一贯的全民健身活动体系。体育锻炼与健康促进已逐渐融入江苏省城乡居民的日常生活。

（二）户外时尚运动消费需求潜力巨大

《2017 年度江苏省城乡居民体育消费调查及全省体育产业统计数据》数据显示，2017 年，江苏省城乡居民参加户外运动（马拉松、户外自行车、冰雪、帆船、潜水、漂流、宿营、徒步骑行、汽车露营等）的差旅费和报名费支出便已达到人均 136.7 元，2018 年，这一类消费支出增加至人均 146.7 元。

江苏省体育局及各地政府在推动健身休闲产业方面举措众多，充分利用江苏现有山水资源，发展户外时尚运动方面的工作成绩显著。在落实国家关于文化、体育、旅游、卫生与健康消费促进政策时，江苏省积极推进部门联动，打通政策执行的部门藩篱，紧紧围绕"供给侧－需求侧"平衡发展的

---

① 《国务院办公厅关于加快发展健身休闲产业的指导意见》（国办发〔2016〕77 号）第二条"完善健身休闲服务体系"中将足球、篮球、排球、乒乓球、羽毛球、网球、游泳、骑行、棋牌、台球、钓鱼、体育舞蹈、广场舞等普及性广、关注度高的运动项目统称为"日常健身"项目。

战略布置，重点选择有引导性的中外时尚运动项目、产业门类、业态板块进行精准的政策性指导与干预，尤其充分利用了体育小镇建设的综合拉动功能，结合体育旅游目的地、体育旅游精品路线、体育文化创意产品研发，推动江苏户外时尚运动产业向消费性服务业的纵深发展。综合来看，江苏自然人文特色资源多样，户外运动场地设施体系完善，主题活动较多，具有消费引领性的户外时尚运动发展迅速，消费需求的潜力值得关注和挖掘。

（三）观赏型体育消费潜力有待挖掘

江苏省城乡居民体育消费统计调查数据显示：2017 年江苏省城乡居民体育消费支出项目中，观看体育比赛购买的门票费用为人均 92.68 元，购买体育直播录播节目的费用为人均 32.87 元，排名最末。2018 年江苏省城乡居民体育消费支出项目中，观看体育比赛购买的门票费用为人均 104.80 元，购买体育直播录播节目的费用为人均 38.77 元，依然排名最末。

江苏省城乡居民观看人数多的体育比赛节目（直播、录播、集锦）主要是 NBA 联赛、国际足球比赛、CBA 联赛、网球、赛车类比赛，以及单项目世界大赛，这些项目均为国内外优质职业体育赛事，全球化特征显著，拥有具备国际影响力和号召力的体育明星或球队，中央电视台和腾讯网等电视和网络转播平台都有播出。观看人数少的项目为马拉松及跑步类、电子竞技类、高尔夫，这三个运动项目自身的特点是"若非实际参与者，消费者的竞技性和趣味性体验有限"，此外，这类体育电视节目在中国的体育赛事转播中并非主流，仅依托中央电视台和个别门户网站为媒体平台，且难以占据赛事节目播出黄金时段。相反，2018 年，江苏省城乡居民现场观看体育比赛人数排名前 5 位的分别为：马拉松及跑步类、羽毛球、中超及亚冠、CBA 联赛、网球。这主要得益于江苏各地开展的马拉松赛事较多，此外，江苏本土 2 支 CBA 球队和 1 支中超球队比赛对消费市场的影响也较大。2018 年，羽毛球世锦赛、世界女排联赛总决赛等大型单项体育赛事的短期爆点效应也十分明显。

江苏举办或承办全国以上体育赛事的数量和质量已连续多年居全国前

列。近年来，江苏省体竞赛数量规模不断扩大，规格水平持续提升，体育赛事多元功能日益彰显，为推进体育强省建设做出了重要贡献。但综合以上数据来看，江苏有精品赛事，却欠缺观赛氛围和文化，更急缺观赛的终端市场。一方面，付费观看体育比赛的消费习惯尚未养成。另一方面，江苏本土体育传媒业发展速度较慢，居民缺少多元的观赛渠道。江苏在推进体育竞赛改革、提升体育赛事市场效能方面仍面临挑战。

四　江苏省体育消费发展展望

（一）完善体育消费政策

1. 深入实施体育健身俱乐部促进计划

江苏应以市场为导向，加强政策引领，规范"江苏省健身示范俱乐部"认证制度；省体育局和省体育总会指导各省属体育协会制定运动项目等级评定标准，对在县级以上体育部门组织的体育竞赛和活动中达到相应运动水平的俱乐部会员和健身爱好者，颁发相应的业余运动等级证书；省体育局和省体育总会应按照分类指导、稳步推进的原则，推动各省属体育协会制定联赛制度，每年举办全省单项健身俱乐部联赛；各级体育部门应通过政府购买服务的方式，鼓励健身俱乐部承接公共体育服务职能；各地应继续推进和完善省级健身俱乐部专项扶持资金，并完善健身俱乐部统计工作。

2. 创新政府购买公共服务方式

完善体育消费政策应从供给侧与需求侧两端发力。供给侧方面，政府要进一步提高全民健身财政预算及其经费使用的精细化水平，建立与国民经济社会发展相统一的全民健身供给体系。各级体育部门应以体育产业引导资金为工作抓手，在传统体育产品改造升级与现代体育服务项目创新融合方面有效引导，帮助企业找准市场痛点。需求侧方面，体育部门应进一步加强与财政部门、金融机构的沟通协调，充分利用目前互联网行业的发展红利，在电子积分、健身打卡、运动银行、消费券等领域先试先行、多试多行。

3. 完善体育保险消费促进政策

一是加强体育保险行业的主体协同。体育行政管理部门、银行、保险公司等机构应共同研究、协同创新体育保险市场服务。二是拓展体育保险的业务范围。行业内机构应重点围绕"健身休闲""体育培训""观赛参赛"等领域，拓展意外伤害、重大伤病、突发事件等方面的保险业务。三是扩大体育保险的服务对象。行业内机构应重点关注青少年及老年群体，政府要加大体育保险宣传，提高民众参加体育锻炼的风险意识、防范意识。

4. 提高体育消费市场治理能力

一是要加强体育消费市场主体的行业自律。行业协会要建立行业服务标准，在产品和服务水平、消费者信息保护、公共舆情等方面自查自规。二是要重点提升体育消费市场监管的法治化水平。行政主体依法指导和规范体育消费市场主体行为，以体育消费者的合法权益为核心，以营商环境的改善为路径，细化市场准入、竞争手段以及纠纷解决等方面的法律法规。三是要推动体育消费市场的协同治理。体育部门、工商管理部门、质量监督检验检疫部门等多部门联动，宣传和提升体育消费者的主体意识，联合高校、科研单位组织培训、研制标准。

（二）推进体育消费扩容

1. 大力发展健身休闲消费

一是"保"基本日常健身消费。江苏省应进一步做好全民健身国家战略的落实推进，在传统"场地＋活动"模式的基础上，围绕具体的运动项目，深入推进《江苏省加快发展水上运动产业行动方案》、《江苏省航空运动产业发展规划》、《江苏省加快发展山地户外运动产业行动方案》和《江苏省加快发展冰雪运动产业行动方案》实施。积极融入智慧城市建设，提升全民健身的人群覆盖率、活动可达率以及市场灵活度。二是"促"创新户外时尚运动消费。政府部门要引导企业关注新兴户外运动，依托江苏省丰富的山水资源，在"体育娱乐化"与"娱乐体育化"两个方面齐抓共建，精选江苏省健身休闲体育旅游的精品项目，并广泛开展体育旅游宣传活动。

省体育局要在户外时尚运动项目标准、项目布局、产业集聚和发展载体方面给予企业必要的政策指导与支持，鼓励企业积极融入体育小镇、体育综合体的建设工作中。

2. 积极引导竞赛观赏消费

政府要加快职能转变，进一步深化放管服改革，将以往针对市场准入的管理方式转换为针对体育赛事全产业链的监管与服务。职能部门要降低体育赛事行业准入门槛，坚持效率提高与降低成本相结合，通过对体育赛事运营单位场地支撑、技术扶持、资本扶助等方式降低行业运营成本，发展城市体育赛事增长极。省有关主管部门积极推动行业协会改革，将赛事资源投放到资源交换平台，提升赛事的无形资产价值。省体育局应通过引导资金，重点对职业体育俱乐部、老百姓喜闻乐见的商业性赛事、群众体育赛事进行扶持，鼓励行业部门发展体育赛事"付费观看"模式。

3. 持续推动体育用品消费

江苏应以市场为导向，以健身休闲产业为依托，推动体育用品消费升级。政府部门要加强宣传，倡导专业化、项目化的体育产品和服务改造，大力推进体育用品智能制造，鼓励建设智能车间（工厂）。政府从供给侧推动，商会组织从需求侧拉动，鼓励体育用品企业多种经营，在原有产品序列基础上，朝着智能化产品发展，有针对性地支持开发适合老年人、青少年等人群的多样化体育用品，拓展个性化体育用品定制服务。

4. 激活"互联网+体育"的消费活力

"互联网+体育"项目要坚持内容为王。企业要创新商业模式，权衡广告收入和直接面向消费者的订阅费收入比例；形成合力打造体育版权并转化为互联网产品流通。政府要加强监管，形成多部门、多层次的"互联网+体育"产业整体性治理体系。政府还应加大力度扶持新兴的体育移动应用产业，要建立针对体育移动应用产业的大数据信用评分系统，从应用商店和社交网络获取数据，提升信用评分的约束力，要紧跟体育移动应用产业发展形势，完善相关法律法规，保证体育移动应用产业的健康可持续发展。

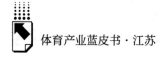

（三）夯实体育消费基础

1. 提升体育设施供给水平

各级体育部门应继续丰富和拓展体育健身圈，鼓励镇村建设小型便利的体育公园及其他体育设施，鼓励地方利用城乡空间规划建设户外运动设施。相关部门要落实国家和江苏省关于房产税、城镇土地使用税减免政策以及公共体育场馆免费低收费开放补助政策，推动公共体育设施免费低收费向社会开放。政府应扶持体育场馆提高增量，转换功能，开展市场需求大的球类、游泳、体能、形体训练项目的经营。

2. 加强运动技能培训

各级体育部门应切实解决社会体育指导员培训不足、经费有限、活动缺少号召力等问题，加快推动集"测试""评估""处方""指南"于一体的省、市、县三级体质测定与运动健身指导站全覆盖，深化体教融合，重点支持青少年体育俱乐部的兴办和运营方式创新，鼓励参与主体在课程建设、人才交流等方面的共建共享，支持创办专业体育培训机构，开发特色体育培训项目。教育部门应加大力度丰富学校体育课外活动，激发青少年体育兴趣，培育青少年运动技能，引导青少年养成健康体育消费习惯。

3. 加强体育宣传推广与信息服务

江苏省体育局应充分借助省内各类媒体的力量，广泛宣传科学健身知识和方法，重点加强与广电集团、新华日报的合作，办好"江苏公共体育服务频道"，制作一批体育主题宣传片，推广南京宁体汇、无锡智体宝、苏州苏体通等智慧健身公共服务平台的经验做法，办好江苏体育文化创意与设计大赛、江苏体育产业大会、体育健康特色小镇论坛、淮河生态经济带体育产业博览会、《江苏体育产业》杂志。鼓励和支持各地打造各类体育宣传平台。各地政府应积极承办长三角运动休闲体验季，打造一批主题鲜明的体育消费活动品牌，积极参加各类体育博览会。

4. 加强体育社团建设

全系统依法行政，依法履职，依法推动体育社团改革，创新体育社团会员管理体制，鼓励社团积极融入所属运动项目国际体育组织的发展战略中，对发展前景好、与老百姓体育生活紧密联系的体育社团给予财政优惠政策的扶持，整合教育、科学、文化、体育、艺术领域的智库力量，为体育社团人才培养提供助力。

参考文献

马建敏主编《消费心理学》，中国商业出版社，2000。

刘飞：《炫耀性消费——凡勃伦与布迪厄之比较》，《消费经济》2005 年第 3 期。

〔法〕让·鲍德里亚：《消费社会》，刘成富、全志钢译，南京大学出版社，2006。

〔法〕让·波德里亚：《象征交换与死亡》，车槿山译，译林出版社，2009。

Wells, W. D., "Discovery Oriented Consumer Research," *Journal of Consumer Research*, 19 (1993): 489 – 504.

Funk, D. C., Mahony, D. F., & Havitz, M., "Sport Consumer Behavior: Assessment and Direction," *Sport Marketing Quarterly*, 12 (2003): 200 – 205.

Funk, D. C., &James, J. D., "The Psychological Continuum Model (PCM). A Conceptual Framework for Understanding an Individual's Psychological Connection to Sport," *Sport Management Review* 4 (2001): 119 – 150.

Funk , D. C. , & James , J. , "Consumer Loyalty: The Meaning of Attachment in the Development of Sport Team Allegiance," *Journal of Sport Management*, 20 (2006): 189 – 217.

陈善平、王云冰、韩骥磊：《不同锻炼行为阶段的体育消费心理》，《体育科学》2008 年第 11 期。

B.5
江苏省体育产业政策发展报告

李燕领 柳畅 张新奥 邱鹏 毛立梅*

摘　要： 江苏省高度重视体育产业政策的制定和完善，推动全省体育产业的迅速发展，成效显著。本章对江苏省体育产业政策发展背景、现状及实施成效、推进实施举措与全省体育产业政策的发展趋势等进行了分析，提出江苏省体育产业需要通过实施政策改革，充分释放社会领域巨大发展潜力，强化激励政策效果，深化"放、管、服"改革，健全政策执行法规保障，实行阶段性评估，提升产业政策实施效果，促进江苏省体育产业高质量发展。

关键词： 体育产业　产业政策　江苏省

一　江苏省体育产业政策发展背景

（一）国家政策环境良好，引领发展方向

2014年，国务院印发了《关于加快发展体育产业促进体育消费的若干意见》，在体育产业的发展中出现了新的机遇，呈现快速发展态势。之后，国务院办公厅颁布《关于加快发展健身休闲产业的指导意见》《关于加快发

---

* 李燕领，博士，苏州大学教授，博士生导师，研究方向为体育公共服务和体育产业经济。柳畅、张新奥、邱鹏、毛立梅，苏州大学硕士研究生，研究方向为公共体育服务。

展体育竞赛表演产业的指导意见》《"一带一路"体育旅游发展行动方案（2017～2020 年)》《关于促进全民健身和体育消费推动体育产业高质量发展的意见》等一系列相关体育产业政策文件，形成完善的产业政策体系，有效推动我国体育产业发展，也为江苏省体育产业政策的科学制定和发展指明了方向。

（二）江苏体育水平雄厚，提供良好基础

江苏省经济发展水平在国内名列前茅，也使得在江苏省城乡居民的生活中，体育成为不可或缺的组成部分。江苏省人民政府与国家体育总局于2018 年签署新时代体育强省建设，江苏省成为全国试点，率先开展新时代体育强省建设工作。近年来江苏省体育事业取得众多突破，竞技体育实力稳中有升，省优秀运动队多元化办队局面基本形成，第 18 届亚运会上，全省获 15 项次金牌，金牌数列全国第 5 位，奖牌数列全国第 4 位。国家体育总局与江苏省人民政府签署公共体育服务体系示范区合作协议，在全国率先建成公共体育服务体系示范区，其功能明确、网络健全、城乡一体、惠及全民，充分展现其典型的示范以及带动作用的影响；体育产业快速发展，初步形成一定规模，产业结构不断优化，2018 年全省体育产业规模已经达到4066.18 亿元，创造增加值 1387.2 亿元，体育产业增速明显高于 GDP 增长率。全省经济基础与体育事业蒸蒸日上形成的良好环境，为江苏省体育产业政策的落实提供了稳固的基础。

（三）全省系统谋划，奠定坚实基础

随着政策环境的不断优化，江苏省加快顶层设计步伐，抢抓体育产业发展机遇，在全国率先以省政府名义出台《关于加快发展体育产业的实施意见》等各项政策，为体育产业发展提供有效指引。通过系统谋划、整体推进，进一步强化政府部门在体育产业政策、标准、规划引领及优化服务等方面的职能所在。近年来，江苏省不断顺应国家和省加快发展体育产业的新形势和新要求，在理论研究、政策制定、工作实施、指导

服务等方面加大力度，推动形成相对完善的体育产业政策体系和工作体系，产业发展环境不断优化，使江苏省在体育改革创新与产业高质量发展方面走在了全国前列。

二 江苏省体育产业政策发展现状

（一）体育产业政策概况

近年来，江苏省体育产业以新时代体育强省建设为引领，坚持高起点站位、高质量发展，焕发出新的蓬勃生机与活力：时尚体育运动并喷发展，成为社会消费新热点；竞赛表演产业释放红利，焕发经济发展新生机；产业结构布局优化见效，构筑区域经济新风景。江苏省体育产业发展迅速，并陆续出台了一系列体育产业政策。

1. 精准化的产业政策设计

近年来，江苏省体育产业正面临着率先发展、跨越发展的重要机遇期，随着"全民健身""健康江苏"战略的逐步实施，"互联网＋"、智慧旅游、大数据等理念与工具的广泛应用，江苏省全面加强体育产业政策顶层设计，助推体育产业的快速发展。江苏省人民政府于2015年出台《关于加快发展体育产业促进体育消费的实施意见》，明确提出了大力促进体育消费，充分发挥体育产业在满足人民群众多样化体育需求、保障和改善民生、培育新的经济增长点、增强国家凝聚力和文化竞争力等方面的重要作用，成为指导全省体育产业发展的指导性文件。2017年又颁布了《关于加快发展健身休闲产业的实施意见》。为进一步落实政策，并结合江苏自身特点，2018年8月，江苏省体育局陆续出台《江苏省加快发展水上运动产业行动方案》《江苏省加快发展航空运动产业行动方案》《江苏省加快发展山地户外运动产业行动方案》《江苏省加快发展冰雪运动产业行动方案》等多项政策措施（见表1），积极培育消费市场和市场主体，努力提高产业集中度和品牌影响力，发挥江苏特色，积极融入国家体育旅游总体空间布局。这些行动方案出台充分体现了江苏省对加快发展体育产业的高度重视，进一步提升体育产业在江苏国民经济和社会发展中的地位。总体来说，江苏省致力于"体育强省"建设的奋斗目标，形成较为科学、系统、完善的体育产业政策体系，有力激发了体育市场的活力。

表1　2015 年以来江苏省体育产业政策颁布情况

序号	政策	颁布主体	发布时间
1	《关于加快发展体育产业促进体育消费的实施意见》	江苏省人民政府	2015
2	《关于加快发展健身休闲产业的实施意见》	江苏省人民政府办公厅	2017
3	《江苏省"十三五"体育产业发展规划》	江苏省体育局	2016
4	《江苏省体育旅游发展行动计划（2018～2020 年）》	江苏省体育局 江苏省旅游局	2018
5	《江苏省加快发展水上运动产业行动方案》	江苏省体育局	2018
6	《江苏省加快发展航空运动产业行动方案》	江苏省体育局	2018
7	《江苏省加快发展山地户外运动产业行动方案》	江苏省体育局	2018
8	《江苏省加快发展冰雪运动产业行动方案》	江苏省体育局	2018
9	《关于进一步促进体育消费的行动计划（2019～2022 年）》	江苏省体育局 江苏省发展改革委	2019
10	《推动江苏体育竞赛表演产业高质量发展行动方案》	江苏省体育局	2019

2. 精细化的产业政策领域

近年来，江苏省政府出台一系列省级文件，明确了全省体育产业发展目标和任务，并进一步细化各行业业态和载体的专门政策。

系统梳理显示（见表2、表3），2014～2019 年江苏体育产业政策中基本涵盖了各行业业态政策，各市体育产业政策进一步强化了各行业领域。江苏省体育产业政策涉及领域包括体育产业基地、体育设施、体育活动以及相关运动产业等，并且集中在管理层面，对 13 个地级市体育产业的发展有指导意义，也让各地级市在制定当地体育产业政策时有一定参考依据。江苏省 13 个地级市体育产业政策的制定更加细化，各地方政府的政策类型也相对集中。从整体趋势来看，体育健身休闲、体育竞赛表演是江苏省体育产业重点部署领域，体育健身休闲是 13 个地级市体育产业的重点发展环节。此外，在资金扶持和产业载体上也有相应政策出台。

表2　2014～2019年江苏省体育产业政策领域类型分布频次

政策类型	频次(项)	百分比(%)
体育竞赛表演	5	55.6
体育场馆服务	3	33.3
体育健身休闲	1	11.1
体育用品及相关制造业	2	22.2
体育中介服务产业	2	22.2

表3　2014～2019年江苏省地级市体育产业政策领域

类型分布频次

政策类型	频次(项)	百分比(%)
体育竞赛表演	26	51.0
体育场馆服务	25	49.0
体育健身休闲	36	70.6
体育用品及相关制造业	24	47.1
体育中介服务产业	26	51.0
体育传媒业	23	45.1
其他相关服务(体育旅游、体育健康服务及体育彩票)	28	54.9

3. 协同化的产业政策保障

为进一步落实全省体育产业政策顶层设计路径,江苏省建立了多层次、多样化、立体化的协同保障体系,尤其是在体育产业资金政策和体育产业相关载体政策方面。其中体育产业资金政策涵盖了体育产业发展专项资金、健身俱乐部专项扶持资金、体育场馆免费低收费开放补助资金、体育消费券发放等多个方面,引导和刺激体育市场活力,激发大众体育消费潜力;体育产业相关载体政策包括了体育健康特色小镇、体育产业基地、体育服务综合体、体育公园等多个类型,引导和支持体育产业载体发展,形成有市场、有内容、可持续的发展格局(见表4)。

表4 江苏省体育产业政策协同化保障实施措施情况

类别	支持政策	颁布主体	涉及内容
体育产业发展专项资金	《江苏省体育产业发展专项资金使用管理办法》	省财政厅、省体育局	体育场馆运营类项目、健身休闲服务业项目、赛事活动类项目、体育装备类项目
健身俱乐部专项扶持资金	《江苏省健身俱乐部专项扶持资金管理暂行办法》	省财政厅、省体育局	各类健身俱乐部
体育场馆免费低收费开放补助资金	《江苏省体育场馆免费低收费开放补助资金管理办法》	省财政厅、省体育局	体育场馆
体育消费券发放	《江苏省体育消费券发放方案》	省体育局	健身群众、部分突出贡献群体及省会南京市贫困中学生
体育健康特色小镇	《江苏省体育局关于开展体育健康特色小镇建设工作的通知》	省体育局	体育健康特色小镇
体育产业基地	《江苏省体育产业基地管理办法》	省体育局	综合类、特色类体育产业基地、体育产业示范单位评选
体育服务综合体	《江苏省体育局关于加快体育服务综合体建设的指导意见》	省体育局	体育服务综合体(体育中心型、全民健身型、商业中心内嵌型、其他型)
体育公园	《关于加快体育公园建设的指导意见》	省体育局	各类体育公园

(二)体育产业政策内容

1. 体育产业政策目标分析

通过系统规划,江苏省确立了相对科学、完善的体育产业政策目标:一是关于江苏省体育产业总体规模目标。《江苏省"十三五"体育产业发展规划》明确提出到2020年,江苏省体育产业总规模超过5000亿元,增加值约占全省地区生产总值的1.5%,体育服务业增加值占体育产业增加值35%左右。而各个相关体育产业政策也对其规模提出具体产业规模发展目标(见表5)。二是关于江苏省体育产业政策方向目标。确立体育产业从业人员达到110万人;人均体育场地面积达到2.5平方米;全省经常参加体育锻炼人数比例达39%以上;国民体质合格率达93%以上;参与冰雪运动人口达到百万以上;各市冰雪运动知识进校园覆盖率达到70%等相关目标。三是关于辅助政策目标。确立初步建成"一网、一中心、一平台"（全省体育信息服务网络、省级体育数据中心、省级智慧体育应用平台）的智慧体育基础框架，培育2~3项国内外知名的品牌冰雪体育赛事等，结合体育产业发展的重点任务进行了不同的谋划。

表5 江苏省体育产业政策目标情况

政策	体育产业发展目标
《江苏体育发展"十三五"规划》	总规模超过5000亿元,体育产业从业人员达到110万人,体育服务业增加值占体育产业增加值达到35%左右。全省体育彩票五年销量达700亿元,保持全国领先地位
《江苏省"十三五"体育产业发展规划》	到2020年,体育产业总规模超过5000亿元,增加值约占全省地区生产总值的1.5%,体育服务业增加值占体育产业增加值35%左右;体育产业从业人员达到110万人;人均体育场地面积达到2.5平方米;全省经常参加体育锻炼人数比例达39%以上,国民体质合格率达93%以上
《江苏省"十三五"智慧体育发展规划》	到2020年,全省体育信息化水平明显提升,初步建成"一网、一中心、一平台"（全省体育信息服务网络、省级体育数据中心、省级智慧体育应用平台）的智慧体育基础框架
《江苏省政府办公厅关于加快发展健身休闲产业的实施意见》	到2020年,健身休闲产业总规模达到3000亿元,约占体育产业总规模的60%;到2025年,健身休闲产业总规模达到4500亿元
《关于加快发展体育产业促进体育消费的实施意见》	到2025年,江苏省体育产业总规模超过7200亿元,增加值占全省地区生产总值的1.6%,体育服务业增加值占体育产业增加值比重达到50%左右,体育产业从业人员达到180万人;人均体育场地面积达到2.6平方米,经常参加体育锻炼的人数达到3500万、约占全省总人口的42%
《江苏省体育旅游发展行动计划（2018~2020年）》	到2020年,在全省培育20个国家级体育旅游精品项目,打造100个省级体育旅游精品项目,体育旅游总人数达到1亿人次
《江苏省加快发展冰雪运动产业行动方案》	到2022年,产业收入规模达到100亿元左右;江苏省参与冰雪运动人口达到百万以上,各市冰雪运动知识进校园覆盖率达到70%。新建室外嬉雪场地10片;冰雪产业特色进一步凸显,培育2~3项国内外知名的品牌冰雪体育赛事
《关于进一步促进体育消费的行动计划（2019~2022年）》	到2022年,全省体育消费结构明显优化,服务性体育消费占比进一步提高,体育消费规模稳步提升,体育消费政策体系和市场环境更加优化,体育消费引领体育产业转型升级能力更加凸显,全省体育消费总规模达到2800亿元左右,城乡居民人均体育消费达到3200元左右
《推动江苏体育竞赛表演产业高质量发展行动方案》	到2025年,基本形成产业结构合理、竞赛产品多元、市场环境优化、发展水平均衡的体育竞赛表演产业体系,体育竞赛表演产业的引领带动作用明显提升,体育竞赛表演产业发展水平位居全国前列。培育10项以上全国以上级别

政策	体育产业发展目标
《推动江苏体育竞赛表演产业高质量发展行动方案》	的体育精品赛事,打造 20 项左右具有自主知识产权的体育竞赛表演品牌,发展 30 个以上具有全国以上级别赛事运作能力的专业体育赛事运营公司

2. 体育产业发展资金政策分析

按照江苏省产业政策顶层设计和具体落实路径,全省陆续设立了省体育产业发展专项资金、健身俱乐部专项扶持资金、体育场馆免费低收费开放补助资金、体育消费券发放等资金扶持政策等。

(1)体育产业发展专项资金

2010 年 12 月,江苏省财政厅、体育局联合制定了《江苏省体育产业发展引导资金使用管理暂行办法》,并成立省政府体育产业发展引导资金使用管理协调小组,由省政府分管领导任组长,省财政厅会同省体育局负责引导资金的使用和管理工作。政策内容主要明确专项引导资金机构的主要职责、自助范围、支持方式、立项管理、申报制度,以及立项、实施和绩效管理,且绩效考评结果作为以后年度安排引导资金预算控制数的重要依据。2011 ~ 2019 年,省级体育产业发展专项资金实施 9 年来累计投入 7.966 亿元,共扶持 1009 个项目,有力帮扶了各类市场主体的发展壮大。

(2)健身俱乐部专项扶持资金

2016 年省体育局出台《江苏省健身俱乐部促进计划(2016 ~ 2020 年)》,提出"到 2020 年,全省建成 1000 个具有较大影响、年均拉动体育消费 500 万以上的健身俱乐部",并设立健身俱乐部专项扶持资金。首先,在省级体彩公益金中设立健身俱乐部专项扶持资金,并制定专项资金管理办法,以年度组织申报。其次,将健身俱乐部纳入体育消费券使用范围;凡符合条件的健身俱乐部均可申请纳入体育消费券使用定点场所。[①] 最后,将健身俱乐部

---

① 胡娟、王巍、姜迪、杨靖三:《江苏省健身俱乐部成长性评价模型及其应用》,《体育与科学》2018 年第 1 期。

纳入体育产业专项资金扶持范围；对发展规模较大、经济社会效益突出、符合扶持条件的健身俱乐部，均可申请体育产业引导资金。项目实施4年来，累计发放健身俱乐部专项扶持资金5460万元，支持142个健身俱乐部。

（3）体育场馆免费低收费开放补助资金

2015年开始，为规范和加强江苏省体育场馆免费和低收费开放补助资金的管理与使用，省财政厅、省体育局出台《江苏省体育场馆免费低收费开放补助资金管理办法》。从补助范围和标准、资金申报和审批、资金管理和使用，以及监督检查和绩效评价等方面进行规范，并补充江苏省体育场馆免费开放补助资金补贴标准（见表6）。省体育局每年安排5000万元左右专项经费，补助110多个大型体育场馆向社会免费或低收费开放。在江苏省体育局委托第三方机构对全省5000多名群众进行的公共体育服务满意度调查中，群众满意度达90.86%。

表6 江苏省体育场馆免费低收费开放补助资金补贴标准情况

场馆名称	层级		座位数（个）	补助标准（万元）	中央补贴比例(%)	省级补贴比例（%）	
						省级	非省级
体育场	甲类	国家	60000及以上	350	20	60	30
	乙类	国家	40000~59999	250	20	60	30
	丙类	国家	20000~39999	130	20	60	30
	丁类	省级	10000~19999	100	0	60	50
体育馆	甲类	国家	10000及以上	300	20	60	30
	乙类	国家	6000~9999	200	20	60	30
	丙类	国家	3000~5999	100	20	60	30
	丁类	省级	2000~2999	80	0	60	50
游泳（跳水）馆	甲类	国家	6000及以上	500	20	60	30
	乙类	国家	3000~5999	300	20	60	30
	丙类	国家	1500~2999	150	20	60	30
	丁类	省级	注：泳池标准不低于25×16米	100	0	60	50

注：在非省级补贴中，无中央补贴比例的，非省级补贴比例为50%。

（4）体育消费券发放

江苏体育消费券项目作为一项促进体育消费的政策，其政策效应无疑是积极的、正向的、有价值的，既是一项促进全民健身的举措，也是一项体育与金融跨界融合的创新。据统计，全省共 350 家健身场馆参与消费券发放活动，有 98 万人申办"江苏全民健身卡"和"全民健身公共积分卡"。在消费券发放期间，各定点场馆的健身人数和经营业绩都实现了不同幅度的增长。省体育局从 2017 年开始，每年在全省向健身群众发放 5000 万元体育消费券。在体育消费券发放方式上，省体育局委托中国银行江苏分行和上海积分通公司，采用"体育＋互联网＋金融"的模式，发放"江苏全民健身卡"和"全民健身公共积分卡"。2017 年，全省 69 万人申办了江苏全民健身卡，直接拉动体育总消费，乘数比例为 1∶16。2018 年，体育消费券除向普通群众发放外，还向省级（含）以上劳模、先进工作者、道德模范、社科名家等部分突出贡献群体以及省会南京市贫困中学生进行发放。发放标准为突出贡献群体每人 2000 元、贫困中学生每人 1000 元。

3. 体育产业载体政策分析

（1）体育健康特色小镇

2016 年 9 月，省体育局印发《关于开展体育健康特色小镇建设工作的通知》，提出体育健康主题和特色鲜明，具备一定规模和优势，发展思路清晰、推进措施有力的建制镇可以推荐的基本要求。对于体育健康产业特色非常鲜明、集聚程度非常高的区域，可以跨建制镇推荐申报。在全国体育系统率先启动体育健康特色小镇建设工作，提出到 2020 年将培育 20 个左右体育健康特色小镇。江苏体育健康特色小镇以体育健康为主题和特色，融合体育、健康、旅游、休闲、养老、文化、宜居等多种功能，是推动体育产业转型升级、服务全民健身和全民健康的创新抓手和载体，先后分三批于 2016 年 9 月、2017 年 4 月、2019 年 4 月共计确定 21 个体育健康特色小镇共建名单。2018 年 1 月和 6 月，省体育局分两批对前两批 14 家共建小镇进行了中期评估。根据中期评估情况汇总，第一批 8 个共建小镇项目投入五年总目标为 245 亿元（前四年计划投入 191 亿元），目前累计实际完成总投入 207.12 亿元（达到五年总目标的 85%）；第二批 5 个共建小镇项目投入五年总目标为 144 亿元（前四年计划投入 109 亿元），目前累计实际完成总投入 114.09

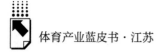

亿元（达到五年总目标的79%）。

（2）体育产业基地

2009年，江苏启动了省级体育产业基地创评工作。2016年1月，为加强江苏省体育产业基地建设的规划与管理，充分发挥产业基地的集聚效应、规模效应和示范作用，引导社会力量参与体育产业发展、推动体育产业发展模式创新、促进体育与相关行业融合互动、培育打造龙头体育企业、全面提升江苏省体育产业规模和质量，省体育局制定出台了《江苏省体育产业基地管理办法（修订稿）》。2013年成功创建苏南（县域）国家体育产业基地后，省体育局加大对国家体育产业示范基地项目的培育打造力度，又陆续成功创建武进、宜兴、张家港、南京建邺、溧水等5个国家体育产业示范基地；江苏共创、江苏金陵、南京边城、江苏康力源、南通铁人、江阴四方等7个国家体育产业示范单位和海澜马术表演、红山体育公园、江苏中正体育场地设施检测服务平台、新动力连锁汽车越野、曹甸青少年体育装备制造创意产业园、江南环球港体育服务综合体、南京金地体育公园等7个国家体育产业示范项目。省级体育产业基地评选工作自2009年启动以来，共命名了100家省级体育产业基地。2019年又对100家省级体育产业基地进行复审和重新申报，目前重新认定命名82家省级体育产业基地。

（3）体育服务综合体

2017年，省体育局在全国体育系统率先印发《关于加快体育服务综合体建设的指导意见》及《江苏体育服务综合体建设参考标准》，提出到2020年培育打造40个体育服务综合体，实现省、市、县三级覆盖，在全国率先建成设备完全、功能齐全、运营创新、服务领先的体育综合网络体系。各区市和县（市、区）要立足城市定位，依托体育中心、全民健身中心以及县级体育设施"新四个一工程"，建设一批与城市发展水平相协调、配套功能强的体育服务综合体。支持社会资本新建或利用具备条件的房产设施（空间）建设特色体育服务综合体。另外，江苏省提出要完善体育服务综合体政策，经省体育局认证为体育服务综合体的场馆，优先列为江苏省体育消费券定点服务场所。鼓励社会资本和各类投资基金投资体育服务综合体建设运营。引导金融机构加大体育服务综合体建设运营项目的信贷支持力度，支持有条件的体育服务综合体运营机构进入资本市场募集资金，鼓励担保、再担保机构提供优惠服务。与有关部门沟通，完善与体育服务综合体建设有关的土地、规划等政策措施，落实国家和省有关体育场馆的税收以及水电气热等优惠政策。江苏体育服务综合体现状分为体育中心型、全民健身中心型、商业中心内嵌型、其他型等四种类型。近两年来，江苏省体育局先后两批对项目规模体量较大、业态较完整、体育项目较多、发展基础较好、具备体育服务综合体雏形的 27 家单位进行命名。2019 年，27 家体育服务综合体累计完成营业收入约 25.5 亿元（同比增长 20.9%）。

（三）各市体育产业政策

近年来，为有效落实体育产业政策，加快促进当地体育产业发展，江苏省对 13 个地级市的体育产业进行了规划和部署，13 个地级市也迅速拉开各市体育产业的序幕。

1. 南京市体育产业政策与成效

南京市积极贯彻落实国家和江苏省体育产业发展政策，加快培育市场主体，大力延伸体育产业链，推动体育产业高质量发展并走在全省前列。首先，政策保障更加有力，激发了社会投资热情，2013 年设立市级体育产业专项资金，已支持 120 余个项目，2018 年出台了《南京市社会力量举办体育赛事资助办法（试行）》，通过政府购买公共服务等不同方式让更多社会力量参与到大赛中，还出台了《南京市高水平职业体育俱乐部资助奖励实施办法（试行）》，大批优秀社会体育企业以及民间社会体育力量得到政府资金的扶持和产业政策的倾斜（见表7）。2019 年 2 月南京市体育局发布了《关于发布我市中央和省级财政资金补助的体育场馆 2019 年开放工作方案的公告》，将南京市龙江体育馆、溧水区体育公园体育馆、高淳区体育中心体育馆、六合区体育馆、六合区游泳馆、溧水区体育公园游泳馆、高淳区游泳馆、栖霞区全民健身中心游泳馆、南京青奥体育公园体育场馆共 9 家体育场馆开放工作方案予以公布，便于广大市民掌握健身场地信息，并接受广大市民监督。体育产业政策落地时效性初步彰显，各大游泳馆陆续低价或免费对外开放。走集约化发展路径，扩展体育产业新领域，打造"体育＋"和"＋体育"的产业发展新模式；完善联动机制，推动体育产业协调发展。南京市建立了由分管副市长为召集人、33个部门为成员的体育产业发展工作部门联席会议制度。完善评价考核机制，按照产业规模和结构、产业载体、产业基础、产业支撑等重点产业项目向全市12个板块分解南京市发展体育产业目标任务。

表7　南京市体育产业政策颁布情况

序号	政策	颁布主体	发布时间
1	《南京市政府关于加快发展体育产业促进体育消费的实施意见》	南京市人民政府	2017年
2	《南京市体育产业发展引导资金使用管理办法》	南京市体育局、南京市财政局	2017年
3	《南京市社会力量举办体育赛事资助办法》	南京市体育局、南京市财政局	2019年
4	《南京市高水平职业体育俱乐部资助奖励实施办法（试行）》	南京市体育局、南京市财政局	2019年
5	《南京市体育旅游发展行动计划（2019～2025年）》	南京市体育局、南京市文化和旅游局	2019年
6	《南京市山地户外、水上、航空、冰雪运动产业发展规划(2019~2025年)》	南京市体育局	2019年

2. 无锡市体育产业政策与成效

近年来，无锡市委、市政府高度重视体育产业发展，2015年以来出台了一系列关于发展体育产业的相关政策（见表8），明确未来一段时间无锡体育产业发展的指导思想、目标任务、重点领域、实施路径和保障措施。2019年9月，无锡市体育局进一步制定了《推动无锡市体育竞赛表演产业高质量发展实施方案》《无锡市大型体育赛事奖补专项资金管理办法》，这对于促进无锡市体育竞赛表演产业的繁荣和健康发展起到了重要的作用。未来一段时间，无锡市将围绕体育强市的战略目标，坚持新发展理念，坚持高品质发展，推动体育产业集聚化、融合化、品牌化，奋力当好全省体育产业高品质发展的领跑者。①

表 8　无锡市体育产业政策颁布情况

序号	政策	颁布主体	发布时间
1	《市政府办公室关于加快发展体育产业促进体育消费的实施意见》	无锡市人民政府办公室	2016 年
2	《无锡市"十三五"体育事业发展规划》	无锡市人民政府办公室	2016 年
3	《无锡市政府办公室关于加快发展健身休闲产业的实施意见》	无锡市人民政府办公室	2017 年
4	《无锡市智慧体育总体发展规划（2017～2020 年）》	无锡市人民政府办公室	2017 年
5	《关于大力发展体育旅游的实施意见》	无锡市体育局、无锡市旅游局	2017 年
6	《推动无锡市体育竞赛表演产业高质量发展实施方案》	无锡市体育局	2019 年
7	《无锡市大型体育赛事奖补专项资金管理办法》	无锡市体育局	2019 年

3. 徐州市体育产业政策与成效

近年来，徐州市坚持品牌引领融合发展战略，先后出台《徐州市"十三五"体育产业发展规划》《徐州市人民政府关于加快发展体育产业促进体育消费的实施意见》等政策（见表9），借助徐州市国际马拉松等重要品牌赛事的重要平台，抢滩淮海体育产业经济中心建设等重大发展机遇，使得徐州市体育产业与体育事业取得较快的发展；② 按照特色引领、突出重点、统筹推进的总体思路，经过多年的努力运营，基本形成了以运动休闲、体育用

---

① 《无锡：坚持新发展理念　加快体育产业发展步伐》，2018 年 2 月 6 日。
② 《徐州：充分发挥体育事业在淮海经济区中心城市建设中的应有作用》，《徐州体育》2019 年 3 月 2 日。

品制造业、健身娱乐、竞赛表演、体育彩票销售为重点的、多种所有制并存、社会各界共同兴办的体育产业格局。2017年4月，江苏省体育局与徐州市贾汪区签署了"贾汪区大泉时尚运动特色小镇"（改名徐州贾汪区茱萸山体育健康小镇）共建协议，以省地共建的模式启动体育健康特色小镇的建设。2017年8月，该特色小镇被国家体育总局列为首批国家级运动休闲小镇试点建设项目。自创建以来，按照国家体育总局、省体育局的要求，贾汪区委、区政府成立创建工作领导小组，制定了联席会议制度，及时研究解决创建工作中遇到的困难与问题，确保创建工作有力推进。该区各有关部门根据各自承担的任务，积极开展创建工作，形成了政府主导、部门齐抓共建的良好氛围。

表9　徐州市体育产业政策颁布情况

序号	政策	颁布主体	发布时间
1	《徐州市人民政府关于加快发展体育产业促进体育消费的实施意见》	徐州市人民政府	2018年
2	《徐州市"十三五"体育产业发展规划》	徐州市人民政府办公室	2017年

4. 常州市体育产业政策与成效

近年来，随着经济社会的快速发展，常州市颁布了《市级体育产业发展引导资金使用管理暂行办法》等指导性文件，从多个层面支持和引导体育产业，实现快速发展。并连续印发了一系列政策（见表10），规划和指引全市体育产业有序、健康发展，常州市体育产业取得了一定的发展成效。[①]产业规模不断扩大，产业结构不断改善，形成了体育用品装备、运动场馆、品牌赛事、培训服务等产业门类。健身休闲业热情高涨，常州已经具备了各类健身会所、健身俱乐部以及体育旅游市场，体育健身休闲业已初步建成；体育场馆规模化，新北区的春江、武进区的横林镇、钟楼区的新闸等全民健

---

① 任洪兴：《让社会组织成为公共体育服务的主角》，《中国社会组织》2014年第5期，第33～34页。

身中心，以品牌化管理提供专业的健身服务；体育培训、体育竞赛社会化，游泳、羽毛球、网球和围棋等培训活动发展较快，有效满足了市民在家门口就能看到高端、高水平竞技比赛的需求；体育制造业兴起，各市区的制造业方兴未艾，如溧阳的房车制造，武进区的康复医疗、恒泰泳池、运动地板，新北区普利的游泳装备、天宁区的运动草坪；体育彩票业快速发展，2018年度常州市体育彩票销售量近30.79亿元，创历史新高，增幅排在全省第一。

表10　常州市体育产业政策颁布情况

序号	政策	颁布主体	发布时间
1	《市体育局直属单位维修改造及设备器材采购管理办法》	常州市体育局	2015 年
2	《市级体育产业发展引导资金使用管理暂行办法》	常州市财政局、常州市体育局	2015 年
3	《关于开展全市体育产业专项调查工作的通知》	常州市体育局、常州市统计局	2016 年
4	《常州市体育产业发展"十三五"规划》	常州市体育局	2016 年

5. 苏州市体育产业政策与成效

苏州市被国家发改委和国家体育总局列为全国首批"全国体育产业联系点城市"之一，为满足人民对美好生活的日益增长需要，将加快发展体育产业、促进体育消费摆上了重要位置，纳入了国民经济和社会发展规划，体育产业发展驶入了快车道。相继出台了多项政策（见表11），从制度层面进一步规范苏州市体育产业发展。截至2019年底，市级体育产业专项资金累计向112个项目发放专项资金4200万元，创设了苏州市中小企业贷款担保资金，推出了"体融通"小额贷款担保产品，截至2019年底，共发放专项担保贷款7120万元；围绕篮球、马拉松、竞走等项目，外企运动会、八国男篮争霸赛、金鸡湖半程国际马拉松、太湖国际马拉松等一批精品赛事发展壮大；昆山市、张家港市先后被评为国家体育产业示范基地；江苏金陵体育器材有限公司被评为国家体育产业示范单位，新动力文化发展（太仓）

有限公司、江苏中正检测股份有限公司被评为国家体育产业示范项目；开展了苏州市体育惠民消费行动，2018年、2019年向市民发放体育惠民消费补贴1400万元，发放了12万张体育惠民卡，直接刷卡消费达8654.10万元，间接带动相关消费超2亿元，惠及市民40.98万人次。2019年全市体育彩票累计销售43.28亿元，人均体彩消费约403元，销量连续十五年排名全省第一，持续保持全国大中城市前列。全市共有7984家涉及体育及相关产业活动的法人单位，占全省体育产业法人单位的24.4%。

表11 苏州市体育产业政策颁布情况

序号	政策	颁布主体	发布时间
1	《苏州市政府关于加快发展体育产业促进体育消费的实施意见》	苏州市政府	2016年
2	《关于加快发展健身休闲产业的实施意见》	苏州市人民政府办公室	2018年
3	《苏州市体育发展"十三五"规划》	苏州市发展和改革委员会、苏州市体育局	2016年
4	《苏州市体育产业示范基地管理办法》	苏州市体育局	2018年
5	《苏州市市级体育产业发展专项资金管理办法》	苏州市财政局、苏州市体育局	2020年修订2017年
6	《苏州市市级体育产业补贴项目实施细则》	苏州市体育局	2017年
7	《苏州市"体融通"担保贷款实施细则》	苏州市体育局、苏州市财政局	2016年
8	《关于进一步促进苏州旅游与体育产业融合发展的指导意见》	苏州市旅游局、苏州市体育局	2017年
9	《苏州市体育惠民消费行动实施办法（试行）》	苏州市体育局	2018年

6. 南通市体育产业政策与成效

近年来，南通体育紧紧围绕长三角一体化国家发展战略机遇，依托沿江沿海的资源禀赋以及省足球改革发展唯一试点城市、体育之乡等特色，切实加强组织领导、科学谋划、统筹推进，体育产业发展取得了显著成效。一是南通市体育产业不断强化服务意识，激发融合发展活力，加快融入长三角一体化建设，与上海市杨浦区体育局签订了《体育改革发展战略合作框架协议》，通过政企研等机构合作，实现了两地体育产业发展优势互补、合作互利共赢的模式。二是依托独特的优势，强势推进特色发展，全力推进体育特色小镇的培育，制定《南通市体育局政企研联动推进体育特色小镇培育创建工作方案》。三是突出赛事经济，努力扩大消费市场，先后举办了亚欧乒乓球全明星对抗赛、U14 国际少儿足球邀请赛、体彩杯国际男篮挑战赛等20 项大赛，有力带动了体育产业的繁荣发展。

表12　南通市体育产业政策颁布情况

序号	政策	颁布主体	发布时间
1	《关于加快推动农村乡镇体育公园(广场)建设的通知》	南通市体育局	2014 年
2	《南通市体育竞赛管理暂行办法(试行)》	南通市体育局	2014 年
3	《南通市市区室外体育健身器材管理办法》	南通市人民政府	2017 年
4	《南通市全民健身实施计划(2016～2020 年)》	南通市人民政府	2017 年
5	《关于加快发展体育产业促进体育消费的实施意见》	南通市人民政府	2017 年
6	《关于加强体育系统产业管理的暂行办法》	南通市体育局	2018 年

7. 连云港市体育产业政策与成效

近年来，为加快全市体育产业发展，连云港市出台《连云港市体育产业发展专项资金使用管理办法》，有力助推全市体育产业步入良性轨道（见表13）。体育用品制造有了一定基础，大的体育企业有二十几家，其中获李克强总理肯定的碳纤维自行车，年销售额超过 2 亿元；场馆建设和运营持续改善，体育场馆服务类单位共有 51 家，2018 年年运营收入高达 1.41 亿元；体育培训业初步发展，体育培训机构达 60 多家，规模较大的有神州文武学校、张国良乒乓球培训学校；体育健身休闲行业方兴未艾，2018 年全市共有 200 多家健身培训机构，总收入 5.89 亿元，以爱尚韦德为代表的品牌建设稳步推进；体育旅游强势发展，拉动消费近 20 亿元；体育用品销售发展强劲，其中天马科技一枝独秀，线上和线下同步发展，年销售额超过 25 亿元；体育竞赛表演业开始起步，群众喜闻乐见的骑行、铁人三项等项目参与人数众多。

表 13　连云港市体育产业政策颁布情况

序号	政策	颁布主体	发布时间
1	《连云港市体育产业发展专项资金使用管理办法》	连云港市体育局、财政局	2018 年
2	《连云港市体育产业发展规划(2018 ~ 2020 年)》	连云港市体育局	2018 年

8. 淮安市体育产业政策与成效

近年来，淮安市出台了《淮安市健康服务业发展促进计划》等多项政策文件（见表 14），深入实施全民健身国家战略，着力深化体育产业供给侧改革，有效引领拉动体育消费需求，扩大体育产品和服务供给，初步建立现代体育产业体系，体育产业对经济社会发展的贡献度不断增强。一是坚持特色发展，"体育＋"新业态明显攀升。组织申办一系列高水平国际、国内赛事和群众性特色活动，促进体育赛事与旅游业紧密结合。二是坚持融合发展，现代体育产业新体系明显健全。注重运用系统思维谋划淮安体育产业发展，以层次丰富、特色鲜明、功能互补、集约发展为导向，强化重大体育项目载体布局建设。三是坚持政府引导、市场驱动、集约发展、开放共享，通过产业化和市场化方式有效扩大体育产品和服务供给，推动形成投资健康的消费理念和充满活力的体育消费市场。

表 14　淮安市体育产业政策颁布情况

序号	政策	颁布主体	发布时间
1	《淮安市全民健身实施计划(2016 ~ 2020 年)》	淮安市体育局	2017 年

9.盐城市体育产业政策与成效

近年来,盐城市颁布实施了《盐城市城镇职工医疗保险个人医疗账户用于运动健身实施办法(试行)》等系列政策文件(见表15),推动体育产业规模逐步扩大,总体水平稳步提高,在市场培育、彩票销售、赛事运作、场馆多元化经营等方面走在全省前列。2017年,全市符合条件的体育产业项目和体育场馆获得省级专项补助资助金共970万元。2018年,盐城市体育局以体育产业发展专项资金、体育健身俱乐部专项扶持资金申报为平台,以体育健康特色小镇、体育服务综合体创建为抓手,以体育产业统计调查和消费调查为依托,进一步梳理、挖掘盐城体育产业存量资源,开拓、发现一批品质好、质量优、效益高的体育产业项目,为推动盐城体育产业高质量发展注入新的活力。

表15　盐城市体育产业政策颁布情况

序号	政策	颁布主体	发布时间
1	《盐城市城镇职工医疗保险个人医疗账户用于运动健身实施办法(试行)》	盐城市体育局	2014年
2	《盐城市体育产业专项调查实施方案》	盐城市体育局 盐城市统计局	2016年
3	《盐城市体育产业发展"十三五"规划》	盐城市体育局	2016年
4	《盐城市体育俱乐部联赛实施意见(试行)》	盐城市体育局	2018年
5	《关于进一步加强全民健身设施管理的通知》	盐城市体育局	2018年

10. 扬州市体育产业政策与成效

近年来,扬州市先后出台了《扬州市全民健身实施计划(2011～2015年)》《扬州市级体育彩票公益金项目管理环节操作规范实施细则》《扬州市群众性体育比赛五年总体规划(2016～2020)》《扬州市全民健身实施计划(2017～2020年)》等系列政策(见表16),体育产业发展势头良好,成功创建1个国家级体育产业示范项目和8个省级体育产业基地以及2个省级体育服务综合体。仪征枣林湾被列为国家级运动休闲特色小镇试点项目,被评为江苏省首批体育健康特色小镇。健身休闲业，项目类别不断丰富，击剑、赛艇、电子竞技等时尚运动项目供给提升；营销模式日益创新，竞赛表演业，赛事数量和赛事等级逐年提升，近 3 年来每年举办各类体育赛事活动 300 多项，年参与人数达到 300 多万人次。借助省运会契机，规划建设体育场馆 20 处，其中新建场馆 8 处，改建场馆 12 处，体育场馆设施条件得到显著提升，对外开放程度不断提高；体育用品销售与制造业，以生产销售体教玩具、运动装备和健身器材为主，产值占该市体育产业总值的 60% 以上；体育旅游业，作为该市体育融合发展业态的代表，已形成了运动拓展体育旅游区块、生态休闲体育旅游区块和户外拓展体育旅游区块。

表16 扬州市体育产业政策颁布情况

序号	政策	颁布主体	发布时间
1	《市政府关于加快发展体育产业的实施意见》	扬州市人民政府	2015 年
2	《关于推进全市域体育设施建设的实施意见》	扬州市人民政府	2015 年
3	《扬州市体育局关于开展〈扬州市全民健身实施计划（2011～2015 年）〉实施效果评估的通知》	扬州市体育局	2014 年
4	《扬州市级体育彩票公益金项目管理环节操作规范实施细则》	扬州市体育局、扬州市财政局	2016 年
5	《扬州市群众性体育比赛五年总体规划（2016～2020）》	扬州市体育局	2016 年
6	《扬州市全民健身实施计划（2017～2020 年）》	扬州市人民政府	2017 年

11. 镇江市体育产业政策与成效

2015 年以来，镇江市发布了一系列相关政策，各县级市进一步落实体育产业政策，出台《丹阳市体育产业发展专项资金使用管理暂行办法》等（见表17）。镇江市体育产业发展进入了快速增长阶段，基本形成以健身休闲、竞赛表演、场馆服务、体育培训、用品制造、服务贸易、彩票销售等为主的体育产业体系，以体育旅游、体育康复等为代表的新兴体育产业蓬勃发展，产业结构逐步完善和优化。近几年，全市大力发展传统体育产业项目，同时抓住发展契机，打造一批以体育航空运动、户外休闲运动等为主的体育旅游产业企业，如金山湖国家房车露营地、固山途居房车露营地、世业镇体育健康特色小镇等时尚体育项目相继落户镇江。

表 17　镇江市体育产业政策颁布情况

序号	政策	颁布主体	发布时间
1	《关于组织对大型体育场馆免费低收费开放补助项目检查的通知》	镇江市体育局	2015 年
2	《关于组织申报 2018 年度省健身俱乐部专项扶持资金的通知》	镇江市体育局	2018 年
3	《丹阳市体育产业发展专项资金使用管理暂行办法》	丹阳市财政局	2016 年

12. 泰州市体育产业政策与成效

近年来，泰州先后出台《泰州市加快体育产业发展的实施意见》[28]《泰州市体育产业发展引导资金使用管理办法》等系列政策（见表18），体育产业走上了稳步发展的正常轨道。体育健身休闲业蓬勃发展，省级体育产业示范单位——江苏省皇仕堡健身管理有限公司在泰州地区开了第八家分公司；不断打造丰富多彩的体育品牌赛事，兴化市被国家体育总局评定为国家最高水平的A1类赛事，远大足球俱乐部成功获得 2019 年度中乙联赛名额，成为该市足球改革发展史上一个新的里程碑；公共体育服务体系建设提档升级，推进泰州体育由粗放式、自发性发展向有序引领、高质量发展方向转变，提升体育工作整体指导、服务水平；体育彩票销售再创佳绩，2018 年泰州市体育彩票销售 13.84 亿元，销量排全省第 6 位，增幅 40.32%，增幅位列全省第 7；体育发展基础和环境更加优化，泰州市体育公园已开工建设，有望 2020 年竣工，届时大型的体育产业平台将为泰州体育产业发展注入新的活力。

表18　泰州市体育产业政策颁布情况

序号	政策	颁布主体	发布时间
1	《泰州市加快体育产业发展的实施意见》	市人民政府	2013 年
2	《泰州市体育产业发展引导资金使用管理办法》	市体育局、市财政局	2013 年
3	《泰州市体育产业发展专项资金使用管理办法》	市财政局、市体育局	2017 年

13. 宿迁市体育产业政策与成效

近年来，宿迁坚持发展时尚体育运动，着力培养体育健身服务、体育竞赛表演、体育用品销售、体育休闲旅游市场，不断优化投资环境，扩展空间，引导体育消费，先后出台《宿迁市体育产业"十三五"发展规划》《宿迁市全民健身实施计划（2016~2020 年)》等系列文件（见表19），体育产业取得了突飞猛进的发展。为全面深化改革创新、充分发挥市场决定作用，广泛吸引社会力量参与体育事业和体育产业发展，全面提升宿迁市体育产业发展规模和质量效益，加快体育强省建设，结合全市实际，出台了《宿迁市体育产业投资指南（2014~2015 年)》，进一步推动宿迁体育产业的快速发展。

表19　宿迁市体育产业政策颁布情况

序号	政策	颁布主体	发布时间
1	《宿迁市体育产业发展引导资金使用管理办法》	宿迁市财政局 宿迁市体育局	2018 年
2	《宿迁市体育产业"十三五"发展规划》	宿迁市体育局	2016 年
3	《宿迁市全民健身实施计划（2016~2020 年)》	宿迁市政府	2017 年
4	《宿迁市体育产业投资指南（2014~2015 年)》	宿迁市体育局	2015 年

三 江苏省体育产业政策推进措施

（一）强化顶层设计，实施三级联动

借助国家良好政策环境，江苏省多次抢抓体育产业发展机遇，在全国率先出台加快发展体育产业的各项政策，为体育产业发展提供有效指引。江苏加快发展体育产业的扶持政策是一个系统谋划、整体推进的过程，不断强化政府部门在体育产业政策、标准、规划引领及优化服务等方面的职能。在过去的几年时间中，江苏顺应国家和省加快发展体育产业的新形势和新要求，在理论研究、政策制定、工作实施、指导服务等方面加大力度，推动形成相对完善的体育产业政策体系和工作体系。经过精心设计，江苏省体育产业发展政策逐步完善，发展环境不断优化，体育改革创新与产业高质量发展走在了全国前列。

为保证政策顺利落地，江苏省进一步建立省、市、县三级联动，体育部门和相关部门配合联动以及多政策协助联动的多元保障机制。具体而言，从基层、社区再到 13 个省市辖区已经形成了省、市、县三级联动体育产业发展体系；多项政策由省财政厅、省体育局等多部门联合发布和共同管理；多层次、多领域、多样化政策共同支撑体育产业顶层设计的顺利落地。整体来看，江苏省的体育产业政策注重整体的协调性和内部的协同性，政策覆盖面广泛，联动政策体系贯穿于江苏省体育产业政策之中，形成较为完整的上下联动机制。[①]

（二）凝练江苏特色，突出自身优势

江苏省委、省政府高度重视体育工作，明确体育产业享受现代服务业发

[①] 刘鹃：《体育产业创新发展的政策支撑体系研究》，中国体育科学学会编《第十一届全国体育科学大会论文摘要汇编》，2019。

展政策，从宏观政策、意见到各行业业态和各载体政策再到资金政策，建立覆盖面广泛的体育产业支撑体系，突出江苏特色发展主攻方向。并在税费、金融、用地、人才等方面明确一系列扶持政策，为体育产业发展创造了良好的政策环境。为了确保体育产业政策得到贯彻落实，江苏省积极推进、不断细化落实已出台优惠政策的具体方法，积极探索和推广政府与社会力量合作新模式，吸引企业、协会等各界力量共同推进政策落实。借助各类媒体，全方位、多角度地进行广泛宣传，将产业政策和培育体育消费观念和习惯等宣传有机结合起来。各地积极推动省级体育产业政策落地，制定多种支持政策，充分结合各自传统优势，形成独具特色的地方体育产业。

（三）强化资金引导，挖掘发展潜能

为进一步引导江苏体育产业科学发展、健康发展、有序发展，先后制定了多层次、多领域、多样化的体育产业引导资金政策，充分发掘全省体育产业发展潜能。针对引导资金政策，主要建立五个机制保证其有效运行：一是协调会商机制。为加强引导资金的组织领导，提高工作开展效率，省政府成立了引导资金管理协调小组，并强化省政府办公厅、省财政厅、省体育局多部门合作，建立工作会商机制，从出台管理办法到印发申报通知，从组织申报到市级评审，从组织专家评审到安排实地考察，从确定考察名单到拟定资助项目和额度，从制订工作方案到具体落实工作等方面形成联动机制。二是上下联动机制。为避免各市在申报过程中从本位出发，有效解决项目源和项目质量问题，按照"市级有建议权，省级有否决权"的两权评审流程，省辖市享有推荐权，鼓励县级体育部门和财政部门推荐当地的优质体育产业项目，但各市不得限定各县（市、区）上报项目的数量。省级单位享有否决权，对项目组织专家评审，以提高项目本身的需求和品质。三是项目评审机制。为使引导资金评选工作能够规范操作，真正遴选出能代表江苏特色和发展优势的好项目、大项目，引导资金资助项目的立项通过专家评审的方式予以确定。首先建立引导资金评审专家库，从国家体育总局和省体育系统、省级政府相关部门、高等院校、有关专业机构等四类单位选择相关专业人员

组成；其次根据前期确定的项目评审标准，组织专家对所有项目按项目类别属性进行分类评审，由专家对所有项目进行打分排序。四是实地考察机制。为避免书面评审可能存在的弄虚作假、片面、主观评判等现象，有效解决项目真实性和可行性问题，采用实地考察和专家书面评审相结合方式，实地考察阶段主要是验证项目单位是否具备实施项目的能力条件并核查项目的真实性，一旦发现问题将一票否决。五是舆论宣传机制。为了增强资金的引导效果，有效解决引导资金政策实施初期社会知晓面低的问题，一方面，通过发布申报公告和媒体宣传等方式，将引导资金政策以及未来江苏体育产业发展方向等信息传递给大众；同时通过公示拟资助项目信息，引导更多的社会企业效仿和学习这类优质项目，提取对企业未来发展有用的信息，实现知识共享。另一方面，通过舆论宣传，对外发布申报公告及拟支持项目公示信息，也强化了对引导资金申报评审程序的舆论监督。总体来看，通过建立系统的五大机制，有力地发挥了体育产业引导资金引领作用，推动全省体育产业实现跨越式发展。

（四）推进五大举措，实现高质量发展

目前，江苏省体育产业进入了以"高质量发展"为目标定位的新发展阶段。为推进全省体育产业快速发展，江苏省积极推进"引领、协调、聚集、融合、创新"五大政策保障措施，推进新时代体育产业快速发展，即发挥政府作用，实现引领发展；本体产业成为龙头，实现协调发展；整合优势产业资源，实现聚集发展；跨界互融互动，实现融合发展；运用互联网、大数据等高科技，实现创新发展。

关于江苏省体育产业工作推进进程，政府重点加强体育产业高质量发展的顶层设计，培育完整产业体系、提升核心竞争力、扩大品牌影响力，满足人民群众个性化、多样化和不断升级的体育消费需求。以体育本体产业为龙头，围绕本体育竞赛表演业和健身休闲业展开布局，在政策和资金方面给予重点扶持，做大做强本体产业。整合优势资源，确立"建链、补链、强链"的主要任务，强化体育产业基地、体育特色小镇、体育服务综合体等载体建

设,实现聚集发展。开启"体育+"融合发展路径。全省各部门紧抓实施新旧动能转换重大工程有利契机,全面开启跨界互融互动模式。运用互联网、大数据等高科技手段,实现创新发展,催生新业态快速发展。各领域积极引导和支持互联网、大数据、人工智能与体育产业的深度融合,推动智慧体育公共服务平台、智慧体育场馆、体育电商新零售等业态发展。全省积极以创新为内生动力,全面提升产品技术含量和品牌附加值。

四 江苏省体育产业政策发展展望

(一)加快政策优化步伐,释放社会领域潜力将成为主攻方向

目前,江苏体育产业已经形成较为完整的政策体系,相关配套举措基本健全,实际效应已然显现,但随着全省体育产业的持续发展,政策的实时性和实用性会有所变化,按照现实需求和未来发展,及时调整和优化政策就显得十分必要。随着供给侧结构性改革持续深入、新时代高质量发展步伐加快,体育产业政策惠及的重要领域将进一步扩大,政策的精准化和精细化要求进一步提升。充分挖掘"互联网+"、人工智能、云计算、大数据等新功能,大力推广全民健身,多渠道增加社会供给,鼓励国民积极健身强体将成为加快体育产业发展、促进体育消费的主攻方向。

(二)强化激励政策效果,深化"放管服"改革将成为推进重点

企业是主要的体育市场主体,也是体育产业发展的重要推动者和直接受益者,激发企业的内在潜力和市场活力有赖于各方的共同努力。实践中充分调动企业在产业制度体系建设的能动性,对于打造有效市场的客观环境有着重要的作用。围绕企业的核心诉求,反映遇到的瓶颈政策,制定适合的、科学的、有针对性的激励制度体系至关重要。同时,为推动政策落地、提升政策执行效应,地方政府应按照放管服改革的现实与要求,建立政策执行的反馈渠道,切实为各类体育企业法人做好服务工作。

（三）健全政策执行保障，实行阶段性评估将成为工作常态

随着江苏省体育产业政策体系趋于完善，进一步强化政策执行保障将成为未来关注的重点，研究并出台促进江苏省体育产业发展的地方性法规或标准体系，将成为建设体育产业良好制度环境的关键。同时随着产业政策的持续推进，积极对体育产业发展目标任务进行细化分解，加强实时监测、督查和全程跟踪纪实，推动各项任务有效落实，将成为未来工作常态。多维度了解支持和促进体育产业发展政策措施的落实情况，进而建立政策落实的评估机制，持续关注政策推进、落地情况和民营企业满意度等是当前亟待解决的现实问题，也是进一步营造体育产业发展良好氛围的努力方向。

专 题 篇

Special Reports

B.6

江苏省体育产业发展专项资金报告

温阳 孙海燕 陈艳 陈叙 谷天奕 徐明仁*

摘 要： 2011 年江苏省设立体育产业引导资金，2016 年江苏省财政厅
会同省体育局发文改为"江苏省体育产业发展专项资金"。9
年累计资助 1009 个项目，累计投入 7.966 亿元，资助项目涵
盖体育场馆运营、健身休闲服务、体育赛事活动、体育装备
制造、体育培训、体育产业基地建设、体育旅游、职业体育
等行业，极大地推动了全省体育产业的稳步发展，并吸引大
量的社会资本支持江苏体育产业的建设。报告重点介绍了江
苏省体育产业发展专项资金的发展背景、运行管理、绩效评

---

* 温阳，博士，南京体育学院副教授，硕士生导师，体育产业管理方向；孙海燕，江苏省体育
产业指导中心（江苏省体育产业研究院）部长，经济师；陈艳，江苏省体育产业指导中心
（江苏省体育产业研究院）部长，主要研究方向为体育产业政策；陈叙、谷天奕、徐明仁，
南京体育学院硕士研究生，研究方向为体育产业管理。

估和成效展望，通过对江苏省体育产业发展专项资金近年来发展状况的梳理和资助企业的状况进行调查，从扩大体育产业发展规模、吸引多元资本投入、丰富体育公共服务体系、创新体育产业发展模式、健全体育产业结构框架、完善省市县三级引导资金体系等方面提出对策，为完善江苏省体育产业发展专项资金提供一定的参考。

关键词： 体育产业　发展专项资金　绩效管理

自改革开放以来，体育产业所蕴含的经济价值和社会效益日益显现。在经济转型发展的大背景下，我国体育产业呈现爆发式的发展态势，但由于起步晚、底子薄，对经济发展的贡献率较低，与人民群众日益增长的体育产品和服务需求还不相适应。为加快江苏省体育产业有序高效发展，江苏省在2011年设立体育产业引导资金，2016年江苏省财政厅会同省体育局印发《江苏省体育产业发展专项资金使用管理办法》，将"江苏省体育产业引导资金"改为"江苏省体育产业发展专项资金"（本报告均称为体育产业发展专项资金）。该举措对体育产业进行扶持和引导，取得了较好的效果。

一　江苏省体育产业发展专项资金设立背景

（一）体育产业发展专项资金设立的市场背景

近年来，我国体育产业快速发展，但较发达国家而言总体规模依然不大、活力不强，还存在一些体制机制问题。欧美等发达国家体育产业占GDP比重近年来保持在3%左右，而我国体育产业占GDP比重约为1%。2016年国家体育总局发布《体育产业发展"十三五"规划》，肯定了体育产业为国民经济增长所带来的巨大潜力。随着系列促进体育产业发展政策的颁布实施，体育产业将迎来发展的高峰，设立体育产业发展专项资金是促进我国体育产业健康发展的重要手段和方法。政府和企业要积极发挥市场作用，遵循产业发展规律，完善市场机制，积极培育多元市场主体，吸引社会资本参与，充分调动全社会的积极性与创造力，提供满足群众需求的多样化的产品和服务①。体育产业发展专项资金的设立，一方面引导体育产业健康、科学、有序发展，另一方面吸引更多社会资本的投入，有效激发市场活力，加速体育产业的发展，发挥政策的导向作用，促进体育产业健康发展。

（二）我国体育产业发展专项资金设立背景

随着一系列国家体育产业政策的相继出台，全国掀起了体育产业发展的新一轮高潮，大量社会资金开始涌入这个朝阳产业，但引导社会资金的投向成为促进体育产业结构优化升级的关键。2010 年国务院办公厅出台《关于加快发展体育产业的指导意见》（国办发〔2010〕22 号），文件指出"拓宽体育产业发展资金来源渠道，政府可以通过安排补助资金等方式促进体育产业发展"②。体育产业发展专项资金作为政府调控体育产业发展的重要财政手段，对提高财政资金的使用效率起重要作用③。随后，2014 年国务院出台的《关于加快发展体育产业促进体育消费的若干意见》（国发〔2014〕46号）④，表明体育产业作为国民经济新增长点的雏形开始显现⑤。北京市充分抓住 2008 年北京奥运会举办的契机，于 2007 年开始设立体育产业引导资金，每年设置 5 亿元资助金额，成为我国首个设立体育产业引导资金的地区。江苏省和山东省于 2011 年和 2012 年相继设立体育产业引导资金，该举

① 易剑东等：《中国体育产业政策研究（总览与观点）》，社会科学文献出版社，2016。
② 国务院印发《国务院办公厅关于加快发展体育产业的指导意见》（国办发〔2010〕22 号），2010 年 3 月 24 日。
③ 刘远祥、孙冰川：《政府体育产业发展引导资金运行现状分析》，《南京体育学院学报》（社会科学版）2017 年第 6 期。
④ 国务院：《国务院关于加快发展体育产业促进体育消费的若干意》（国发〔2014〕46 号），2014 年 10 月 20 日。
⑤ 王雪莉、付群、郑成雯：《2010～2019 年中国体育消费政策落实：问题与对策》，《体育科学》2019 年第 10 期。

措对两省体育产业的发展起到了巨大的推动作用。2015 年天津市人民政府出台《天津市人民政府关于加快发展体育产业促进体育消费的实施意见》（津政发〔2015〕18 号）①，并设立 5000 万元市级体育产业发展引导资金，建立体育产业项目储备库，以项目补助、贴息等方式对符合条件的体育产业项目予以扶持。

北京市和湖北省于 2015 年和 2017 年分别出台《北京市人民政府关于加快发展体育产业促进体育消费的实施意见》（京政发〔2015〕36 号）②、《湖北省体育产业发展引导资金管理办法》（鄂财教规〔2017〕10 号）③，规范了地方体育产业引导资金的使用。广西南宁市财政局与市体育局于 2018 年 4 月联合审议通过了《南宁市体育产业发展引导资金使用管理暂行办法》④，并携手推进实施。从 2018 年起，南宁市每年都设立 500 万元的市体育产业发展引导资金。我国各省市体育产业引导资金的相继设立在一定程度上促进了我国体育产业的发展。

（三）江苏省体育产业发展专项资金设立背景

江苏省政府抢抓体育产业发展机遇，在全国率先以政府名义出台《关于加快发展体育产业的实施意见》（省政发〔2010〕110 号），表明将于 2011 年起，设立省级体育产业引导资金，以资助、贴息、奖励等方式扶持体育企业、体育赛事等，正式拉开了以政府财政资金资助省体育产业发展的大幕。为了更有效地引领体育产业的发展，省财政厅与省体育局共同印发了《江苏省体育产业引导资金使用管理暂行办法》（苏财规〔2010〕42 号），

---

① 天津市体育局印发《市财政局、市体育局、市发展和改革委员会、市审计局关于印发天津市体育产业发展引导资金管理办法的通知》（津财教〔2015〕60 号），2015 年 12 月 3 日。
② 北京市体育局印发《北京市人民政府关于加快发展体育产业促进体育消费的实施意见》（京政发〔2015〕36 号），2015 年 7 月 14 日。
③ 湖北省体育局印发《湖北省财政厅　湖北省体育局关于印发〈湖北省体育产业发展引导资金管理办法〉的通知》（鄂财教规〔2017〕10 号），2017 年 7 月 20 日。
④ 南宁市体育局印发《关于印发南宁市体育产业发展引导资金使用管理暂行办法的通知》（南体规〔2018〕5 号），2018 年 4 月 25 日。

正式确立了江苏省体育产业引导资金的发展思路和方向。江苏省委和省政府高度重视体育产业发展，将体育产业作为推动经济转型升级、保障和改善民生、增强综合竞争力、推动体育事业快速发展的动力。省政府为贯彻落实国务院文件的精神，率先出台《省政府关于加快发展体育产业促进体育消费的实施意见》（苏政发〔2015〕66 号），明确体育产业享受国家和省扶持服务业发展的各项政策，陆续设立江苏省体育场馆免费低收费开放补助资金、省健身俱乐部专项扶持资金、体育消费券发放等资金扶持政策，有效推动了全民健身和体育产业发展。扶持和推进体育产业发展，不仅是江苏省体育发展的自身要求，更是省"六个高质量发展"的内在要求和全面启动新时期体育强省建设的切实要求。在国家和省政府高度重视体育产业发展的背景下，江苏省体育产业进入了十年快速发展之路。江苏加快发展体育产业的扶持政策不仅仅设立引导资金，而且系统谋划、整体推进，强化政府部门在体育产业政策、标准、规划引领及优化服务等方面的职能。近几年，江苏省政府不断顺应国家和本地区加快发展体育产业的新形势和新要求，在理论研究、政策制定、工作实施、指导服务等方面加大力度，推动形成相对完善的体育产业政策体系和工作流程。

二 江苏省体育产业发展专项资金运行管理

（一）体育产业发展专项资金运行管理概况

江苏省体育产业发展专项资金作为省体育产业发展的推动力量，来源于政府的财政资金投入。随着国家对体育产业的高度重视和江苏省经济发展水平的不断提高，政府财政在体育产业发展专项资金的投入逐年增加。现阶段体育产业发展专项资金管理工作已基本形成了立项评审管理、实施过程管理以及绩效管理的三层次管理模式，严格确定了发展专项资金管理的工作流程，大大提高了发展专项资金管理工作的规范性。下一阶段体育产业发展专项资金运行管理的重点是如何提高省体育产业发展专项资金的利用效率，充分吸引社会资本多元化投入，增大财政资金的杠杆效应。

1. 产业发展专项资金的管理机构

江苏省政府为了加强体育产业发展专项资金的监督管理，资金设立初期，专门成立了发展专项资金管理协调小组，小组成员来自省政府办公厅、省财政厅、省体育局，发展专项资金管理协调小组由省政府分管领导任组长。发展专项资金的使用和管理工作由省财政厅会同省体育局负责①。协调小组设立管理办公室，省体育局分管领导任办公室主任，省政府办公厅、省财政厅、省体育局相关职能处室和单位负责同志为组员。省市县所属财政、体育部门在省政府协调小组的统一领导下，协同做好项目立项和资金使用的管理工作。

表 1　江苏省体育产业发展专项资金管理机构职责情况一览

管理机构	管理职责
省级财政部门	（1）会同省体育局共同制定专项资金管理办法及相关实施细则,研究专项资金扶持政策；
	（2）负责专项资金年度预算编制和省级预算执行；
	（3）参与制定年度项目申报通知,发布申报公告；
	（4）参与申报项目的形式审查、专家评审、实地考察,参与确定拟资助项目及经费安排意见；
	（5）会同省体育局做好年度扶持项目对外公示、经费下达；
	（6）负责公开专项资金目录,参与专项资金执行情况监督检查；
	（7）会同省体育局组织开展专项资金的绩效评价；
	（8）法律、法规、规章等规定的其他职责。
省级体育部门	（1）研究提出专项资金年度支持重点,编制年度工作计划等；
	（2）参与制定专项资金管理办法及相关实施细则,研究专项资金扶持政策；
	（3）会同省财政厅制定年度项目申报通知,发布申报公告,制定项目评审方案、评审标准和工作规范；
	（4）组织项目申报,指导市县项目申报和初审；
	（5）会同省财政厅组织形式审查、专家评审、实地考察,提出拟资助项目及经费安排建议；
	（6）会同省财政厅对当年拟扶持项目对外公示、经费下达等；

---

① 江苏省体育局印发《关于印发〈江苏省体育产业发展专项资金使用管理办法〉的通知》. http：//jssty.j. jiangsu. gov. cn/art/2016/11/16/art_ 40305 _ 3096339. html. 最后检索时间：2020 年 9 月 26 日。

续表

管理机构	管理职责
省级体育部门	(7)督促并指导市县体育部门做好项目执行监管,组织开展监督检查,对省直项目进行监管;
	(8)设立专项资金绩效目标,开展项目绩效自评价,向省财政厅提交绩效评价报告;
	(9)法律、法规、规章等规定的其他职责。
市、县财政部门	(1)根据年度项目申报通知和相关规定,配合当地体育部门做好专项资金的申报工作,主要审核项目申报单位的申报资格;
	(2)监督管理补助资金的预算执行,按《预算法》、国库支付、政府采购相关要求及时拨付资金;负责收回未按规定使用或闲置沉淀的专项资金;
	(3)配合体育部门做好项目执行监管、跟踪反馈和绩效考评等工作;
	(4)法律、法规、规章制度规定的其他职责。
市、县体育部门	(1)根据年度项目申报通知和相关规定,会同当地财政部门做好专项资金的申报工作,负责审核申报单位的申报资格、申报项目的可行性和申报材料的完整性,申报项目与体育产业发展的关联度等;
	(2)会同财政部门做好扶持项目的执行监管、跟踪反馈和绩效考评等工作,按要求向上级体育部门汇报项目进展和资金拨付使用情况;
	(3)法律、法规、规章制度规定的其他职责。
专项资金工作组	负责专项资金项目立项评审、过程管理、绩效管理等相关计划方案起草和工作实施。

资料来源:《江苏省体育产业发展专项资金使用管理办法》(苏财规〔2016〕6号)。

目前,江苏省体育产业发展专项资金的管理工作分工较为明确。如表1所示,江苏省财政厅在体育产业发展专项资金的管理工作方面主要负责会同省体育部门进行专项资金宏观管理方法的制定和申报项目的审查工作、专项资金年度预算编制和执行工作以及专项资金的下发、项目公示工作。江苏省体育局主要负责专项资金指导性文件的制定工作、发展专项资金绩效指标的设立工作以及下属市县财政部门和体育部门发展专项资金落实情况的监督工作。各市、县财政局会同体育局根据年度项目申报通知的相关规定,配合当地的体育部门做好项目申报的审核工作、项目实施的跟踪管理工作以及绩效考评工作。

2.产业发展专项资金的实施范围

根据省体育产业发展的总体规划和有关政策,省政府设立江苏省体

育产业发展专项资金来引领江苏省体育产业的发展。它不仅可以引导社
会资本进入体育产业领域，而且可以促进体育产业新兴业态的形成和
发展。

表2　江苏省体育产业引导资金重点支持方向

年份	扶持类别
2011 2012	体育健身休闲和场馆服务类、国内外知名的体育赛事类、体育装备制造类、体育产业基地类、其他类
2013	体育场馆服务与健身休闲类、体育赛事活动类、体育装备类、体育产业基地类、其他类
2014	体育场馆运营管理类、体育健身健康服务与培训类、体育赛事活动类、体育装备类、体育产业基地类、体育资源社会化运作类、其他类
2015	体育场馆运营管理类、体育健身健康服务与培训类、体育赛事活动类、体育装备类、体育资源社会化运作类、体育产业基地类、其他类
2016	体育场馆运营类、体育健身健康服务类、体育培训类、体育赛事活动类、体育装备类、体育资源社会化运作类、体育产业基地类、其他类
2017	体育健身休闲服务类、体育场馆运营管理类、体育培训类、体育赛事活动类、体育装备类、体育资源社会化运作类、其他类
2018	体育健身休闲服务类、体育场馆运营管理类、体育培训类、体育赛事活动类、体育装备类、体育产业基地类、体育资源社会化运作类、其他类
2019	体育健身休闲服务类、体育场馆运营管理类、体育培训类、体育赛事活动类、体育装备类、体育旅游类、其他类

资料来源：2011~2019年江苏省体育产业发展专项资金申报公告。

　　如表2所示，自2011年设立省体育产业引导资金以来，专项资金重点
扶持项目类别随着体育产业的不断发展而逐渐增加，分为三个阶段。第一阶
段，为了扩大体育产业的社会影响力，设立初期专项资金向体育健身休闲和
场馆服务类、国内外知名体育赛事类、体育装备制造类、体育产业基地类等
项目类别倾斜，支持省内传统品牌赛事的培育，积极引进国外知名赛事。第
二阶段，省政府加大了对体育资源的集团化运作、体育企业包装上市、体育
政策平台建设等项目的支持力度，以推动省内各区域体育产业之间的合作发
展。2014年在职业体育以及群众体育发展需求下，省政府通过增加2000万

元的资金投入，优化升级专项资金的重点扶持方向，增加了体育健康服务和培训、体育资源社会化运作、体育旅游、体育创意等新兴体育业态。第三阶段，省政府逐步加大对体育电商、信息服务、展会活动等公共体育服务平台建设的资金投入，以此保持公共体育服务平台的稳步发展。近年来，受跨界融合概念影响，体育产业渐渐与旅游产业、互联网产业等其他产业相融合。2019 年体育产业发展专项资金在 2018 年基础上，加大了对体育旅游类项目的扶持金额。

表3 江苏省体育产业发展专项资金重点扶持项目

类别	重点项目
体育场馆运营管理	大型体育场馆功能整合提升；体育服务综合体建设运营；智慧体育场馆建设；大型体育场馆以及开展体育健身服务的全民健身中心的综合开发利用等
健身休闲服务	山地户外、水上、冰雪、航空运动、汽车摩托车运动、击剑、电子竞技等时尚体育项目；以运动康复、健康管理、健康促进等为主要内容的体育健康服务项目；以体育健身、技能训练等为主要内容的健身休闲服务项目等
体育赛事活动	支持社会力量举办(承办)有重大影响力的赛事，特别是参与人数多、产业属性强、社会关注度高的大型商业赛事(政府主办并以财政资金为主要经费来源的赛事原则上不纳入专项资金支持范围)；具有自主知识产权且处于初始培育期的品牌赛事；体育传统品牌赛事；历史文化悠久的传统(特色)群体赛事等
体育装备	支持体育科技创新、智能产品开发、体育装备制造向体育服务业转型、企业上市等对体育装备制造业高质量发展有强力助推作用的项目等
体育培训	基于体教融合开展的青少年体育培训；体育培训品牌打造；体育后备人才社会化市场化培养；线上体育培训等体育培训模式创新和产品创新
体育旅游	支持打造体育旅游品牌、提升体育旅游竞争力、扩大江苏省体育旅游影响力和知名度的项目等
其他	支撑国家体育产业基地发展和体育健康特色小镇建设的重大项目；省级综合类与特色类体育产业基地培育；提升体育产业基地发展质量的公共服务平台建设；特色体育产业园区建设等。体育产业类论坛展会活动；职业体育人才和体育产业创新人才引进；高水平运动队办队模式创新；体育社会组织实体化运作；智慧体育、体育文化创意等领域的项目

资料来源：《2019 年度江苏省体育产业发展专项资金申报公告》。

如表3 所示，随着体育旅游、体育创意、体育康复等体育产业新兴业态的陆续出现，江苏省体育产业内容不断壮大和充实，扶持类别逐渐稳定在体育场馆运营管理、健身休闲服务、体育赛事活动、体育装备、体育培训和体育旅游等类别。

（二）江苏省体育产业发展专项资金运行过程管理

1. 立项评审管理

江苏省体育产业发展专项资金立项评审管理主要包括年度工作思路确定、企业申报、市县初审、省级评审等环节。各个立项评审工作均要求设计既定的时间点和严格的工作流程，以确保发展专项资金评审工作的有序进行。

第一阶段，年度工作思路确定阶段。江苏省体育产业指导中心在前一年度 10 月左右通过开展工作调研、行业分析和社会经济发展现状研究，结合发展专项资金的年度工作要求，制定下一年度专项资金的支持重点、扶持方式、资助额度、资助限制等，形成年度工作思路初稿。协调小组以会议协商的方式对制定的年度工作思路初稿进行研究，会议结果报送上级领导审核修改后形成年度工作思路。

第二阶段，企业申报和市县初审阶段。各地区的体育产业发展专项资金项目按限数进行申报。每个地区申报项目的数量受该地区体育产业发展、财政体育经费投入、体育产业从业人员、国内外知名体育赛事举办等情况影响。各申报单位根据《江苏省体育产业发展专项资金使用管理办法》和年度项目申报通知要求填写《江苏省体育产业发展专项资金申报表》，并在确定申报资料真实性的前提下将资料提交给县（市、区）一级体育部门和财政部门备案。各县（市、区）一级体育部门和财政部门仅重点审查申报单位是否符合项目单位主体资格和申报项目要求的基本条件，并不对申报项目的取舍进行评判。另外，专项资金管理协调小组为避免各市在项目申报过程中从本位出发，确定了"市级有建议权，省级有否决权"的两权评审流程，以确保申报项目的质量。为了使得更多的优质体育产业项目有机会参与申报，专项资金管理协调小组还赋予省辖市推荐权，鼓励县级体育部门和财政部门推荐当地的优质体育产业项目，要求各市不得限定各县（市、区）上

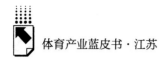

报项目的数量①。

第三阶段，省级评审阶段。本阶段采用专家评审与实地考察相结合的机制。在省级评审前期，为保证评选工作的公平性、规范性，专项资金项目立项由专家进行评审予以确定。专项资金立项评审工作的专家随机选取于专家库，专家库由国家体育总局和省体育系统、省级政府相关部门、高等院校、有关专业机构等四类单位相关专业人员组成，充分确保了立项评审工作的专业性。立项评审专家根据申报单位主体资格、项目可行性、项目内涵、项目创新性等项目评审标准，对所有项目按项目类别属性进行分类评审，并且对项目进行打分排序并确定实地考察名单。在专家评审结束后，协调小组根据评审确定的实地考察名单组织专家对申报单位项目投入规模、单位收入增幅、项目回报期等因素进行实地考察。考察通过的项目在形成资助方案后报协调小组讨论并采用媒体等方式进行公示，无异议的项目由省体育局与受资助单位签订资助协议，省财政厅下拨经费。

2. 实施过程管理

企业或个人作为市场经济活动中追逐经济效益的主体，企业战略决策受管理者主观思维影响，往往存在专项资金使用不当等问题。为了能够清楚了解专项资金扶持项目的资金使用情况和项目实施效果，专项资金协调小组建立了项目定期报告与项目跟踪相结合的管理制度。

第一，体育产业发展专项资金扶持项目定期报告制度。专项资金协调小组要求发展专项资金扶持项目单位在每年年底前，向其所在地辖市体育主管部门提交项目资金使用情况以及项目进展情况报告书，各省辖市将项目具体情况进行核实汇总之后上报省财政厅、省体育局，由省财政厅会同省体育局根据项目的具体情况建立项目名录库，对扶持项目的项目名称、项目内涵、项目投资额、项目体量、运营模式、创新元素，以及项目单位基本情况等进行录入备案。

第二，体育产业发展专项资金的跟踪管理制度。市县协管、省级监

---

① 张林:《长三角地区体育产业发展报告（2014~2015）》，社会科学文献出版社，2015。

管、行业指导的三级协同管理模式对专项资金进行有效的跟踪，对于项目在实施过程中的普遍情况，市县体育部门协助省体育局、省财政厅定期不定期地对扶持项目进行现场检查，了解项目执行、资金使用、财务管理和项目实施效果等情况，并根据资助项目单位提供的报告书以及检查结果对实施项目提出改进建议、政策和行业指导，推动扶持项目的优化和提升。在实行过程中，出现因特殊原因需要变更的项目、因故撤销和停建的项目等，项目单位需及时上报，经省财政厅、省体育局同意后方可变更。

3. 项目绩效管理

体育产业发展专项资金是政府通过财政预算设立的，以吸引社会资本促进体育产业发展为目的的专项性资金，其绩效一直受到社会大众的广泛关注。为了确保体育产业发展专项资金的规范性和有效性，专项资金管理协调小组制定了严格的绩效管理工作流程。首先由省体育局下发开展专项资金资助项目绩效考评工作通知；接着市县体育部门协助省体育局开展绩效考评组织工作；然后已完工项目单位根据自身实际情况填写绩效考评自评表并将项目总结报告提交至所在地辖市体育主管部门；最后省财政厅会同省体育局组织专家根据资金到位率、项目立项规范性、制度健全性、制度执行有效性等影响因素设立体育产业发展专项资金的绩效评估指标，建立专项资金绩效考评制度，通过组织专家或委托中介机构的方式对体育产业发展专项资金扶持项目的立项目标完成程度、立项目标的合理性、项目验收的有效性、项目组织管理水平、项目资金落实情况、项目资金实际支出情况、单位财务管理状况、单位财务信息质量等相关因素进行绩效考评，并将绩效考评结果报送给省财政厅[1]。对经绩效评价检查发现存在问题的项目，协调小组将给予专项资金收回和申报单位 3 年禁止申报的处理。

---

[1] 江苏省财政厅印发《江苏省科学技术厅江苏省财政厅关于印发〈江苏省科技成果转化专项资金项目管理办法（试行）〉的通知》（苏科技规〔2018〕353 号）。

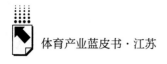

三 江苏省体育产业发展专项资金发展现状

（一）体育产业发展专项资金投入的规模

1. 扶持项目数量

体育产业发展专项资金于 2011 年设立，当年扶持 89 个项目，到 2014 年项目扶持数量增加了 61.8%，达到历年最高值，共 144 项。2015 年后扶持项目逐年减少，此后项目数量保持在约 110 项，具体见表 4。从总体发展趋势上分析，每年用于资助各类体育行业的项目总数和项目总金额在 2011 年至 2014 年呈递增状态，在 2014 年之后出现了缓慢下降的趋势，出现这种变化是由于 2014 年《国务院关于加快发展体育产业促进体育消费的若干意见》的颁布，文件的颁布导致大量社会资本涌入体育行业，弱化了体育行业对引导资金的需求，所以专项资金对体育产业的投入发生了从广泛布局到精准化扶持的转变，由此可以看出专项资金扶持的项目资助经历了由面及点的精准发展。

2. 扶持项目金额

体育产业发展专项资金来源于政府财政预算和体育彩票公益基金，九年共投入 7.966 亿元。从 2011 年的 0.601 亿元增加到 2014 年的 1 亿元，之后投入金额一直保持在 1 亿元左右的规模，政府财政在体育产业发展专项资金投入方面的总金额呈现上升趋势并趋于稳定。

表 4 2011~2019 年江苏省体育产业引导资金总体情况统计数据一览

项目	2011 年	2012 年	2013 年	2014 年	2015 年	2016 年	2017 年	2018 年	2019 年	合计
项目总数量（项）	89	97	123	144	116	114	115	110	101	1009
资助总金额（万元）	6010	5990	8000	10000	9900	9820	10000	10000	9940	79660

资料来源：江苏省体育产业指导中心。

3. 投入资金方式

江苏省体育产业发展专项资金投入方式包括资助、贷款贴息和奖励类三种。在体育产业发展专项资金设立的最初两年，扶持的项目都是资助类项目，从 2013 年开始设立奖励类的资金扶持方式，使原有的省体育产业资金扶持方式更加多元化①。2011～2019 年，资助类项目 779 项，占比77.21%，在 2014 年资助类项目达到最高值，共 115 项；贷款贴息类项目22 项，占比 2.18%；奖励类项目 208 项，占比 20.6%（见图 1）。体育产业发展专项资金以资助方式投入体育产业的数量与金额都远比奖励类和贴息类高，已形成以资助类为主、奖励类和贴息类为辅的两级化格局，9 年来资助类项目数量和金额的占比在逐渐降低，奖励类项目数量在不断提升，2019 年第一次出现奖励类项目数量超过资助类，成为体育产业发展专项资金扶持的主要方式。

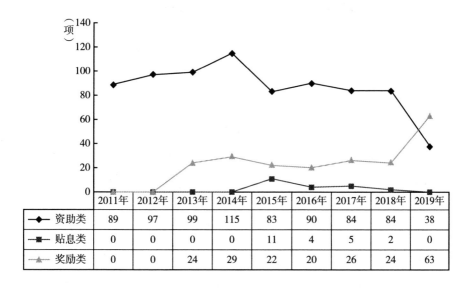

	2011年	2012年	2013年	2014年	2015年	2016年	2017年	2018年	2019年
资助类	89	97	99	115	83	90	84	84	38
贴息类	0	0	0	0	11	4	5	2	0
奖励类	0	0	24	29	22	20	26	24	63

图 1　2011～2019 年不同支持方式受助数量统计

---

① 刘广飞：《江苏十二五时期体育产业引导资金投向特点的实证研究》，《体育科学》2016 年第 9 期。

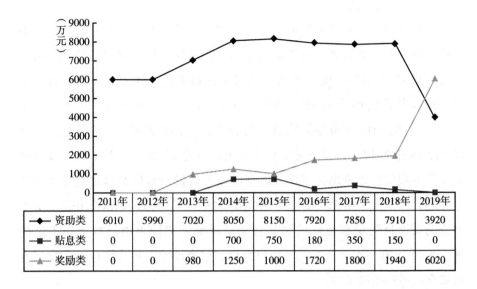

	2011年	2012年	2013年	2014年	2015年	2016年	2017年	2018年	2019年
资助类	6010	5990	7020	8050	8150	7920	7850	7910	3920
贴息类	0	0	0	700	750	180	350	150	0
奖励类	0	0	980	1250	1000	1720	1800	1940	6020

图2　2011～2019年不同支持方式受助金额统计

对三种体育产业发展专项资金扶持方式的受助金额比较分析得出
（见图2），资助类的受助金额远比奖励类和贴息类高，虽然近年来资助
类金额有所降低，9年来资助类项目受助总金额为6.282亿元，占比
78.9%，仍为主要扶持方式。奖励类的金额占比稳步上升，在2019年
奖励类总金额大幅提升，超过资助类总金额，成为今后专项资金扶持的
主导方式。

（二）体育产业发展专项资金投入类别

体育产业中的行业分类十分复杂，且随着时代的发展不断变化，根据江
苏省体育产业发展专项资金申报要求，省体育产业指导中心将申报项目分为
健身休闲服务、体育场馆运营、体育培训、体育赛事活动、体育装备、体育
产业基地、体育旅游、职业体育等类别。体育产业发展专项资金各行业投向
数据如表5所示。

表5 2011～2015年江苏省体育产业引导资金投向数据一览

单位：项，万元

资助类型	2011年		2012年		2013年		2014年		2015年	
	数量	金额	数量	金额	数量	金额	数量	金额	数量	金额
体育场馆运营	21	1160	24	1360	48	2630	10	800	10	1200
健身休闲服务							41	2120	35	2050
体育赛事活动	19	1310	16	1320	21	1630	17	1400	15	1450
体育装备	19	1440	28	1870	23	1550	28	1800	18	1600
体育培训	0	0	0	0	7	440	10	500	7	550
体育产业基地	13	1060	3	160	3	240	3	200	0	0
体育旅游	0	0	10	440	13	580	18	1000	12	900
职业体育	0	0	0	0	0	0	7	1430	8	1350
其他类	17	1040	16	840	8	930	10	750	11	800
合计	89	6010	97	5990	123	8000	144	10000	116	9900

资助类型	2016年		2017年		2018年		2019年		总计	
	数量	金额	数量	金额	数量	金额	数量	金额	总数量	总金额
体育场馆运营	8	1000	4	350	6	580	2	150	40	4080
健身休闲服务	22	1240	26	1300	34	2380	26	1890	277	16130
体育赛事活动	21	2050	22	2800	23	2170	20	2480	174	16610
体育装备	19	1650	27	2400	22	2130	20	1510	204	15950
体育培训	10	550	6	300	6	460	8	680	54	3480
体育产业基地	0	0	0	0	0	0	0	0	22	1660
体育旅游	16	880	13	650	8	850	11	650	101	5950
职业体育	8	1900	7	1600	6	1150	8	2150	44	9580
其他类	10	550	10	600	5	280	6	430	93	6220
合计	114	9820	115	10000	110	10000	101	9940	1009	79660

资料来源：江苏省体育产业指导中心。

1. 体育场馆运营与健身休闲服务类

体育场馆运营与健身休闲服务类是体育产业的核心门类，2011～2013年获得扶持的项目数量为93项，3年获资助金额为0.515亿元，从2014年起健身休闲服务业与场馆经营类分开统计，具体数据见图3和图4。在相关政策的影响下，体育场馆运营类与健身休闲服务类发展迅速，大量相关企业涌现，获助的项目数量和资助金额稳步上升，在利用闲置土地、厂房改造体育场馆的政策助力下，"十二五"时期江苏省人均体育场地面积已达2.01平方米，远超全国平均水平。随着人均场地面积的增加，体育场馆从2013年起发展势头迅猛，而从2016年起健身服务类获助的项目数量和金额显著增加（见图5），涌现出了一批对传统运营方式不断革新的新兴健身休闲服务类企业，取得了良好的效益。

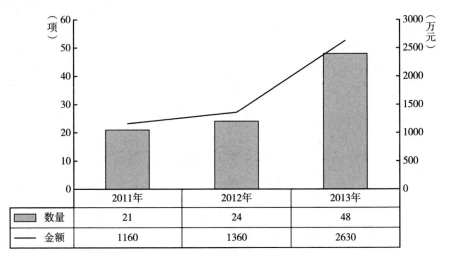

	2011年	2012年	2013年
数量	21	24	48
金额	1160	1360	2630

图3 2011~2013年体育场馆运营与健身休闲服务类获助数据统计

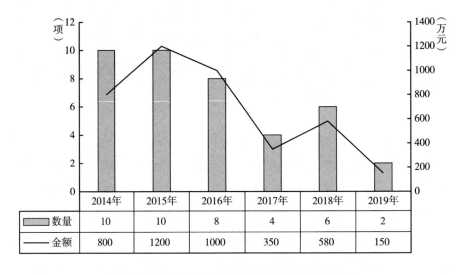

	2014年	2015年	2016年	2017年	2018年	2019年
数量	10	10	8	4	6	2
金额	800	1200	1000	350	580	150

图4 2014~2019年体育场馆经营类获助数据统计

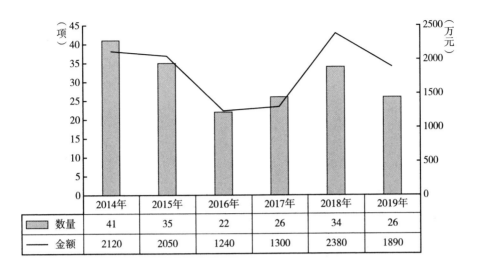

图5 2014～2019年健身休闲服务类获助数据统计

2. 体育赛事活动类

江苏省举办的体育赛事数量和规模，一直排在全国前列，如南京青奥会、南京亚青会、环太湖国际公路自行车赛等赛事获得国内外广泛赞誉，这源于省、市、县各级政府对体育赛事的大力支持。从2011至2019年体育赛事活动类获得资助的项目数据统计中我们可以看出，除了2014年和2015年有所下降外，整体来说体育产业发展专项资金对赛事活动类的支持数量和金额呈现上升趋势（见图6），2018年总金额达到2170万元。从资助项目数量上分析，2011～2019年体育赛事活动类受资助项目数量为174项，占比17.24%，排在第三名；从资助项目金额上分析，获资助1.661亿元，占比20.85%，排在第一名，表明项目平均受助金额较大，可以看出省政府用大量的资金着力打造江苏地区品牌赛事。

3. 体育装备类

体育装备是指竞技体育比赛和健身锻炼所使用的各种器械、装备及用品的总称。作为体育产业的核心产业，2011～2019年该行业受资助项目数量204项，占扶持项目数量的20.22%，排在所有行业类别的第二名。9年来

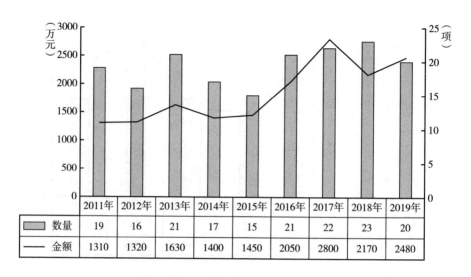

	2011年	2012年	2013年	2014年	2015年	2016年	2017年	2018年	2019年
数量	19	16	21	17	15	21	22	23	20
金额	1310	1320	1630	1400	1450	2050	2800	2170	2480

图6　2011～2019年体育赛事活动类获助数据统计

体育装备类项目资助金额1.595亿元，占总金额的20.02%，排在所有行业类别的第三名。如图7所示，2015年和2016年项目数量锐减，而资助金额变动不大，导致项目平均获助金额大大提升，之后两年平均获助金额一直保持稳定，到2019年，资助的金额大幅减少，项目平均获助金额锐减，但体

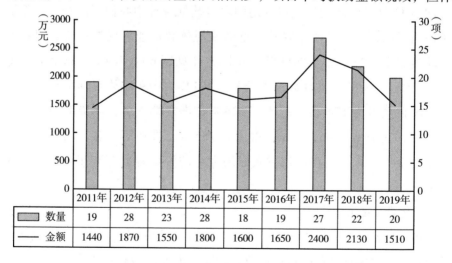

	2011年	2012年	2013年	2014年	2015年	2016年	2017年	2018年	2019年
数量	19	28	23	28	18	19	27	22	20
金额	1440	1870	1550	1800	1600	1650	2400	2130	1510

图7　2011～2019年体育装备类获助数据统计

x

育装备类仍然在各个类别中排名靠前，整体发展情况较好，专项资金对体育装备的引导功能在减弱，国家一直大力发展实体经济，体育装备企业获得了大量社会资本的投入。

4. 体育培训类

体育培训类是体育产业中的重要部分，2011～2019 年该行业项目数量 54 项，占比 5.35%，排在所有行业类别的第六名，资助总额 0.348 亿元，占比 4.37%，具体数据见图 8。体育培训类是 2013 年开始新增加资助的行业类别，由于体育培训行业市场运作较好，盈利能力强且具有巨大的发展潜力，因此初期受扶持的项目数量和金额都较少。从 2017 年开始，为了进一步激发市场活力，政府开始打造体育培训精品项目，因此加大了对体育培训类的扶持力度。

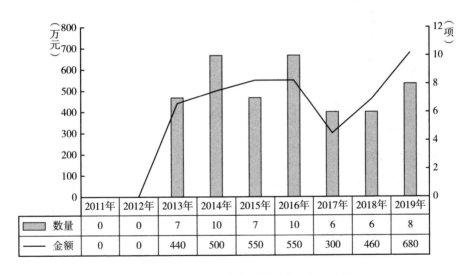

	2011年	2012年	2013年	2014年	2015年	2016年	2017年	2018年	2019年
数量	0	0	7	10	7	10	6	6	8
金额	0	0	440	500	550	550	300	460	680

图 8　2011～2019 年体育培训类获助数据统计

5. 体育产业基地类

产业基地是省体育局为了加快培育一批体育产业基地，充分发挥产业基地的集聚效应、规模效应和示范作用，2011～2014 年扶持该类别 22 项，资助金额 0.166 亿元，受资助项目具体见图 9。由于体育产业不断向纵深发展，一些行业门类存在交叉，所以 2014 年以后，产业基地类项目被划分为体育旅游类进行统计。2011 年体育产业基地受资助数量为历年最多，有 13 个项目，共获得 1060 万元的投入。由于仅有四年的资助，总体来说，体育产业基地类受资助数量和金额最少。2012～2014 年每年只有 3 个产业基地类项目获得了资助。

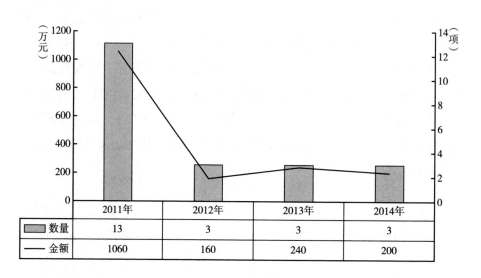

	2011年	2012年	2013年	2014年
数量	13	3	3	3
金额	1060	160	240	200

图 9　2011～2014 年产业基地类获助数据统计

6. 体育旅游类

体育旅游是体育产业和旅游产业深度融合的新兴产业形态，近年来越来越受到市场的青睐。2012 年江苏省体育产业发展专项资金增加体育旅游类别，2011～2019 年该行业受资助项目数量 101 项，排名第四，资助金额 0.595 亿元，排名第六，具体见图 10。但是项目平均受助金额有所提高，可见，专项资金更加精准地扶持体育旅游业优质项目。

7. 职业体育类

职业体育作为体育产业的一个特殊行业类别，从 2014 年开始，职业体育作为单独类别进行数据统计。2014～2019 年受资助项目数量为 44 项，资助金额为 0.958 亿元，资助了江苏苏宁足球俱乐部有限公司、南京同曦篮球俱乐部股份有限公司等一批职业俱乐部。虽然资助的项目数量并不多，但项

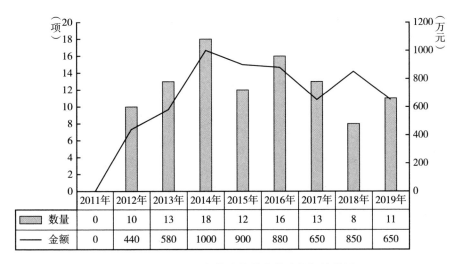

图 10　2011～2019 年体育旅游类获助数据统计图

目的平均投入在 160 万元左右，数额位于各类别首位；持续投入职业体育类项目，对于那些在各类赛事中获得了较好名次的职业俱乐部都给予了较高金额的奖励，如江苏苏宁足球俱乐部因 2015 年获得中国足协杯冠军而得到专项资金 500 万元的奖励。

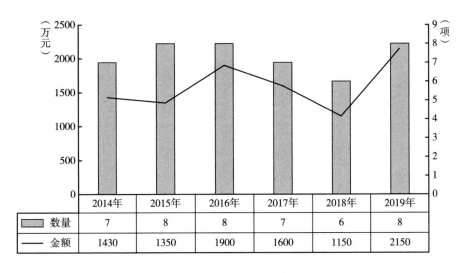

图 11　2014～2019 年职业体育类项目获助数据统计

8. 其他类

体育产业发展专项资金扶持的其他类不仅包括体育电商、展会活动、信息服务等公共体育服务平台建设，还包括体育教育项目、体育博物馆建设运营项目、康复医院建设运营项目等。2011～2019 年其他类受资助项目数量为 93 项，排在第五，占地 9.22%，资助金额 0.622 亿元，排在第五，占地 7.81%。随着体育产业发展专项资金的管理逐步成熟，资助资金的类别更加科学合理，其他类获助项目的数量和金额明显下降。如今省体育产业发展专项资金其他类别集中在体育公共服务平台建设上，如互联网＋智慧型市镇体育大数据公共服务平台、江苏国际运动康复大会、铁人智慧运动平台、IAAF 中国区首家认可实验室服务平台等公共体育服务平台。

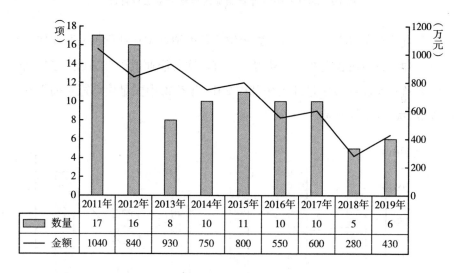

	2011年	2012年	2013年	2014年	2015年	2016年	2017年	2018年	2019年
数量	17	16	8	10	11	10	10	5	6
金额	1040	840	930	750	800	550	600	280	430

图 12　2011～2019 年其他类获助数据统计

（三）体育产业发展专项资金投入的区域

江苏省共有十三个地级市，按照行政区位和民俗习惯通常划分为苏南、苏中、苏北三个地区，苏南地区包括苏州、无锡、常州、镇江和南京五个市，苏中地区包括南通、泰州和扬州三个市，苏北地区包括盐城、淮安、宿迁、徐州和连云港五个市。2011～2019年，苏南地区636个项目获得省体育产业发展专项资金，占总资助项目数量的比重为63.03%，获得5.3995亿元的资助，占总资助资金比重为67.78%；苏中地区获得156项资助，占比15.46%，获得1.0725亿元的资助，占比13.46%；苏北地区获得217项资助，占比21.51%，获得1.494亿元的资助，占比18.75%。由以上数据分析可知，苏南地区获助数量和金额高于苏中和苏北地区总和。苏南地区是江苏省的经济、政治和文化中心，体育产业的整体发展水平处于领先，成为专项资金扶持的重点区域。研究江苏省体育产业专项资金投向不同区域的状况，有助于了解政府对不同区域的体育产业扶持重心。课题组对2011年至2019年三个地区获得专项资金的数据进行了细分研究，具体数据见表6。

表6　苏南、苏中、苏北体育产业发展专项资金投向情况

单位：万元

年份	项目	苏南	苏中	苏北	合计
2011	项目数量(项)	62	14	13	89
	资助金额(万元)	4120	950	940	6010
	数量占比(%)	69.66	15.73	14.61	100.00
	金额占比(%)	68.55	15.81	15.64	100.00
2012	项目数量(项)	66	15	16	97
	资助金额(万元)	3970	890	1130	5990
	数量占比(%)	68.04	15.46	16.49	100.00
	金额占比(%)	66.28	14.86	18.86	100.00
2013	项目数量(项)	79	17	27	123
	资助金额(万元)	5270	1100	1630	8000
	数量占比(%)	64.23	13.82	21.95	100.00
	金额占比(%)	65.88	13.75	20.38	100.00
2014	项目数量(项)	86	24	34	144
	资助金额(万元)	6965	1305	1730	10000
	数量占比(%)	59.72	16.67	23.61	100.00
	金额占比(%)	69.65	13.05	17.30	100.00

续表

年份		苏南	苏中	苏北	合计
2015	项目数量	78	17	21	116
	资助金额	7190	1060	1650	9900
	数量占比(%)	67.24	14.66	18.10	100.00
	金额占比(%)	72.63	10.71	16.67	100.00
2016	项目数量	74	16	24	114
	资助金额	6740	1190	1890	9820
	数量占比(%)	64.91	14.04	21.05	100.00
	金额占比(%)	68.64	12.12	19.25	100.00
2017	项目数量	75	14	26	115
	资助金额	7280	1040	1680	10000
	数量占比(%)	64.91	12.28	22.81	100.00
	金额占比(%)	70.43	11.30	18.26	100.00
2018	项目数量	58	20	32	110
	资助金额	5670	1740	2590	10000
	数量占比(%)	52.73	18.18	29.09	100.00
	金额占比(%)	56.70	17.40	25.90	100.00
2019	项目数量	58	19	24	101
	资助金额	6790	1450	1700	9940
	数量占比(%)	57.43	18.81	23.76	100.00
	金额占比(%)	68.31	14.59	17.10	100.00

资料来源:江苏省体育产业指导中心。

1. 区域资助项目数量对比

自省体育产业发展专项资金设立以来,苏南、苏中、苏北所获得的资助项目数量总体变化趋势略有不同。2011~2014年三个地区项目数量都是逐年递增,2014年苏南地区获助项目数量达到最高值86项,苏中、苏北则分别为24项和34项。2014~2019年苏南地区受资助项目数量总体呈下降的趋势,苏中、苏北地区呈缓慢上升趋势,具体见图13。三者的变化趋势与省体育产业发展专项资金支持政策的转变相一致,省体育产业发展专项资金协调小组考虑到区域发展不平衡问题，在规则的允许范围内，重点关注了苏中、苏北地区的优质项目，因此苏南地区所获资助项目比率从 2011 年的 69.66％减少到 2018 年的 52.73％，苏北地区从 2011 年的 14.61％增加到 2018 年的 29.09％，专项资金资助项目数量区域差距逐步缩小，但是苏南地区仍然占比较高，苏中和苏北地区在所获得的支持项目数量上还是与苏南地区有着较大差异。

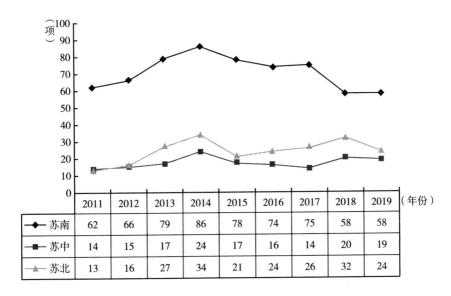

（项）	2011	2012	2013	2014	2015	2016	2017	2018	2019	（年份）
苏南	62	66	79	86	78	74	75	58	58	
苏中	14	15	17	24	17	16	14	20	19	
苏北	13	16	27	34	21	24	26	32	24	

图 13　2011～2019 年各区域获助数量统计

2. 区域资助项目金额对比

2011～2019 年省体育产业发展专项资金在苏南、苏中、苏北三个地区获助项目金额总体变化并不相同，具体见图 14。苏南地区获助项目金额占总金额比重在 56.70％～72.63％波动，即大约有 2/3 的省体育产业发展专项资金投放到了苏南地区。苏南地区除了 2018 年获助资金总额占当年总金额比率为 56.70％外，其余年份获助资金占当年资助总额的比重都在 65％以上，在 2015 年达到峰值为 72.63％，而苏中和苏北地区的比率每年在 10％～20％变化。总的来说，由于苏南地区已具有良好的体育产业发展环境和规模，苏南地区和苏北苏中地区专项资金资助金额比例趋于稳定，比例为 7∶3，其他两个地区短时间内很难缩小与苏南的差距。

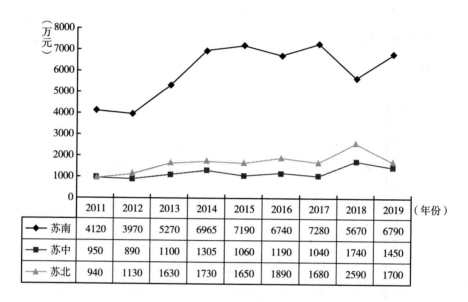

图 14　2011~2019 年各区域获助金额统计

	2011	2012	2013	2014	2015	2016	2017	2018	2019
◆ 苏南	4120	3970	5270	6965	7190	6740	7280	5670	6790
■ 苏中	950	890	1100	1305	1060	1190	1040	1740	1450
▲ 苏北	940	1130	1630	1730	1650	1890	1680	2590	1700

（四）体育产业引导资金投入强度现状

体育产业发展专项资金的投入强度是指资金投入的额度，课题组对 2011~2019 年体育产业发展专项资金的 1009 个项目的投入强度做了统计，具体数据见表 7 和表 8。从资助项目的数量上来看，2011~2019 年总资助数量在 89~144 项波动，资助金额从 2014 年起基本维持在 1 亿元，投入额度跨度很大，从 30 万元至 800 万元不等。本研究将专项资金额度划分为：强度 Ⅰ 为"小于等于 50 万元"、强度 Ⅱ 为"大于 50 万元小于 100 万元"、强度 Ⅲ 为"大于等于 100 万元小于 200 万元"、强度 Ⅳ 为"大于等于 200 万元"四大类，课题组分别对四大类进行了专项资金投入强度的分析。

表7 2011～2014 年体育产业发展专项资金投入强度情况

项目投入强度	2011 年				2012 年			
	资助数量（项）	占比（%）	投入金额（万元）	占比（%）	资助数量（项）	占比（%）	投入金额（万元）	占比（%）
≤50	53	59.55	2430	40.43	55	56.7	2310	38.56
50～100	11	12.36	880	14.64	36	37.11	2880	48.08
100～200	24	26.97	2400	39.93	5	5.15	500	8.35
≥200	1	1.12	300	4.99	1	1.03	300	5.01
总计	89	100	6010	100	97	100	5990	100

项目投入强度	2013 年				2014 年			
	资助数量（项）	占比（%）	投入金额（万元）	占比（%）	资助数量（项）	占比（%）	投入金额（万元）	占比（%）
≤50	77	62.6	3470	43.38	104	72.22	4900	49
50～100	31	25.2	2480	31	2	1.39	150	1.5
100～200	12	9.76	1250	15.63	32	22.22	3350	33.5
≥200	3	2.44	800	10	6	4.17	1600	16
总计	123	100	8000	100	144	100	10000	100

资料来源：江苏省体育产业指导中心。

课题组对图 15 的数据分析可知，历年体育产业发展专项资金投入各个资金额度区间的数量变化差异较大，但从整体趋势分析来看，小额度资金投入的项目数量在减少，大额度资金投入的项目数量在逐渐增加。课题组对 2011～2019 年各种投入强度获助的项目数量和资助金额进行了统计。

（1）强度 I 分析：专项资金投入在 50 万元以内的项目数量为 549 项，占总项目的比重为 54.41%，投入在 50 万元以内的项目共获得 2.513 亿元资助，占资助总额的 31.55%。

（2）强度 II 分析：专项资金投入区间为 50 万～100 万元的项目数量为 167 项，占总项目的比重为 16.55%，投入在 50 万～100 万元的项目共获得 1.226 亿元资助，占资助总额的 15.39%。

表 8 2015～2019 年体育产业发展专项资金投向数据

单位：万元

项目投入强度	2015 年				2016 年				2017 年				2018 年				2019 年			
	资助数量（项）	占比（%）	投入金额（万元）	占比（%）	资助数量（项）	占比（%）	投入金额（万元）	占比（%）	资助数量（项）	占比（%）	投入金额（万元）	占比（%）	资助数量（项）	占比（%）	投入金额（万元）	占比（%）	资助数量（项）	占比（%）	投入金额（万元）	占比（%）
<50	56	48.28	2700	27.27	59	51.75	2610	26.58	76	66.09	3600	36	48	43.64	2300	23	21	20.79	810	8.15
50～100	0	0	0	0	13	11.4	910	9.27	0	0	0	0	20	18.18	1600	16	46	45.54	3360	33.80
100～200	48	41.38	4800	48.48	30	26.32	3200	32.59	26	22.61	2600	26	31	28.18	3600	36	25	24.75	3150	31.69
>200	12	10.34	2400	24.24	12	10.53	3100	31.57	13	11.3	3800	38	11	10	2500	25	9	8.91	2620	26.36
总计	116	100	9900	100	114	100	9820	100	115	100	10000	100	110	100	10000	100	101	100	9940	100

资料来源：江苏省体育产业指导中心。

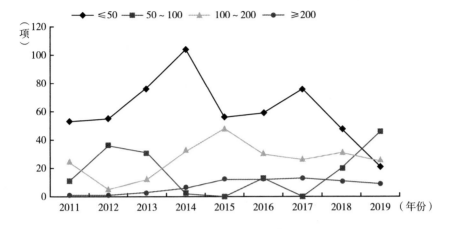

图 15　2011～2019 年不同强度投入数量统计

（3）强度Ⅲ分析：专项资金投入在 100 万～200 万元的项目数量为 225 项，占总项目的比重为 22.30%，投入在 100 万～200 万元的项目共获得 2.485 亿元资助，占资助总额的 31.19%。

（4）强度Ⅳ分析：专项资金投入在 200 万元以上的项目数量为 68 项，占总项目的比重为 6.74%，投入在 200 万元以上的项目共获得 1.742 亿元资助，占资助总额的 21.87%。

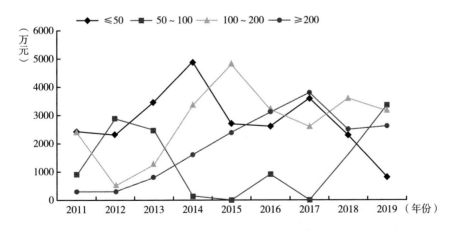

图 16　2011～2019 年不同强度投入金额统计

分析图 15 和图 16 可知，投入金额大于 200 万元的项目数量逐年增加，从 2011 年的 1 项增加到了 2017 年的 13 项。2015 年之前，四种投入强度以 50 万元以内的项目居多，尤其在 2014 年达到最高值，比率为 72.22%，金额占比为 49%。2015 年小强度项目数量占比为 48.28%，并开始逐渐减少，到 2018 年项目数量占比减少到 20.79%。同大于 100 万元的项目数量几乎各占一半，体现了江苏省体育产业发展专项资金开始出现两极分化的趋势。从 2016 年开始，省政府调整了资助模式，由表可见，2015～2019 年低额度的企业资助资金占总金额的 20% 至 40%，而单项高额度的发展专项资金占到资金总额度的 60%～80%，体现了近四年来省政府发展专项资金资助模式还是以资助高额度企业单位为重点，反映出省政府对体育产业的支持理念是以资助大中型优质企业或举办大规模赛事促进江苏省体育产业朝着健康蓬勃的方向发展。2015～2019 年出现以隔年的方式使用中额度资金资助少部分企业的情况，多样化的资助模式体现了江苏省体育产业发展专项资金的发展越来越成熟。

四 江苏省体育产业发展专项资金绩效评估

为了准确掌握项目执行情况，了解专项资金使用效益，课题组运用科学、合理的评价方法对省体育产业发展专项资金资助项目进行专项调查，对项目的实施情况和资金使用效益进行综合评价。构建了由投入、过程、产出、效果和社会评价 5 个一级指标，资金落实、项目立项、业务管理、财务管理、项目产出、经济效益、社会效益、社会公众满意度和服务对象满意度 9 个二级指标和 20 个三级指标组成的江苏省体育产业发展专项资金绩效评估体系。但是由于现实原因，与专家多次商讨，第一期绩效评估对 2011～2015 年江苏省体育产业发展专项资金资助的 569 个项目的资金到位率、资金拉动比、项目实施完成率、资金回收率 4 个指标进行了统计。课题组对以上 4 个指标分年度和区域评估，其中区域评估包含市级项目和省级项目两类。

（一）资金拉动比分析

资金拉动比是指企业实际投入获资助项目的资金与政府扶持该项目资金的比值，比值的大小可以反映通过政府实施体育产业发展专项资金带动社会资金投入体育产业领域的能力，这也是体育产业发展专项资金效果评定的最重要的指标之一。从 2011~2015 年江苏省体育产业发展专项资金扶持项目资金拉动比总体情况来看，扶持项目的企业实际投入资金总额约为 127.72 亿元，获得扶持资金共计 3.99 亿元，投入乘数约为 32。课题组统计了 2011~2015 年江苏省体育产业发展专项资金资助的 569 个项目的企业对项目的实际投资和项目获得扶持资金的额度，并分年度和分区域评估产业发展专项资金的拉动效益情况。

1. 资金拉动比年度评估

从 2011~2015 年各年份项目资金拉动比来看，2011 年获得扶持资金 0.60 亿元，企业实际投入资金总额约为 36.57 亿元，资金拉动比约为 60.85，远远高于其他年份；2015 年获得扶持资金 0.99 亿元，企业实际投入资金总额约为 24.50 亿元，资金拉动比约为 24.75，为历年最低。从历年资金拉动比分析可知，2011 年为江苏省体育产业引导资金的启动年，迅速吸引了大量社会资本投入。但是资金拉动比并没有随着扶持资金总额增加而上升，而是趋于稳定，由于体育产业发展专项资金的投入，每年带动约 25 倍于政府投入金额的社会资金投资到体育产业当中（见表 9），促进了体育产业的发展。

表 9　2011~2015 年资金拉动比对照

年份	实际投入资金（万元）	获得扶持资金（万元）	资金拉动比
2011	365740.56	6010	60.85
2012	184201.36	5990	30.75
2013	223631.33	8000	27.95
2014	258559.93	10000	25.86
2015	245041.24	9900	24.75

2. 资金拉动比区域评估

课题组对 2011～2015 年项目资金拉动比分区域评估，南京市、无锡市和苏州市获得扶持资金最多，分别是 0.47 亿元、0.46 亿元和 0.45 亿元，苏州市和无锡市企业实际投入资金约为 23.52 亿元和 23.07 亿元，资金拉动比较高，超过 50，而南京市企业实际投入约 10.60 亿元，资金拉动比仅为 22.52，相对较低。相反，淮安市获得扶持资金仅为 0.12 亿元，但实际投入资金高达 8.21 亿元，资金拉动比为 68.41，相对较高（见表 10）。因此，我们可以看出各地区获得扶持资金总额与实际投入资金总额并不成正比关系。

表 10　2011～2015 年江苏省各地区资金拉动比对照

地区	获得扶持资金（万元）	实际投入资金（万元）	资金拉动比
淮安	1200	82088.96	68.41
苏州	4450	235221.90	52.86
无锡	4595	230677.21	50.20
常州	3960	164134.70	41.45
扬州	2070	84627.73	40.88
镇江	2050	78457.24	38.27
盐城	1200	41548.00	34.62
徐州	1570	44186.95	28.14
南通	1730	43710.80	25.27
南京	4710	106046.38	22.52
宿迁	1235	27387.90	22.18
连云港	1940	42023.98	21.66
泰州	1490	27870.14	18.70
省级	7700	69192.53	8.99
平均值	2850	91226.74	33.87

由表 10 可以看出，江苏省各地区获得扶持资金平均值为 0.29 亿元，实际投入资金平均值接近 10 亿元，资金拉动比平均值为 33.87，相对较高。从 2011～2015 年江苏省各地区资金拉动比对照图（见图 17）可以看出，淮安市、苏州市和无锡市体育产业发展专项资金拉动比较高，分别是 68.41、52.86 和 50.20，泰州市、连云港市和宿迁市体育产业发展专项资金拉动比较低，分别是 18.70、21.66 和 22.18。

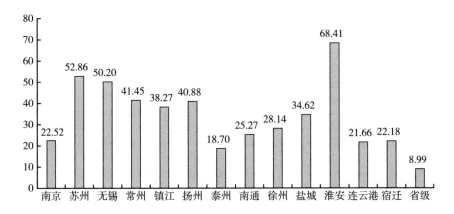

图17　2011～2015年江苏省各地区资金拉动比对照

（二）资金到位率分析

资金到位率是实际到位资金与计划投入资金的比值。其中计划投入资金是指企业申报体育产业发展专项资金时承诺获得资助之后，对项目计划投入的金额。而实际到位资金是指项目结项时实际投入专项资金资助项目的金额。资金到位率的计算公式为资金到位率 =（实际到位资金/计划投入资金）×100%。企业申报江苏省体育产业发展专项资金5年内计划投入资金总额约为196.34亿元，2018年所有项目结项时，实际到位资金总额约为127.72亿元，总体资金到位约为65.05%。课题组统计了2011～2015年江苏省体育产业发展专项资金资助的569个项目的资金到位率，并分年度和区域进行评估。

1. 资金到位率年度评估

课题组统计了2011～2015年各年份受资助项目的资金到位率（见表11），可以看出2012年计划投入资金约为20.71亿元，实际到位资金约为18.42亿元，资金到位率约为88.96%，为历年最高；2011年计划投入资金约75.70亿元，实际到位资金约36.57亿元，资金到位率约为48.31%，为历年最低。2014年扶持的项目达到144个，扶持项目最多，但是资金到位率大于等于100%项目个数仅占当年获扶持项目个数的31.94%，为历年最低，2013 年扶持的项目为 123 个，资金到位率大于等于 100% 项目个数占当年获扶持项目个数的 39.02%，为历年最高。

表 11　2011~2015 各年份资金到位率对照

年份	扶持项目总个数(个)	实际到位资金（万元）	计划投入资金（万元）	资金到位率（%）	资金到位率大于等于100%项目个数占比(%)
2011	89	365740.56	757036.26	48.31	35.96
2012	97	184201.36	207050.61	88.96	38.14
2013	123	223631.33	359130.73	62.27	39.02
2014	144	258559.93	356846.01	72.46	31.94
2015	116	245041.24	283350.02	86.48	36.21

2. 资金到位率区域评估

从 2011~2015 年江苏省各区域项目资金到位率来看，各地区专项资金扶持项目的资金到位率也各不相同。连云港市实际到位资金 4.202 亿元，计划投入资金 4.19 亿元，实际到位资金总额大于计划投入资金总额，总体资金到位率为 100.13%。除了连云港市外，总体资金到位率大于 90% 的还有扬州市、盐城市和苏州市；资金到位率大于 70% 小于 90% 的有镇江市、常州市、徐州市、泰州市、宿迁市和南京市；资金到位率小于 70% 的有无锡市、南通市和淮安市。资金到位率大于等于 100% 的项目个数占比中，连云港市、盐城市和镇江市的比例较高，无锡市、淮安市和泰州市的比例较低（见表 12）。

表 12　2011~2015 年各地区资金到位率对照

地区	扶持项目总个数(个)	实际到位资金（万元）	计划投入资金（万元）	资金到位率（%）	资金到位率大于等于100%项目个数占比(%)
连云港	31	42023.98	41971.00	100.13	75.00
盐城	22	41548.00	42636.00	97.45	68.18
镇江	30	78457.24	105605.90	74.29	66.67
扬州	31	84627.73	86752.00	97.55	50.00

地区	扶持项目总个数(个)	实际到位资金(万元)	计划投入资金(万元)	资金到位率(%)	资金到位率大于等于100%项目个数占比(%)
苏州	70	235221.90	248272.41	94.74	41.43
徐州	22	44186.95	51923.37	85.10	40.91
南京	70	106046.38	141994.00	74.68	38.57
常州	61	164134.70	191559.00	85.68	34.43
宿迁	20	27387.90	32170.00	85.13	30.00
南通	27	43710.80	104792.40	41.71	25.93
无锡	72	230677.21	374679.91	61.57	18.46
淮安	18	82088.96	199861.40	41.07	16.67
泰州	28	27870.14	37285.00	74.75	14.29
省级	67	69192.53	303911.64	22.77	26.87

（三）实施完成率分析

所谓项目实施完成率，是指已实施完成项目与当年所有资助项目的比率。其计算公式是项目实施完成率 =（已实施完成项目/当年度所有资助项目）×100%。2011~2015年江苏省体育产业发展专项资金扶持项目已经实施完成516个，未实施完成的项目为53个，项目总体实施完成率为90.7%。本课题统计了2011~2015年江苏省体育产业发展专项资金资助的569个项目的实施完成率，分年度和区域进行评估。

1. 实施完成率年度评估

从2011~2015年各年度项目实施的情况来看，2015年总计资助116个项目，完成项目107个，项目实施完成率为92.24%，为历年最高；2011年总计资助89个项目，完成项目79个，项目实施完成率为88.76%，为历年最低。但从各年份总体情况来看，项目实施完成率呈现上升趋势（见图18）。

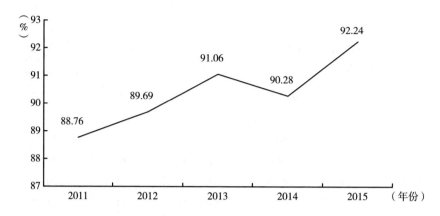

图18 2011～2015各年份项目实施完成率情况

2. 实施完成率区域评估

从2011～2015年各地区项目实施的情况来看，江苏省四个城市项目实施完成率超过90%，与其他城市相比实施完成率较高（见图19）。其中，盐城市扶持22个项目，其中完成项目21个，实施完成率为95.45%，实施完成率位居第一；苏州市扶持70个项目，其中完成项目66个，实施完成率为94.29%，实施完成率位居第二；镇江市扶持30个项目，其中完成项目28个，实施完成率为93.33%，实施完成率位居第三；南京市扶持70个项目，其中完成项目64个，实施完成率为91.43%，实施完成率位居第四。

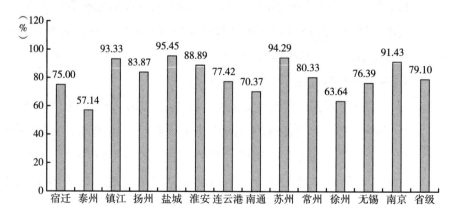

图19 2011～2015年各地区资助项目实施完成率对照

（四）资金回收率分析

所谓资金回收率，是指当年预收回资金额与当年项目资助总额的比率。其计算公式是资金回收率 =（预收回资金额/项目资助总额）×100%。专项资金协调小组根据资金落实、项目立项、业务管理、财务管理、项目完成情况和资金使用情况等指标进行评估调查，最终由省体育局和省财政厅决定，在2011～2015年资助的569个项目中，资助总额为3.99亿元，预计收回19个项目的扶持资金，共计约0.1亿元，资金回收率约为2.51%。课题组统计了2011～2015年江苏省体育产业发展专项资金资助的569个项目的资金回收率，分年度和区域进行评估。

1. 资金回收率年度评估

从各年份项目资金回收情况来看，2011年仅收回1个项目的扶持资金，共计36.2万元，资金回收率约为0.60%，为历年最低；2014年收回7个项目的扶持资金，共计442.55万元，资金回收率约为4.43%，为历年最高。由此可以看出2011年未实施的项目数量较少，2014年未实施的项目数量较多，且各年份资金回收率总体呈现增加的趋势（见图20）。

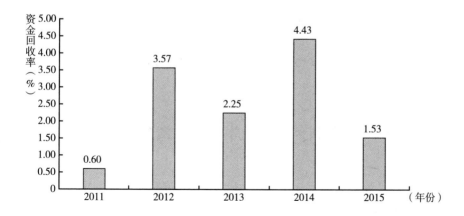

图20　2011～2015各年份项目资金回收率对照

2. 资金回收率区域评估

根据省级财政部门和省级体育部门开展的专项资金绩效评价，决定收回部分项目的扶持资金。从各地区项目资金收回情况来看，预计收回来自无锡、常州、徐州、扬州、宿迁和省级的共计 19 个项目的扶持资金，省级项目总额为 0.77 亿元，其中包含 11 个项目的 0.06 亿元扶持资金需要被收回，资金回收率约为 7.11%，为全省最高；苏州市总计扶持资金 0.45 亿元，有 1 个项目的 50 万元扶持资金需要被收回，资金回收率为 1.12%，为全省最低（见图 21）。除此以外，南京、南通、泰州、盐城、淮安、镇江、连云港七个市不存在重大项目未实施的情况，所以没有收回资金的项目，资金回收率为 0。

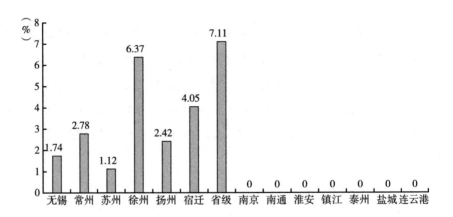

图 21 2011～2015 年各地区项目资金回收率对照

五　江苏省体育产业发展专项资金发展成效

体育产业发展专项资金作为财政性公共政策资金，它是多种业务的综合而不是简单的叠加，各种业务需要相互配合，任何一个环节出现问题都能影响体育产业发展专项资金的正常发展。从整体上看，对发展专项资金的绩效评价工作尚不全面，存在诸多漏洞①。通过对江苏省体育产业发展专项资金近年来发展状况的梳理和对受资助企业的状况进行调查，发现存在以下不足并提出对策，为未来的体育产业发展专项资金管理提供一定的参考。

（一）扩大体育产业发展规模

江苏省政府始终坚持"大体育产业观"，引导具有发展潜力的新兴体育产业项目，扶持实体经济。这对于深化体育改革、转变体育产业发展方式、激发体育产业发展活力、扩大体育产业发展规模、支撑新时代体育强省建设具有积极意义。自 2011 年江苏省体育产业引导资金设立以来，省体育产业增加值进入快速发展期，呈现稳步增长的趋势，且随着专项资金的投入不断增加而增长。专项资金从 2011 年投入 0.6 亿元到 2014 年投入 1 亿元，体育产业增加值也从 448.18 亿元增长到 716.82 亿元，2018 年江苏省体育产业增加值已经达到 1387.20 亿元。由此可见，江苏省体育产业发展专项资金的投入和乘数效应极大地促进了体育产业的快速发展。江苏省从 2011 年设立体育产业引导资金后，体育产业增加值占地区 GDP 比重持续增加，从原有的 0.92% 突破了 1%，到 2018 年达到了 1.5%，9 年来提高了 0.58 个百分点。

（二）吸引多元资本投入

体育产业发展专项资金作为市场传递政府发展体育产业的政策信号，吸引社会资本的投入。通过明确政府的引导角色定位和所资助企业的主导地位，以体育产业发展专项资金的资助对象为主体，通过实现政府的资金引导和政策传导，吸引多元资本的入驻②。2011 ~ 2015 年专项资金投入 3.99 亿元，带动社会资本投入 127.72 亿元，拉动比约为 32，有效发挥了财政资金

---

① 付江平：《江苏省体育产业发展引导资金的运行状况研究》，《体育世界》（学术版）2018 年第 2 期。

② 张永韬、刘波：《体育产业政府引导资金：概念、特征与效应》，《体育与科学》2019 年第 2 期。

杠杆作用，助推了体育产业各业态发展，社会投资体育设施建设、场馆运营、赛事运作、健身培训等产业得到长足发展。

（三）丰富体育公共服务体系

江苏省体育产业发展专项资金始终坚持对接体育公共服务体系建设，加大体育场馆、指导体育培训等与大众密切相关项目的支持力度。场地设施缺乏一直是影响我国城乡居民体育锻炼的重要因素，为了增加人均体育场地面积，专项资金设立 9 年来，共资助了 109 个场馆类项目。2015～2017 年三年数据显示受专项资金资助的社会主体利用存量资源建设体育健身场所，新增体育场地面积约 50 万平方米，极大地提高了我省人均体育场地面积。2018 年海门市飞扬休闲健身服务有限公司利用大型闲置厂房建设体育健身中心 2524 平方米，盐城市一九五九体育发展有限公司利用废旧仓库改建大众健身休闲俱乐部 5250 平方米。与此同时，专项资金也引导社会企业运用市场化方式整合学校体育运动场馆并对外开放，面向公众提供便民利民的健身服务，极大程度地增强了公众对美好生活的获得感，丰富了体育公共服务体系。

（四）创新体育产业发展模式

在专项资金的引领带动下，江苏省体育产业发展模式不断创新，引领了一批与健康、旅游、文化、传媒、科技等行业融合发展的新兴业态的产生，鼓励智慧场馆建设、智能健身产品开发等高效协同、普惠便捷的"体育产业＋互联网"项目创立。资助众多体育企业利用互联网电商平台，运用 O2O 模式积极地拓展销售渠道[①]。专项资金也关注了一批与帆船帆板、皮划艇、滑冰、攀岩、拳击、摩托车、卡丁车、马术、航空等时尚运动相关的产业项目，形成新的体育消费热点，为新兴体育产业注入了活力。

---

① 张为付、崔向阳：《江苏体育产业发展研究报告2016》，南京大学出版社，2017。

（五）优化体育产业内容结构

从体育产业发展专项资金项目类别投向特点看，专项资金扶持项目涵盖了体育场馆与健身、体育赛事、体育装备、体育旅游、体育培训、体育康复等业态，但受扶持体育产业各类别项目的数量和金额逐年变化的影响，精准化扶持有助于建立合理的体育产业内容结构体系。在发展专项资金的带动下，更多的社会企业在相关政策的指引下，认准宏观形势，把握发展机遇，赢得发展先机，打造了一批具有国际国内影响力的体育产业品牌，使江苏省体育产业结构明显优化，产业发展持续向价值链高端攀升，专项资金持续资助优秀体育企业，使其成为行业内的标杆企业。体育发展专项资金持续资助了江苏金陵体育器材股份有限公司的先进制造与自动化生产线、大型体育器材表面自动化喷涂、高端体育器材产能提升、科技研发中心建设、智慧体育器材云平台研发项目等项目，9 年共资助了 1080 万元。该公司已于 2017 年 4 月在深交所上市，成为我国第一家在 A 股上市的高端体育装备制造企业。

（六）完善省、市、县三级引导资金体系

在省级体育产业发展专项资金的带动下，南京、苏州、常州、徐州、盐城、连云港、泰州、宿迁 8 个省辖市以及昆山、吴江、江阴、溧阳等市（县、区）也相继设立市县级体育产业引导资金，每年投入引导资金 1.2 亿元。各地围绕引导资金开展系列工作，积极谋划和推进体育产业工作，不断完善组织架构，健全工作机制，策划培育具体项目，带动了基层体育产业工作水平的整体提升。从 2013 年起，苏州开始设立市级体育产业发展引导资金，并先后出台了《苏州市体育产业发展引导资金使用管理办法》《苏州市体育产业补贴项目实施细则》等文件。截至 2018 年，苏州已有 60 个项目获得了 1960 万元市级体育产业发展专项资金的扶持。

六 江苏省体育产业发展专项资金展望

江苏省体育产业发展专项资金经过多年的运行，发挥了重要的扶持和导

向作用，取得了较为明显的成效，但在实际绩效管理过程中也存在诸如部分财政共性指标操作性不强、监督管理不及时等一系列问题。随着体育产业发展专项资金政策逐步丰富和完善，体育产业发展专项资金必将发挥越来越大的作用，促进江苏省体育产业高质量发展。

（一）突出引导资金的导向作用

自 2014 年引导资金扶持项目达到 144 项的顶峰后，之后几年的项目数一直维持在 110 项左右。随着江苏省体育产业高质量发展的需求和专项资金工作思路的转变，引导资金也从初期的大范围扶持转变为精准扶持。可以预测的是未来引导资金的扶持对象将会是各行业中优质的企业或项目，力求达到以点促面的效果。

随着物联网的快速发展，体育与新兴产业的结合越来越紧密，智能化将成为体育产品和设施未来的一种发展趋势，江苏省体育产业发展专项资金对体育装备类的资助将更多地关注智能化的高科技产品。2018 年昆山吉纳尔运动器材有限公司的智能运动自行车开发及推广项目，江苏盛达教学设备有限公司的智能化体育器材升级及产能提升项目就是政策导向的有力体现。

江苏省体育产业发展专项资金对体育赛事活动的扶持力度一直维持在较高水平，在 2018 年达到历史最高点，项目数量 23 项，总金额达到 2170 万元，是所有行业分类中获得资金扶持最高的一类。随着 2018 年国务院办公厅印发的《关于加快体育竞赛表演产业的指导意见》文件出台，江苏省未来也将继续加强对体育赛事活动的扶持，将更多的资源倾向于体育竞赛表演产业。

江苏省设立体育产业发展专项资金的初衷是为了加快体育产业又好又快地发展。由于苏南、苏中、苏北这三个地区社会经济发展状况和体育产业发展环境不同，因此专项资金对三个地区的扶持力度存在显著差异，三个地区的体育产业发展差距不断扩大。专项资金协调小组考虑到不同地区之间的经济发展差异，为了促进体育产业的协调发展，对各地区进行了适度的平衡，发展专项资金将更加有针对性地扶持具有地方特色的体育企业和项目，同时加大资金投入强度，从而打造地方高水平、高层次的体育产业支柱型企业，促进地方经济的转型升级。

（二）健全发展专项资金的管理和监督制度

根据江苏省发布的《体育产业发展专项资金使用管理办法》要求，对专项资金的管理工作是由协调小组负责。协调小组在专项资金的管理工作中存在绩效管理滞后的现象，因此在今后的工作中建立健全流程管理和跟踪管理制度十分必要。

第一，建立实用且可操作性强的绩效评估指标体系。选取可操作性强、操作过程简便的评估指标，可以根据不同的指标属性将绩效评估指标分为功能性指标、综合性指标和技术性指标等。评价指标要以经济效益为主，也要兼顾项目的社会效益，既要考虑指标体系的科学性，也要考虑评估指标的可操作性，避免因评估指标缺乏可操作性而影响到对专项资金的绩效评估。

第二，完善发展专项资金绩效评价监管机制。专项资金监管机制应覆盖资金使用的全过程，对资金的落实、项目的进展、效益的达成状况进行全方位的评估，对项目进展状况实施定期报告制度，实时掌握资金使用情况，避免违规使用专项资金的情况。专项资金实地监督的方式将资金的引导效益真正落到实处，一定程度上规避了资金流失的风险。评价机制要起到监督作用，要注意评价指标体系制定的科学性和针对性，在保障资金安全的前提下，最大限度地提升专项资金的衍生效益。江苏省体育产业发展专项资金使用管理协调小组要定期对受资助企事业单位项目进行绩效评估，以评估督促相关项目的实施进度，及时发现问题并及时整改，确保受资助项目按原计划实施①。

第三，加大对发展专项资金扶持项目的资金收回力度。2011～2015年体育产业发展专项资金绩效评估显示，资金扶持的绝大多数项目都能按照计

---

① 邢尊明、周良君：《我国地方体育产业引导资金政策实践、配置风险及效率改进——基于8个省、自治区、直辖市的实证调查及分析》，《体育科学》2015年第4期。

划如期实施，并取得预期效果。但仍存在一小部分企业由于各种原因无法完成项目的建设，例如无锡市新威体育场馆运营管理有限公司的全民健身体育场馆输出服务项目，由于城市道路建设需要，无锡船厂原址的5大片高大厂房被拆掉了85%以上，已不具备继续实施该项目的价值，项目最终未能实施。未实施或部分实施的项目需报经省财政厅和省体育局同意。因故撤销的项目，其项目单位必须做出经费决算上报省财政厅和省体育局核批。对于这些无法完成的资助项目，相关部门应加大专项资金收回力度，避免出现因企业原因无法收回资金的状况。

（三）注重发展专项资金的使用效能

目前江苏省体育产业发展专项资金投入方式与理念日益完善，发展专项资金呈现增加高额度资金奖励和资助，减少低额度资金奖励和资助的趋势。南京奥体中心经营管理有限公司的标准冰场全产业链拓展项目2018年获得200万元的资金资助，全年接待学校滑冰体育课5万人次，冰球训练1万人次，推动了冰雪运动在南京市的普及，获得了良好的社会效益。今后专项资金的资助将更多地向优质项目倾斜。

政府部门要灵活运用绩效评估结果。对使用效益不高的项目，要追究相关主体责任，弄虚作假、瞒报虚报收入利润、税务数据的单位可按照相关规定取消下一年度的申报资格，不断提高发展专项资金的使用效率，而对于使用效益高的单位可在申报下一年度项目资金上予以优先考虑[1]，绩效评估结果的灵活运用来保证发展专项资金项目的质量使其能够最大限度地发挥发展专项资金的杠杆效益，树立政府促进体育产业发展的良好形象。

近年来江苏省体育产业快速发展，一大批中小体育企业应运而生。由于发展专项资金目前主要分为资助、奖励两类，同时申报条件较为严格，导致一些中小体育企业因不满足申报条件而无法享受政策红利，从而在技术升

---

① 成会君、徐阳：《我国体育产业发展引导资金的管理现状、问题及对策》，《沈阳体育学院学报》2015年第1期，第9~14页。

级、企业转型时面临资金短缺问题。这就要求政府在保障资金使用安全的前提下考虑项目本身的质量，降低企业申报的门槛，运用更有效的方式发放专项资金，多维度地展示专项资金对体育产业的拉动作用。在不违反"突出重点、择优扶持、公开公正、严格监管"的原则下简化申报程序①，帮助中小体育企业解决融资难题，激发体育市场活力。

参考文献

易剑东：《中国体育产业政策研究（总览与观点）》，社会科学文献出版社，2016。

刘远祥、孙冰川：《政府体育产业发展引导资金运行现状分析》，《南京体育学院学报》（社会科学版）2017 年第 6 期。

王雪莉、付群、郑成雯：《2010～2019 年中国体育消费政策落实：问题与对策》，《体育科学》2019 年第 10 期。

张林：《长三角地区体育产业发展报告（2014～2015）》，社会科学文献出版社，2015。

刘广飞：《江苏十二五时期体育产业引导资金投向特点的实证研究》，《体育科学》2016 年第 9 期。

付江平：《江苏省体育产业发展引导资金的运行状况研究》，《体育世界》（学术版）2018 年第 2 期。

张永韬、刘波：《体育产业政府引导资金：概念、特征与效应》，《体育与科学》2019 年第 2 期。

张为付、崔向阳：《江苏体育产业发展研究报告 2016》，南京大学出版社，2017 年 5 月。

邢尊明、周良君：《我国地方体育产业引导资金政策实践、配置风险及效率改进——基于 8 个省、自治区、直辖市的实证调查及分析》，《体育科学》2015 年第 4 期。

成会君、徐阳：《我国体育产业发展引导资金的管理现状、问题及对策》，《沈阳体育学院学报》2015 年第 1 期。

赵光：《江苏财政年鉴 2011》，江苏人民出版社，2014。

---

① 赵光：《江苏财政年鉴 2011》，江苏人民出版社，2014。

B.7
江苏省体育产业基地发展报告

王凯 徐晨忠 徐斌*

摘 要： 2009 年在国家体育产业基地建设的背景下，江苏省启动了省级体育产业基地的建设。截至 2019 年底，江苏省已经获批国家体育产业示范基地 6 个、示范单位 7 个、示范项目 7 个，培育打造了 82 家省级体育产业基地。江苏省体育产业基地的发展主要经历了三个阶段：起步发展阶段（2009～2012 年）、逐步推进阶段（2013～2015 年）、快速发展阶段（2016 年至今）。经过多年的发展，体育产业基地的经济贡献不断提升、经济效益不断彰显、辐射效应逐步显现。在产业基地发展的历程中，江苏省形成了一系列行之有效的典型做法，包括加强管理制度建设，提升基地引领作用；完善激励政策，激发基地活力；引进精品赛事活动，提高基地知名度等。未来发展中，江苏体育产业基地将不断优化管理制度，创新投融资机制，实施创新驱动，强化人才支撑，实现快速发展。

关键词： 体育产业基地 示范单位 江苏省

江苏省自 2009 年开始启动省级体育产业基地建设工作。江苏省体育产

---

* 王凯，博士，南京体育学院体育教育与人文学院副院长，副教授，硕士生导师，主要从事体育产业管理与运营、体育传播等研究；徐晨忠，南京体育学院硕士研究生，研究方向为体育产业；徐斌，南京体育学院硕士研究生，研究方向为体育产业。

业基地，是指经省体育局命名的，在体育产业发展方面具有相当基础、规模和特色的地区，在相关业态形成一定规模的区域，或在体育产业某领域具有重要影响力和竞争力的机构。经过多年发展，江苏省体育产业基地在发展特色、产业集聚、辐射引领等方面均得到了较大提升，为江苏体育产业发展起到了良好示范引领作用。近年来，江苏省各级各类体育产业基地获得快速发展，2019年省体育局组织对全省100家体育产业基地重新认定，经单位申报和评审，共有82家单位获得重新认定命名。其中，综合类体育产业基地10家、特色类体育产业基地11家、体育产业示范单位61家。体育产业规模快速增长、经济贡献不断跃升、发展主体日益壮大，特色化发展态势逐渐显现，门类愈加齐全、分布愈加合理、功能日渐突出、示范效应逐渐显现，成为江苏体育产业发展的重要引擎。

一 江苏省体育产业基地发展背景

（一）国家体育产业基地的设立推动了江苏体育产业基地培育打造

在经济飞速发展、百姓体育需求不断迸发、体育产业空间不断壮大的背景下，深圳作为我国最早的对外开放城市，资源聚集效应明显，优越的经济环境推动了体育产业发展。2006年，深圳聚集了1500多家体育制造类和体育健身娱乐企业，初步形成了体育产业聚集效应。为进一步促进体育产业发展，深圳向国家提出建设国家体育产业基地的构想，国家体育总局经过严格论证、考评以及审批程序，于2006年4月正式批准设立"深圳国家体育产业基地"。深圳国家体育产业基地的建立，标志着国家体育产业基地作为体育产业的国家队地位正式确立。2006年12月，成都温江成为我国第二个国家体育产业基地，同时也是西部第一个国家体育产业基地；到2010年，连续批准设立晋江、龙潭湖、富阳、乐陵4个国家体育产业基地。随后，国家体育产业基地进入规范调整期，2013年7月，国家体育总局正式命名了全国第一个县域集群国家体育产业基地——苏南（县域）国家体育产业基地。国家体育产业基地的进一步规范为全国各地体育产业发展指明了方向，推动了地方体育产业做大做强，以点带面，各省市积极开展各类体育产业基地建设工作。国家体育产业基地经过多年充分酝酿和持续发展，从内涵建设到战略布局已经进入了新时代。截至 2019 年底，国家体育产业示范基地已经增长到了 45 个，基本覆盖全国大部分地区。国家体育产业基地作为全国体育产业的排头兵和国家队，集聚和辐射效应日益突出，成为全国体育产业发展的引领者与示范区，为江苏体育产业基地的培育打造指明了方向。

（二）江苏体育产业规模化集约化发展对体育产业基地提出了示范要求

江苏省是中国经济三级之一"长三角"的重要组成部分，伴随着物质生活水平的不断提高，人们更加重视精神需求，对体育活动的需求日益提升。良好的群众基础，领先的经济条件推动了全省体育产业发展。江苏省体育产业各业态发展基础逐渐形成，体育赛事活动日渐增多、赛事经验不断积累；体育场地设施日渐完善，一大批重大文体设施逐步建设落地，各类群众性体育场地设施不断上马，10 分钟体育健身圈日渐形成，百姓体育参与意识不断养成，为体育产业发展提供了良好载体和市场基础。而体育产业是相对新兴的产业，需要模式探索和典型建立。2009 年江苏省开始启动省级体育产业基地培育建设工作，逐步培育一批产业特色鲜明、集聚集约水平明显、引领示范作用较强的产业基地。2016 年 9 月，《长江经济带发展规划纲要》正式印发，2018 年 6 月《长三角地区一体化发展三年行动计划（2018～2020 年)》审议通过，2018 年 11 月《淮河生态经济带发展规划》印发，江苏处于几大经济带的核心位置，战略布局为江苏发展带来了新的机遇和要求。江苏"十三五"规划明确提出调整产业结构，更加注重加减乘除并举发展，全新产业布局为体育产业发展提供了广阔的母体产业空间，推进了省体育产业基地发展。

二 江苏省体育产业基地发展历程

（一）起步发展期（2009~2012年）

"产业基地"作为产业集聚发展的重要形式，由于具备有利于释放强大市场活力和集群优势等特点，在各行业中纷纷被采用，并引起体育产业领域关注。在国家体育产业基地建设推进大背景下，作为江苏最发达城市之一的苏州市率先启动了体育产业基地建设。2009年苏州市委、市政府顺应国家相关体育产业战略要求，经一致研究决定规划建设昆山体育休闲产业基地，将核心区设在昆山锦溪镇，同时通过优惠政策、引导资金等方式引进昆山优尼电能运动科技、天速运动地胶、昆山耀和体育用品等11家体育类项目，产业聚集结合昆山当地的政策环境、经济条件、经济构架等因素，形成具有苏州特色的体育产业基地，并于2009年获批省级体育产业示范基地。首家省级体育产业基地的批设，拉动了昆山锦溪体育产业发展，带动了周边产业增长，形成了良好产业环境。

为引导江苏省级体育产业基地发展，2011年8月江苏省体育局出台了《江苏省体育产业基地管理办法》（苏体规〔2011〕3号），明确省级产业基地的基本概念、基地类型、申报条件、申报年限、申报程序、评审流程等。明确产业基地适用于在江苏省内从事与体育相关经济活动的各类单位，包括体育组织管理活动、体育健身休闲、体育竞赛表演、体育培训服务、体育用品产销、体育场馆服务、体育中介服务以及体育康复、体育传媒等。江苏省体育产业基地包括三种类型：一是以地区〔县（市、区）〕为单位，涉及体育产业众多领域的综合类体育产业基地（江苏省体育产业特色城市）；二是以区域为单位，涉及体育产业相关领域的特色类体育产业基地（体育产业集聚区）；三是以体育产业某一领域知名单位为主体的体育产业示范单位。并对三类基地的具体申报条件作了详细规定。2011年，江苏省批设省级体育产业基地28家，其中综合类和特

色类基地 9 家、示范单位 19 家。至此，全省体育产业基地总数已经达到 38 家。

（二）逐步推进期（2013~2015年）

2013 年 8 月 26 日，国家体育总局正式批准苏南（县域）国家体育产业基地成立，由江苏昆山、溧阳、江阴三市共同组成，是全国首个以县域集群、区域集合为形态的国家体育产业基地，是体育总局批准建立的国内第七家国家级体育产业基地，也是体育总局体育产业基地管理办法出台后建立的第一家国家体育产业基地。苏南（县域）国家体育产业基地的成立标志着江苏省体育产业基地发展迈入了新征程。

基地建设获批后，时任省长李学勇专门做出批示，要求苏南三市以此为契机，先行先试，做出示范。省政府召开苏南（县域）国家体育产业示范基地建设工作研讨会，国家体育总局时任党组成员、局长助理晓敏到会指导并授牌；时任副省长曹卫星对基地建设进行全面部署，明确基地建设的总体要求、基本原则、主要任务和保障措施，要求坚持高起点谋划、高要求推进、高水平实施，加快建设苏南（县域）国家体育产业示范基地。昆山、江阴、溧阳三市按照要求，积极对原有建设规划进行相应调整，进一步明确发展重点和工作举措。2015 年，苏南（县域）国家体育产业示范基地被国家发展改革委和体育总局确定为体育产业联系点单位，基地按照要求编制了工作方案，加强基地建设总体布局设计，明确总体建设目标和各成员单位发展目标、重点工作任务和进度计划以及保障措施等，力争为县域体育产业发展提供经验和示范。苏南（县域）国家体育产业示范基地的成功极大地推动了江苏省体育产业基地的发展，成为江苏省体育产业的典范。2015 年，江苏省批设省级体育产业基地 21 家，其中综合和特色类基地 4 家、示范单位 16 家，全省体育产业基地进入新发展阶段。

（三）快速发展期（2016年至今）

经过多年发展，省级体育产业基地在发展规模、发展模式、影响力等方面都得到了快速增长，对体育产业发展起到了较好示范引领作用，但也面临新情况、新形势和新要求。基于此，江苏省体育局启动了体育产业基地管理办法修订工作，2016 年 1 月发布了《江苏省体育产业基地管理办法（修订稿）》（苏体规〔2016〕1 号）。新文件对省级体育产业基地工作进行了全面升级，在申报综合类、特色类体育产业基地和示范单位条件上做了全面优化。修订后的管理办法更加注重考核评估，明确省体育产业指导中心负责省体育产业基地日常监管和指导工作，体育产业基地实行动态考评管理，每两年组织一次复审。根据复审意见，经省体育局核定，对考核优秀、贡献突出的产业基地予以表彰；对考核不合格的产业基地，限期进行整改，整改期满后仍未达标者，撤销产业基地称号。体育产业基地应当在每年 2 月底前以书面形式向省体育产业指导中心书面报送上一年度发展状况及相关统计数据。涉及示范单位发展的重大人事变动、年度发展规划变更、重大整改措施等事项应及时向省体育产业指导中心报告，同时做出了对体育产业基地存在不当行为予以撤销称号的规定。管理办法的逐步规范，有力推动了体育产业基地高质量发展。

2016 年以来，全省先后获批武进、宜兴、张家港、建邺等一批国家体育产业示范基地；江苏共创人造草坪有限公司、江苏金陵体育器材股份有限公司、南京边城体育用品股份有限公司、江苏康力源健身器材有限公司、江苏省五台山体育中心等一批国家体育产业示范单位；江苏红山体育公园、海澜马术表演项目、江苏中正体育场地设施检测服务平台，新动力连锁汽车越野项目等一批国家体育产业示范项目。全省获得国家体育产业基地数量居全国前列，呈现稳定繁荣的发展局面。

三　江苏省体育产业基地发展现状

（一）国家体育产业基地发展概况

近年来，江苏加强顶层设计，精心谋划，持续推进，国家体育产业基地取得跨越式发展。截至 2019 年底（见表 1），全省获得国家体育产业示范基地 6 个、示范单位 7 个、示范项目 7 个。

表 1　江苏省国家体育产业基地情况一览表

类型	数量	基地名称	获批时间
国家体育产业 示范基地	6 个	苏南（县域）国家体育产业示范基地	2013
		武进国家体育产业示范基地	2016
		宜兴国家体育产业示范基地	2016
		张家港国家体育产业示范基地	2017
		建邺国家体育产业示范基地	2017
		溧水国家体育产业示范基地	2019
国家体育产业 示范单位	7 个	江苏共创人造草坪有限公司	2016
		江苏金陵体育器材股份有限公司	2016
		南京边城体育用品股份有限公司	2016
		江苏康力源健身器材有限公司	2016
		江苏省五台山体育中心	2016
		南通铁人运动用品有限公司	2019
		江阴四方游泳康复产业股份有限公司	2019
国家体育产业 示范项目	7 个	江苏红山体育公园	2016
		海澜马术表演项目	2016
		江苏中正体育场地设施检测服务平台	2017
		新动力连锁汽车越野项目	2017
		曹甸青少年体育装备制造创意产业园	2019
		江南环球港体育服务综合体	2019
		南京金地体育公园	2019

1. 国家体育产业示范基地

2013～2019 年江苏省相继获批了 6 个国家体育产业示范基地，占全国 45 家的 13.3%，分别是苏南（县域）、武进、宜兴、张家港、建邺、溧水国家体育产业示范基地。其中苏南（县域）、武进、建邺国家体育产业示范基地逐步形成体育产业特色集聚、优势互补、资源合理配置的体育产业聚集区，凭借产业聚集效应带动了当地经济飞速发展。三地以健身休闲、场馆服务、体育培训、体育竞赛表演等体育服务业为发展重点，促进体育与其他行业融合发展，扩展多元融合的载体平台；以科技创新为引领，促进体育用品制造业转型升级，鼓励体育企业顺应市场需求，开发运动健身设备，培育新兴体育消费热点；以体育赛事为引领，引入"互联网＋"等技术手段，扩大健身休闲业的发展。宜兴和张家港国家体育产业示范基地，按照"依托自身、突出优势、建设精品、加速发展"原则发展体育产业，以体育旅游业推动体育产业发展，利用当地历史文化积淀，打造当地特色旅游项目，将体育产业与旅游、文化产业融合发展，带动了周边地区的经济发展。溧水区以打造精品赛事推广区、体育产业集聚区、全民健身示范区为目标，积极打造水上运动、街舞世锦赛、国际户外运动、单板滑雪等"四季品牌赛事"。国际山地半程马拉松赛连续 5 年举办，成为 A 类认证赛事和"银牌赛事"；连续 3 年承办中国女篮国际对抗赛，环溧水自行车赛在全国形成较大影响；全球第一届街舞锦标赛让溧水登上了世界体育的舞台，全区各类赛事遍地开花。

2. 国家体育产业示范单位

2013～2019 年，江苏省成功获批 7 家国家体育产业示范单位，分别是江苏共创人造草坪有限公司、江苏金陵体育器材股份有限公司、南京边城体育用品股份有限公司、江苏康力源健身器材有限公司、江苏省五台山体育中心、南通铁人运动用品有限公司、江阴四方游泳康复产业股份有限公司。其中江苏金陵体育器材股份有限公司、南京边城体育用品股份有限公司属于体育用品制造类体育产业示范单位，2 家示范单位积极响应国家政策号召，高度重视体育用品制造业发展，取得了显著成绩，2017 年江苏金陵体育器材股份有限公司营业收入达到 33573 万元，创造了较高的社会经济效应，有效带动了地方体育产业发展。江苏省五台山体育中心属于体育场馆类体育产业示范单位，坚持"以体为本、多元发展"方针，大力发展体育本体产业、积极整合关联业态，2017 年实现经营收入超亿元，场馆运营管理水平和综合服务能力均实现较大提升。

3. 国家体育产业示范项目

2013～2019 年，江苏省共获批 7 个国家体育产业示范项目，占全国25%，分别是江苏红山体育公园、海澜马术表演项目、江苏中正体育场地设施检测服务平台、新动力连锁汽车越野项目、曹甸青少年体育装备制造创意产业园、江南环球港体育服务综合体、南京金地体育公园。近几年，各示范项目发展中均创造了较好的经济社会效益，对项目所在地体育产业发展发挥了有效推动作用。红山体育公园厚植了大量体育消费人群，促进了当地体育旅游业发展；海澜以马术表演为特色，围绕马术表演推进当地体育服务综合体、体育小镇建设工作；江苏中正体育场地设施检测服务平台，积极打造体育场地设施质量检测服务平台，促进体育设施建设质量提升；新动力连锁汽车越野项目致力于打造时尚体育运动汽车越野，培育了大批户外运动爱好者，提升了人们对于新兴体育运动的热情；曹甸镇青少年体育装备制造创意产业园致力于打造集聚度高、承载力强、科研创新的综合性体育产业服务平台。截至 2018 年底，全镇体育产业实现工业总产值 115 亿元，实现销售 109 亿元，创造利润 9.26 亿元，实现税收 3.5 亿元；江南环球港体育服务综合体将商业与"体育、文化、旅游、娱乐、展览、教育"等体验业态相融合，联动发展，促进消费升级；南京金地体育公园是目前江苏省最大的开放式体育公园，涉及场地租赁、承办体育赛事、教育培训、企事业单位团建等体育服务。

（二）省级体育产业基地（综合和特色类）发展概况

江苏省体育产业基地呈现井喷式发展，截至 2019 年底，江苏省体育产业基地重新认定工作结束之后，省级体育产业基地总数为 82 个，其中综合类体育产业基地 10 个，占 12.2%；特色类体育产业基地 11 个，占 13.4%；体育产业示范单位 61 家，占 74.4%。

1. 总体概况

江苏省体育产业基地将省内体育产业资源、体育相关企业、体育人才等进行整合，形成体育产业集中化的区域载体，经过整合后高效拉动经济发展。

一是体育产业规模不断扩大。16 个省级体育产业基地统计数据显示（见表2），体育产业实现总产出从 2015 年的 744.75 亿元增长至 2017 年的

902.04 亿元，实现体育产业增加值从 2015 年的 185.63 亿元增至 2017 年的 274.08 亿元。2017 年江苏体育产业基地的体育企业数量高达 6356 个，较 2016 年增长了 9.59%，在武进、江宁、浦口、昆山和江阴这五处基地中体育类企业数量均超过了 500 个，其中武进国家体育产业示范基地企业数量超过了 2000 个，约占总企业数量的 1/3。

表2 2015～2017 年江苏省体育产业基地总规模统计数据一览

年份	总产出		增加值	
	总额（亿元）	同比增长（%）	总额（亿元）	同比增长（%）
2015	744.75	—	185.63	—
2016	813.25	9.20	217.85	17.36
2017	902.04	10.92	274.08	25.81

资料来源：江苏各体育产业基地提供。由于部分基地数据缺失，实际统计样本为 16 个。下同。

二是体育产业经济效益不断彰显。统计数据显示（见表3），江苏省体育产业基地纳税总额从 2015 年 24.41 亿元增长至 2017 年 33.22 亿元，增长了 36.09%。各基地经济贡献水平普遍较高，2017 年体育产业增加值占 GDP 比重达到 1.83%，高于当年江苏省体育产业经济贡献（1.42%）的水平。其中，金湖、施河、武坚镇等省级体育产业基地体育产业增加值占 GDP 比重均超过了 30%，已成为当地经济的重要支柱产业。就区域分布而言，苏南、苏中、苏北三地区的省级体育产业基地体育产业经济效益均处于上升趋势，苏南地区作为经济发展水平较高的地区，一直处于领先地位。

表3 2015～2017 年江苏省体育产业基地经济效益统计数据一览

年份	纳税总额		增加值占 GDP 比重	
	总额（亿元）	同比增长（%）	占比（%）	同比增长（%）
2015	24.41	—	1.69	—
2016	27.30	11.84	1.77	4.73
2017	33.22	21.68	1.83	3.39

三是体育产业辐射效应作用逐步显现。江苏省各省级体育产业基地，通过不断发展与完善，形成了个性鲜明的地方体育产业特色，产生效益的同时拉动地方经济发展。数据显示（见表4），截至2017年12月，2017年江苏体育产业基地体育产业带动相关收入总值74.13亿元，同比增长18.04%；体育赛事带动就业人数已达18593人。其中江苏省苏州阳澄湖半岛旅游度假区拉动相关产业收入16.16亿元，江阴体育产业基地15.00亿元，昆山体育产业基地11.85亿元，表现较为突出。

表4　2015～2017年江苏省体育产业基地带动效应统计数据一览

年份	带动相关收入总值		体育赛事带动就业人数	
	总额（亿元）	同比增长（%）	总数（人）	同比增长（%）
2015	58.44	—	13820	—
2016	62.80	7.46	18445	33.47
2017	74.13	18.04	18593	0.80

2. 发展特征

江苏省省级体育产业基地的产业基础普遍水平较高，体育产业资源整合力度较大，培育和延长了产业链，辐射和推动了周边体育产业发展。各体育基地已经形成了以体育用品制造业、体育场馆、健身休闲等为主的多种业态共同发展新趋势，并按照不同的发展轨迹，形成各具优势的发展特色。

一是综合类产业基地表现突出。主要包括溧阳、武进、江宁、浦口、昆山、江阴、宜兴等10个综合类体育产业基地。其中7个综合类基地统计数据显示，2017年体育产业实现总产出850.53亿元，创造增加值241.25亿元。其中武进体育产业基地充分利用长江经济带、长三角区域一体化、苏南现代化示范区和自主创新示范区等一系列战略优势，大力推进体育产业发展，加快供给侧结构性改革，培育和延长"体育+"产业链，2017年实现总产出达到187.82亿元，创造增加值达到52.27亿元。昆山针对自身区域内的体育产业制定方针，加快体育产业发展，完成横向到边、纵向到底的网格化空间布局，并通过培育和引进，以高端体育制造及研发类企业为核心，初步形成捷安特、吉纳尔、耀马车业等为代表的自行车制造产业集群；以多威、迈橙等为代表的运动鞋（服）产业集群；以天速、百途、永尚科技等为代表的体育装备制造产业集群。江阴依托于"两片两带"空间布局，逐步形成体育产业特色集聚、优缺互补、资源合理配置的体育产业聚集区，并通过辐射效应推动全市体育产业共同发展。

二是特色类产业基地蓬勃发展。主要包括金湖银涂、施河、南通开沙岛、无锡、盛泽、阳澄湖、武坚等 11 个特色类体育产业基地。其中 9 个特色类基地统计数据显示：2017 年体育产业实现总产出 51.51 亿元，相比 2015 年增长了 78.85%。其中，盛泽镇体育用品产业基地按照"品牌引领、科技支撑、融入时尚、提升层级"的思路，以体育面料及周边产品为核心，做大做强体育用品制造业，以科技创新引领体育用品制造业转型升级；引导体育用品制造企业加快淘汰落后产能，应用新技术、新工艺、新材料，推动产品升级换代、延长产业链条，成效显著。2017 年体育产业实现总产出 28.80 亿元，体育产业增加值占 GDP 比重 5.94%。

（三）省级体育产业示范单位发展概况

江苏省级体育产业示范单位逐年递增，2009 年仅为 9 家示范单位，截至 2019 年底，全省体育产业示范单位已经达到 61 家，占省级体育产业基地总数的 74%。

1. 总体概况

江苏省体育产业示范单位涉及体育用品制造、体育赛事运营、体育培训等各领域知名企业或单位。随着政策和资金支持力度加大，各示范单位取得较快发展，经济贡献不断提升，社会影响不断扩大。

一是经济效益增长迅速。61 家省级体育产业示范单位统计数据显示，2018 年总营业收入达到 493.44 亿元，同比增长 45.88%，总体来看，江苏体育产业示范单位持续良性发展，经济效益显著，呈现快速发展态势。其中，南京市全民健身中心有限公司集体育服务、体育赛事、体育培训、体育场馆等多业态融合发展，不断创新管理思路，强化队伍建设，优化服务环境，提升服务水平，加快构建公共体育服务体系，提高服务质量和水平，利用市场化手段推动全民健身和体育消费，组织开展了形式多样、内容丰富、全员参与的全民健身活动，取得了良好的社会效益和经济效益。2018年实现营业收入达到3228.28万元，相较于2017年增长32%，占示范单位总收入的3.2%。

二是特色发展开始凸显。江苏各地依托经济、环境、交通等优势，形成各具特色的发展格局。苏大体育科技文化有限公司加强产学研合作，增强企业竞争力，有力推动当地经济发展。江苏永钢以竞技水世界、垂钓中心、温泉等体育项目，突破永联景区原有旅游模式，增加了健身、养身、休闲体育元素，形成了"现代农业游+江鲜美食游+新型工业游+新农村建设游+健身休闲游"五位一体的旅游体育特色品牌。盐城市体育实业发展有限公司科学定位、创新思维、优化资源、细分市场，并通过多层次群体营销，打造综合品牌。江苏悦达健康管理服务有限公司合理利用场地资源，严格遵循公共体育场馆建设标准，为市民提供良好健身环境，拉动周边体育产业消费。扬州途居露营地依托便捷区域交通优势、良好自然生态环境、深厚历史文化底蕴，打造集运动休闲、原生态湿地体验、江鲜美食等多种功能于一体的复合型国际露营地和旅游体验式营地。

三是社会贡献不断提升。统计数据显示，2018年江苏省级体育产业示范单位总纳税额达到11.56万元。随着体育市场逐渐发展，体育产业岗位需求也慢慢增加，2018年示范单位吸纳员工总人数达到23219人，员工数量大幅度增长从侧面反映体育示范单位提供了较多就业岗位。其中，大专及以上学历员工占总人数比重超过50%的示范单位占到16.95%。随着体育产业不断发展，体育相关技能服务工作岗位将不断增多，对人才需求量将会大大提升。

2. 发展特征

随着体育产业多元发展，涉及范围更加广泛，江苏省级体育产业示范单位类型趋于稳定，主要涉及体育用品制造、体育场馆服务以及体育旅游、销售、赛事等其他方面。

一是体育用品制造类单位表现抢眼。南通荣威娱乐用品有限公司、南通铁人运动用品有限公司、江苏金陵体育器材股份有限公司等一批代表性示范单位，发展态势良好。统计数据表明，体育用品制造类示范单位经济效益呈直线上升趋势，总营业收入由 2015 年的 39.42 亿元上升到 2017 年的 54.51 亿元；利润总额从 2015 年的 2.20 亿元增至 2017 年的 2.83 亿元。

二是体育场馆类单位加快发展。近年来，江苏省积极响应国家开展全民健身运动号召，抓住全国公共体育服务体系示范区建设和城乡一体化加快推进机遇，不断完善体育公共设施网络，常州体育中心、江阴体育中心、徐州奥体中心等一批场馆类示范单位得到快速发展。统计数据显示，2017 年江苏省体育场馆类示范单位营业收入为 26.91 亿元，呈现较好发展势头，为体育场馆类示范单位自身优化和发展提供巨大动力。

三是其他类单位发展态势良好。其他类主要涉及体育旅游、体育销售、体育赛事类等，苏州同里国际旅游开发有限公司、江苏天马网络科技集团、南京棋院、江苏中正检测股份有限公司等一批示范单位呈现良好发展势头。数据显示，江苏省其他类体育产业示范单位营业收入从 2015 年的 284.56 亿元上升至 2017 年的 412.01 亿元，呈现快速发展态势。其中，苏州同里国际旅游开发有限公司通过将同里古镇景区旅游资源的经营管理以及旅游三产开发与体育相融合，推出中国围棋天元赛、中韩围棋天元赛、全国围棋职业段位赛等赛事，2017 年营业收入达 11447.8 万元。

四 江苏省体育产业基地推进措施

（一）强化制度管理，提升基地引领作用

2011 年 8 月江苏省出台了《江苏省体育产业基地管理办法》（苏体规〔2011〕3 号），首次明确了省级产业基地的基本概念、基地类型、申报条件、申报年限、申报程序、评审流程等，对体育产业基地有了初步制度性设计。2016 年 1 月发布了《江苏省体育产业基地管理办法（修订稿）》（苏体

规〔2016〕1号），文件对省级体育产业基地工作进行了全面升级，进一步加强对江苏省体育产业基地建设的规划与管理。新的管理制度更加强化推动基地创新管理体制和运行机制，发挥产业基地的集聚效应、规模效应和引领作用，鼓励社会力量融入体育产业发展中，促进了体育与相关行业融合发展，全面提升全省体育产业规模和质量。

（二）加强标准引领，促进基地规范发展

针对综合类体育产业基地、特色类体育产业基地、体育产业示范单位三种类型基地，分别制定相应评审认定标准，并遵循公平、公正、公开和突出特色、兼顾均衡、统筹规划、合理配置资源原则，组建专家评审组，对申报材料提出评审意见。省体育产业指导中心根据专家评审组提出的评审意见提交拟命名产业基地名单，报省体育局核定，经公示无异议后，省体育局以正式文件形式批复并命名产业基地。

（三）抓好动态管理，确保基地建设质量

对省级体育产业基地实行动态考评管理，对考核不合格的产业基地，撤销基地称号。2019年省体育局组织对全省100家体育产业基地重新认定，经单位申报和评审，共有82家单位获得重新认定命名（其中，综合类体育产业基地10家、特色类体育产业基地11家、体育产业示范单位61家）。省体育产业指导中心负责基地日常监管和指导工作，并组织产业基地经验交流、观摩学习和人员培训等。各家基地每年2月底前以书面形式报送上一年度发展状况及相关统计数据。

（四）强化激励政策，激发基地内在活力

加强对体育产业基地的政策激励，在省体育产业基地中择优推荐特色明显、创新性好、效益显著的基地，申报国家体育产业基地。省体育产业发展专项资金对国家及省体育产业基地申报项目，优先给予资金资助、奖励和贷款贴息支持。利用江苏体育产业大会、江苏体育产业杂志等平台，对体育产

业基地进行宣传推介，并积极推动省体育产业基地参展国际体育用品博览会、中国体育旅游体育文化博览会，推荐申报中国体育旅游精品项目等，利用多种方式对基地进行全方位宣传推介。

五　江苏省体育产业基地发展展望

近年来，在国家支持推动体育产业发展的基础上，江苏省依照国家相关要求，通过培养群众体育兴趣、推出积极支持政策、鼓励社会资本投资等方式，不断优化江苏省体育产业基地体系。但在发展过程中也存在管理制度不完善、创新驱动不足、人才支撑乏力等诸多问题。伴随着体育产业高质量发展，江苏体育产业基地必将迎来新发展阶段。

（一）优化管理制度体系

为适应全省体育产业基地蓬勃发展趋势，基地管理制度体系必将随着持续推进的步伐不断优化：一是转变和优化政府职能。打破传统体制束缚，遵循社会性与市场性相结合原则，减少政府对体育产业市场化、商业化行为的主动干预，维护体育市场的公平竞争和消费者权益。二是共建体育产业基地协同发展体制。以提升产业基地效能为重要抓手，强化跨区域合作和交流，实现统筹建设工作。

（二）创新投融资机制

当前体育产业基地发展仍然处于探索与发展阶段，尚不能完全满足金融机构的资本借贷要求。需要健全和完善体育产业投融资相关制度、改善体育产业投融资地区发展不平衡现状、拓宽体育产业投融资民间资本进入条件、建立有效的体育产业投融资撤出机制，助推产业基地发展。

（三）提升创新驱动水平

以集聚化、融合化为主要方向，推动基地体育服务业向精细化和高品质提升，不断满足人民群众多样化、个性化、高品质服务需求。加强体育与旅游、文化的全面融合，探索发展"体育＋"，着力打造体育旅游、文化综合体，加快发展体育旅游、文化产业，促进全民健身事业、体育产业的提档升级、提质增效。鼓励基地加强技术创新与引进，积极培育自主体育品牌。

（四）强化人才支撑保障

随着体育产业上升到国家战略，体育产业基地对专业人才的需求不断增长。因此，应不断强化人才支持保障。一是加强体育产业高端人才培养与引进，实施体育产业企业家培养工程，培养复合型体育人才，建立体育产业研究智库，推行体育经纪人制度。二是加强与高校合作，培养专业体育产业人才，特别是体育复合型人才，加强高校与体育企业合作，为江苏省体育产业基地不断输入新鲜血液。三是建立基地人才相互联系、相互促进的互动机制，培养综合素质高的社会体育产业人才。

B.8
江苏省体育服务综合体发展报告

张　强*

摘　要： 江苏省体育服务综合体发展总体态势呈现开发载体主题鲜明、
投资主体类型多元、产业融合集聚加速、经济效益良性发展
等特点。本文分析体育中心型、全民健身中心型、商业内嵌
型和其他型体育服务综合体的典型案例，提出在发展体育服
务综合体过程中应注意积极转变场馆功能定位、重视市场开
发工作、积极融入城市空间、吸引专业人才或机构合作等问
题。江苏省体育服务综合体的推进思路为坚持规划先行、主
张标准引领、注重推广宣传。提出以下推进路径：大型体育
场馆功能改建增设服务业态、商业综合体配建体育主题区、
以综合体理念规划新建场馆、深挖健身休闲资源打造体育旅
游综合体、体医融合培育体育健康综合体。江苏省体育服务
综合体的发展展望：体育服务综合体建设步伐加快、持续推
进场馆运营管理体制改革、全民健身中心型综合体成为发展
重点、体育服务综合体智能化建设是未来趋势。

关键词： 体育服务综合体　体育场馆　体育产业　江苏省

　　21世纪以来，发展城市综合体已成为推进新区经济建设和推动城市整
体功能跃升的重要抓手，其在加快城市产业联动和提升区域公共服务水平等

＊ 张强，博士，苏州大学体育学院，研究方向为体育产业与场馆运营。

方面成效显著，开发速度与质量稳步提高。现代城市综合体建筑已然是城市发展的亮点，其在整合城市资源、完善交通系统、引领都市多核心布局、融合都市景观等方面能进一步吸引投资并带动消费。近年来，欧美等国家和地区出现了一批运营管理较为成熟的体育服务综合体，国内部分城市也出现了体育服务综合体雏形，其在全方位供给体育服务、促进体育产业高质量发展、拉动培育新的体育消费增长点、完善城市体育功能分区以及提升城市能级等方面发挥了关键作用。体育服务综合体是服务业领域中体育产业独具特色的重要抓手和内容，而以大型体育场馆功能改造升级和体育主题商业综合体多元化运营为主的体育服务综合体是刺激体育消费和加强公共体育服务的重要空间和载体。为打破体育场馆管理瓶颈和市场化运营障碍，国家体育总局长期致力于场馆管理体制与机制的改革，2013 年 10 月国家体育总局联合国家发改委、公安部、财政部等八部委联合出台了《关于加强大型体育场馆运营管理改革创新　提高公共服务水平的意见》，明确提出"有条件的场馆要努力拓宽服务领域，积极发展体育旅游、体育会展、体育休闲、文化演艺等业态，在不改变公共体育场馆性质的前提下，打造特色鲜明、功能多元的体育服务综合体和体育产业集群"。文件首次提出体育服务综合体概念。为加快体育产业、体育消费转型升级，2014 年 10 月国务院印发《关于加快发展体育产业促进体育消费的若干意见》，提出"以体育设施为载体，打造城市体育服务综合体，推动体育与住宅、休闲、商业的综合开发"，体育服务综合体的概念雏形初现。2016 年 7 月国家体育总局发布《体育产业发展"十三五"规划》将场馆服务业归为重点行业，提出重点打造体育服务综合体，这个概念得到进一步重视。《体育强国建设纲要》更是将推进体育服务综合体建设作为升级体育产业的重大工程。江苏省认真贯彻落实国务院体育产业 46 号文要求，围绕大型体育场馆功能改造、社会资本规划新建商业综合体、利用具备条件的房产设施（空间）等多方面推动体育服务综合体建设，充分盘活存量场馆资源，拓宽体育活络空间，对做大做强体育产业、促进相关产业融合、增进体育消费、实现资源联动发挥着举足轻重的作用。

一 江苏省体育服务综合体发展背景

（一）政策背景

江苏省作为全国体育产业较发达省份，体育服务综合体建设在全国出现最早、数量最多、类型最丰富，走在全国前列，体育服务综合体模式成为今后发展重点与热点。2015 年，《省政府关于加快发展体育产业促进体育消费的实施意见》提出"制定体育服务综合体发展计划，加强规划引领和政策扶持，依托现有体育场馆群，打造健身服务、竞赛表演、体育培训、用品销售、商贸会展等功能多元的体育服务综合体"。为贯彻落实省政府文件精神，省体育局发布了《关于加快体育服务综合体建设的指导意见》和《江苏体育服务综合体建设参考标准》，明确提出"到 2020 年，全省建成 40 个左右体育服务综合体，到 2025 年，建成 100 个以上体育服务综合体，实现省、市、县三级全覆盖，在全国率先建成设施完备、功能齐全、运营创新、服务领先的体育服务综合体网络体系"。目前，江苏已在全省范围内认定了两批共计 27 家体育服务综合体，凭借业态融合度高、运营模式多样化、服务内容公共性等特点，广受市场欢迎，有利于实现体育建筑良性运营。从政策导向与江苏发展实际来看，命名为省级体育服务综合体，是树立责任意识、品牌意识，创新体育发展模式、完善城市功能，充分发挥示范、辐射和引领作用的体现，为江苏建立新时代体育强省建设发挥重大作用。

（二）理论背景

江苏省发展体育服务综合体，是建设体育强省的必然要求，对于体育事业发展与进步、合理高效配置体育资源及丰富新时期公民健身需求有着重要的研究意义和理论价值。丁宏、金世斌借鉴"城市综合体"的概念，提出体育综合体是"以大型体育建筑设施为基础，促进功能聚合、实现土地集约，融合体育健身、体育会展、体育商贸、体育演艺、健康餐饮等功能于一身的公共体育服务与体育经济发展聚集体"[1]，强调了体育场馆的综合体功能和产业组织形式。王家宏等学者认为城市体育服务综合体是在城市特定空间内，通过体育资源和场馆设施融运动、休闲、健身、娱乐、商贸等功能于一体的体育服务空间集聚区与体育生活区[2]，该研究进一步拓宽了体育服务综合体的建设范畴，增设了"特色资源型"发展模式。张强等分析了发展体育服务综合体的必要性和可行性，在参考国外经验和国内实践的基础之上，从发展路径、推进策略视角对体育服务综合体展开探讨[3]。丁云霞等指出体育服务综合体是以体育场馆、户外运动场域以及其他商业空间载体为基础的体育产业聚集区，并提出"以人民为中心"的体育价值取向，确立"提供时尚多元服务""发展布局覆盖城乡""资源利用因地制宜""内部主体合作集成"的体育服务综合体转型发展路径及其创新发展模式[4]。褚贝等分析了体育服务综合体的建设原则与价值取向，探析了评价指标的构思理路，确立了由资源、企业、市场3个一级指标，6个二级指标，共计30个三级指标组成的竞争力评价指标体系[5]。

（三）现实背景

体育场馆经过多年的传统路径发展，存在选址布局不合理、服务类型较为单一、配套服务能力受限、消费场景不足等一系列瓶颈，难以满足公众对

---

① 丁宏、金世斌：《江苏发展城市体育服务综合体的路径选择》，《体育与科学》2015年第2期，第34~37页。

② 王家宏、蔡朋龙、陶玉流等：《我国城市体育服务综合体的发展模式与推进策略》，《武汉体育学院学报》2017年第7期，第5~13页。

③ 张强、陈元欣、王华燕等：《我国城市体育服务综合体的发展路径研究》，《成都体育学院学报》2016年第4期，第21~26页。

④ 丁云霞等：《体育综合体转型发展的逻辑动因与路径——基于"以人民为中心"的体育价值取向》，《上海体育学院学报》2018年第6期，第30~35页。

⑤ 褚贝等：《基于GEM模型的体育综合体竞争力研究》，《体育与科学》2018年第5期，第93~101页。

美好生活的需求，因此在实践中亟待探寻新路径、创造新模式。体育服务综合体的发展模式是突破当前发展桎梏的新载体：一是破解场馆运营难题的迫切需要。体育场馆的建筑体量相对较大，前期需要大量资金投入，建成后政府每年还需投入大量的运营资金维持正常运行，成本较高，消耗政府大量资源。而体育服务综合体能够携体育 IP 赛事、娱乐和教育等主力业态搭建消费平台，构建多样化的参与群体，满足群众的消费刚需，实现客户引流，提高群众日常体育参与热情，同时扩张场馆的业务范畴。其融合商业购物中心、培训、文化、娱乐、酒店、餐饮等业态，打造一站式服务，能够带动周边其他业态发展，促成以运动消费为主题的体育时尚生活圈，为场馆带来"因体而兴"的正向运营效益。为场馆聚集人气的同时，辐射相关业态发展带来丰厚的收益回报，加快场馆自收自支平衡，降低政府对场馆的财政支出。快速提升场馆及周边区域的发展潜力，"体商结合"成为体育场馆运营成功之道的重要举措。二是促进体育空间可持续发展。目前我国多数体育场馆过于依赖政府拨款勉强维持运行，自我造血能力较差。应积极转变场馆设施的功能定位，将场馆设施由体育活动中心的定位转变为集体育、文化、休闲、娱乐于一体的体育服务综合体，调整场馆设施的经营发展战略，放宽眼界，从单一的体育产业向文化、餐饮、旅游、休闲、零售等行业发展，实现场馆设施由单一功能向多元功能的转变，将场馆设施的潜在消费顾客由单一的体育爱好者拓展为全社会的消费者，实现场馆设施的多元化经营，提高场馆设施的利用率，改善场馆设施的经营状况。三是实现两个效益的双赢举措。目前部分经济发达地区的场馆转型发展为体育服务综合体，在主营业务方面已逐步开始盈利。随着体育场馆服务业提质扩容，我们不能局限于眼前利益，而限制了场馆设施的协调发展。体育服务综合体的经济效益好，可以为场馆设施社会效益的发挥提供充足的物质保障和经费支持，场馆设施的社会效益高，说明在场馆设施内健身的人数多，人流量大，这为场馆设施的其他行业的经营提供了充足的客源，也有利于场馆设施无形资产的开发，二者之间是相互协调、相互支持与促进的关系。

二　江苏省体育服务综合体发展现状

江苏正处于城镇化高速发展阶段，城镇化率已超过60%，发展以体育休闲服务为主题的体育服务综合体，有利于创新体育发展模式，完善以人为本的城市功能，推动新型城镇化水平提升，促进"富、强、美、高"新江苏建设。目前，江苏省已经批设两批共27家体育服务综合体，凭借强大的消费市场，体育服务综合体蓬勃发展，呈现良好发展势头（见表1）。

表1　江苏省体育服务综合体名单一览

序号	设区市	单位名称	类型
首批14家体育服务综合体			
1	南京	南京奥林匹克体育中心	体育中心型
2	南京	南京市全民健身中心	全民健身中心型
3	南京	南京大金山国防园	其他型
4	南京	南京金地体育公园	全民健身中心型
5	无锡	无锡华润万象城	商业中心内嵌型
6	无锡	江阴市体育中心	体育中心型
7	徐州	徐州颐和汇邻湾运动广场	商业中心内嵌型
8	常州	常州江南环球港	商业中心内嵌型
9	苏州	苏州昆城广场	商业中心内嵌型
10	苏州	苏州花桥美格菲全民健身中心	全民健身中心型
11	淮安	淮安健与美淮海路店	商业中心内嵌型
12	盐城	盐城悦达健身广场	全民健身中心型
13	盐城	盐城大丰区梦幻迷宫	其他型
14	宿迁	宿迁盛基G运动中心	商业中心内嵌型
第二批13家体育服务综合体			
1	南京	永银体育龙蟠运动俱乐部	全民健身中心型
2	南京	野趣国际营地	其他型
3	无锡	无锡体育中心	体育中心型
4	徐州	徐州奥体中心	体育中心型
5	徐州	徐州月半湾户外运动基地	其他型
6	常州	万达广场YOUNG生活馆	商业中心内嵌型
7	常州	太湖湾露营谷	其他型

续表

序号	设区市	单位名称	类型
第二批 13 家体育服务综合体			
8	常州	常州龙凤谷	其他型
9	苏州	苏州高新区文体中心	体育中心型
10	苏州	苏州市体育中心	体育中心型
11	苏州	苏州三山岛	其他型
12	扬州	扬州李宁体育园	全民健身中心型
13	扬州	扬州昌建广场	商业中心内嵌型

资料来源：江苏省体育局提供。

（一）体育服务综合体总体态势

1. 开发载体——场馆为主，主题鲜明

为更好地树立体育服务综合体的品牌竞争意识，充分发挥综合体效应对相关产业的引领、示范和辐射带动作用，深入提高体育场馆及体育产业发展水平，提供更多高质量的公共体育服务与产品，促进江苏体育产业实现新突破，助力新时代江苏体育强省建设。江苏省体育局认定了包括体育中心型、全民健身中心型、商业中心内嵌型、其他型四种类型的体育服务综合体。梳理总结江苏省体育服务综合体建设发展动向，从前两批认定共计 27 家体育服务综合体的类型分布上来看，体育中心型 6 家、全民健身中心型 6 家、商业中心内嵌型 8 家，其他型 7 家。前两类以体育场馆为依托核心的体育服务综合体达到了 12 家，充分体现了江苏省丰富的体育场馆资源优势，从单类型数量上看商业中心内嵌型体育服务综合体和其他型数量齐头并进，体现出鲜明的主题发展特色。

2. 投资主体——类型多元，百花齐放

体育服务综合体是基于一定规模空间范畴内的体量开发，其投资额度大，周期长，目前江苏省涉足体育服务综合体开发的投资主体类型多样，包括财政资金、国有企业、国有独资公司和民营企业，其中多以资金雄厚的民企投资为主，由此可见社会资本是体育服务综合体投建的重要资金来源。分

析江苏省体育服务综合体的建设规模可以看出，体育中心型体育服务综合体的数量并非最多，但投资规模较大、公益性强。同时，面对体育服务综合体的蓬勃发展，大量开发商纷纷转型介入开发，呈现"百花齐放"的繁荣景象，大型开发商经验丰富，商业模式趋于完善，更贴合消费市场，商业中心内嵌型体育服务综合体更加贴近城市居民运动健身的市场需求，具备较好的投资条件与环境。

3. 业态融合——产业集聚，资源整合

发展体育服务综合体是以"体育+""+体育"为核心理念，融合文化演艺、旅游、休闲、会展、娱乐等多业态和配套服务。体育服务综合体是一项综合性的产业经济载体，具有较高的投入与产出价值，体育服务综合体的集聚效应能持续优化和促进相关产业融合发展，催生出新的产业类别，甚至能够达到强化城市功能的目的[①]。从运动项目分布来看，商业中心内嵌型体育服务综合体提供的运动项目种类在 10～15 项的居多，并且包含相当比例的特色体育项目；全民健身中心型体育服务综合体提供的运动项目种类在 20～30 种，体育中心型体育服务综合体提供的运动项目种类也在 20～30 种，但侧重传统竞技体育项目。总体来看，体育服务综合体内部的业态，普遍向运动体验、运动培训、娱乐消费、亲子互动消费等方向发展，传统竞技体育、田径、三大球等是体育中心型综合体运动项目的必要构成[②]，市场化运营的体育服务综合体对促进体育消费做出了重要贡献。

4. 综合效益——成效显著，良性发展

江苏省大力发展体育服务综合体，对经济和社会发展产生了积极的正向效应。全省体育服务综合体统计数据显示（见表 2），2018 年体育设施营业收入为 42244 万元，体育设施纳税总额为 3502.52 万元；2019 年体育设施营业收入为 47131.05 万元，增长率为 11.57%，体育设施纳税总额为 3743.72

---

① 苏州大学江苏体育健康产业研究院：《城市体育服务综合体研究报告》，内部研究资料，2017。

② 《权威解读：国内首批官方认证的体育服务综合体》，大众新闻网，http：http://www.dzshbw.com/news/2018/shangye_0719/146584.html？from=groupmessage.

万元，增长率为 6.89%。随着消费水平不断升级，综合体模式带动了传统的百货商城、购物中心逐步增设体育业态，向体育服务综合体模式转变，体育服务综合体已经逐渐成为社区的活力中心。从社会效益看，2018 年江苏省体育服务综合体年度进行体育培训累计 1473289 人次，2019 年达到 1899470 人次，同比增长 28.93%，形成了丰富的体育活动体系，为广大群众增设了大量的体育活动空间，为改善民生，提升人民获得感、幸福感做出积极贡献。

表2　2018～2019 年江苏省体育服务综合体运营情况一览

年份	体育设施营业收入（万元）		体育设施纳税总额（万元）		年度进行体育培训累计人次（人次）	
	总额	同比增长（%）	总额	同比增长（%）	总数	同比增长（%）
2018	42244	—	3502.52	—	1473289	—
2019	47131.05	11.57	3743.72	6.89	1899470	28.93

资料来源：江苏省体育局提供。

（二）体育服务综合体典型案例

1. 南京金地体育公园——"全民健身中心型"

南京金地体育公园是江苏省最大的开放式综合体育主题公园，2015 年迎接了国务院副总理刘延东及国家体育总局原局长刘鹏等领导的视察，他们对南京金地体育公园给予了高度评价，园内体育设施均按国际级比赛标准配备，设有网球、羽毛球、篮球、足球、乒乓球等群众性体育设施，配有室内恒温气膜馆，冬暖夏凉；另设有接待中心、儿童娱乐区、室外烧烤区、体育用品销售区等配套服务设施，规模宏大、设施齐全、环境优美，具备体育服务综合体的各项功能。该项目在建设初期构思创建体育与地产复合经营的商业体育模式，从地产维度开发体育市场，以准确的产品定位、客户定位，结合整体运营，力求打破原有的传统体育行业界限，开创全新的市场空间，打造体育地标概念，延伸经营餐饮、娱乐、零售等内容，利用周边"花生唐"

商业地产项目、莲花湖公园生态环境，为前来健身的客户提供一个全方位的休闲度假服务，将自身的多业态与城市资源进行有效整合，打造一个多元化的体育文化集成，最大限度实现体育服务综合体的经济效益和社会效益，并成功入选 2019 年国家体育产业示范项目。

2. 江阴市体育中心——"体育中心型"

江阴市体育中心是政府重点建设的民生工程，位于江阴"城市客厅"核心区，北靠黄山，南邻天华艺术中心，西与江阴市政府毗邻，并与江阴长江大桥遥相呼应，地理位置相当优越，中心分三个主体设施：一期工程——体育馆，投资总额 1.2 亿元，于 2003 年 6 月竣工投运，建设用地 70 亩，建筑面积 12436 平方米，设观众席 3338 座。二期工程——体育场，投资总额 6.5 亿元，于 2009 年 9 月底完工，总用地面积 236.97 亩，拥有 2 片国际标准的足球场地、2 片 400 米标准跑道田径场、6 片室外灯光塑胶篮球场、10 片网球场，以及 1 个全民健身中心和 14000 平方米室外健身活动场地、健步道。其中主体育场建筑面积为 41200 平方米，设有观众席 31888 座。三期工程——市民水上活动中心，投资总额 5.3 亿元，于 2011 年 9 月建成投运，占地 63.44 亩，总建筑面积 28675 平方米，共有观众席 3014 座，25m × 25m 的跳水池、50m × 25m 的游泳池、50m × 15m 的热身池；同时在室内室外设有温水池、儿童游泳池、造浪池、游泳池等场地设施。江阴市体育中心是江阴市规模最大、设施最先进、功能最完善的综合性全民健身主阵地。目前，体育中心的各配套体育服务机构达 36 家，其中商业服务建筑面积 9680 ㎡，文化培训服务 5455 ㎡。江阴体育中心始终坚持"服务体育、服务发展"的宗旨，以深入推动全民健身运动为己任，突出公益性服务，追求社会效益和经济效益的双丰收。时代在变化，体育中心已不仅仅是传统意义的体育竞技和群众体育项目，而更多的是一个以体育为主题，功能丰富、综合配套设施齐全、可经营性强、充满活力的体育服务综合体。

3. 江南环球港——"商业中心内嵌型"

江南环球港是一座集体育服务综合体、商业综合体、户外体育公园和超级体育 IP 赛事活动于一体的"美好生活终极目的地"。江南环球港体育服务综合体项目总体量 88 万平方米，总投资 60 亿元，其中体育服务类项目规模约 6 万平方米，投资额达 1 亿元，含有爱保力保龄球场、索福德天空足球场和环球真冰场三大运动主题项目，以及健身中心、搏击、射箭、攀岩、网球、篮球、舞蹈房等 10 余个培训项目。积极引入了众多户外运动零售品牌：耐克、阿迪达斯、匡威、彪马、斯凯奇、Newbalance、爱世克斯、美津浓、Jeep、鸿星尔克、图途等。江南环球港体育服务综合体 SPORT MALL 进一步丰富运动项目类型，拓展体育消费场景，其中户外体育探险公园已进入施工阶段，拟引进板网球场、仿真滑雪场、丛林卡丁车、自行车泵道、攀岩等十余项户外体育休闲项目和相关 IP 赛事。江南环球港目标是打造成为体育运动的聚集地和全民健身的公共活动中心。2016～2018 年连续 3 年举办"环球运动嘉年华"活动；2017～2018 年举办两场"拳王争霸赛"；2018 年作为"发现常州·2018 城市定向挑战赛"和"一袋牛奶的暴走"活动终点站；2018 年举办了"江苏省健美健身锦标赛"。将商业与"体育、文化、旅游、娱乐、展览、教育"等体验业态相融合，联动发展，促进消费升级，为市民和游客带来全新的消费体验和健康的生活方式，江南环球港体育服务综合体成功入选 2019 年国家体育产业示范项目，是江苏和常州的一张新名片。

4. 盐城大丰区梦幻迷宫——"郊野运动营地型"

盐城大丰区梦幻迷宫是一座集休闲健身、竞技娱乐、亲子互动、研学教育于一体的体育服务综合体。该综合体总投资 4 亿元，规划面积 3700 多亩，主要分为室内运动体验馆和户外运动项目两大区域。室内运动体验馆——酷玩梦工场，建筑面积 6000 平方米，内设乒乓球馆、蹦床馆、射箭馆、桌球馆、VR 体验馆、儿童拓展馆等，满足了各个年龄段人群的运动需求。其中 VR 馆借助虚拟现实的高科技手段，打造电子竞技品牌活动，为群众提供益智电子运动服务，增加游客对体育运动的喜爱，让游客可以更加直观地体验现实中需要专业指导或具有一定危险性的体育项目，体验馆中的各种游戏项目，如滑雪、射击、赛车、拳击等游戏的运动设计超原现实场景。室外体育运动项目以卡丁车、CS、枪林弹雨、七彩旱雪等为主。综合体依托现有体育场地及运动项目，积极举办各项体育赛事活动，广泛发动群众进行体育健身，如梦幻迷宫第一届卡丁车竞速赛、桥牌邀请赛、雷霆 CS 枪王争霸赛、射箭比赛等。此外足球、羽毛球、篮球、电子竞技、棋牌、越野车等体育项目也是全年对外开放，不定期组织各式各样的体育赛事，满足群众日益增长的个性化、多样化的体育需求。园区积极拓展业态、丰富体育产业内容，推动体育与教育培训、旅游等相关产业融合，以体育设施为载体，全力打造新模式的体育服务综合体。

（三）体育服务综合体运营注意问题

1. 积极转变场馆功能定位

从当前国内场馆设施的功能定位来看，多数场馆设施将功能定位于体育活动中心，而从今后场馆设施的建设发展趋势来看，场馆设施的综合化、复合化和多元化趋势日益明显，场馆设施当前的定位已不适应今后场馆设施的发展需要，在一定程度上会限制场馆设施的发展。因此，应积极转变场馆设施的功能定位，将场馆设施的定位由体育中心转变为集体育、文化、休闲、娱乐和商业等业态于一体的城市娱乐休闲中心，调整场馆设施的经营发展战略，从单一的体育产业向文化、餐饮、旅游、休闲、零售等行业发展，实现场馆设施功能由单一功能向多元功能的转变，将场馆设施的潜在消费顾客由单一的体育爱好者拓展为全社会的消费者，实现场馆设施的多元化经营，提高场馆设施的利用率，改善场馆设施的经营状况。

2. 重视市场开发工作

场馆设施的市场开发是其业务发展的基础。目前，虽然大部分场馆设施已经对外开放，并积极从事市场开发工作，但从目前的总体情况来看，其资源开发利用还处于开放阶段，还没有进入市场开发阶段。因此，在体育场馆设施的未来运营中，应重视市场开发工作，注重市场细分，开发出能够满足不同层次消费者个性化、多样化需求的产品，实现场馆设施各种资源的深度整合。同时，不能固守现有市场，应根据不同消费者的消费特点和消费能力，主动培育市场，形成新的市场增长点，提高场馆设施的使用率和盈利能力。此外，还要加强设施和服务的宣传和推广，创新宣传和营销方法，并充分重视互联网等新媒体在营销中的作用，在可行的情况下利用网络资源进行宣传和营销，建立场地设施门户网站，以便扩大场地设施的影响力，并引入相应的服务。在营销手段的选择上，要改变个人消费的现状，充分依靠场地设施建立各类健身俱乐部，实行会员制，根据消费者的需求推出不同层次和服务类别的健身卡，供消费者选择，以满足不同消费者的个性化需求，实行关系营销，注重培养消费者对场地设施和俱乐部的归属感，培养一批长期、稳定的用户，提高和改善场地设施的经济效益。

3. 积极融入城市空间

场馆设施在运营中应积极融入城市空间。场馆设施融入城市空间，最核心的要素就是让场馆靠近居民生活区，密切场馆设施与城市生活之间的联系，改变现有的场馆设施封闭式管理、孤立存在的局面，对场馆设施周边的停车场、疏散平台等外部空间进行公共化设计，与周边设计融为一体，使其既是场馆设施的疏散平台又是城市的公共活动空间，尽量避免设计各种围墙和隔离带，便利城市居民进入场馆设施参观、购物和消费。我国场馆设施利用栏杆、围墙形成封闭的区域，阻碍了场馆与城市之间的联系，将城市空间割裂开来，给人们的生活、出行带来不便，场馆设施作为重要的公共建筑没有发挥应有的社会效益，给场馆的经济效益也带来很大的损失。因此，体育服务综合体外部空间的科学设计与合理利用，能给场馆设施多种功能的使用创造好的条件，提高体育场馆的利用率。同时也能创造很大的社会效益、经济效益，这对于场馆设施的赛后多元化运营至关重要。

4. 吸引专业人才或机构合作

体育服务综合体面临的最为突出的问题是专业人才缺乏，场馆设施在今后的经营中一方面应通过现有人员的在岗培训、学习，自我培养经营人才，另一方面，应通过公开招聘等途径吸引专业人员加入场馆设施的经营团队，充实场馆设施的经营团队，或与专业机构合作，借助外部专业机构的专业优势提高场馆设施的经营管理水平，实现场馆设施的专业化经营。场馆设施的专业化经营有助于提高场馆设施的运营管理水平，实现规模经济效益，增强场馆设施的核心竞争力，因此，场馆设施在经营中宜对其所从事的各种业务实施专业化经营。场馆设施在经营开发过程中，部分业务是其长期从事的业务，具有较为丰富的经验积累和相应市场竞争优势，通过其自身即可实现专业化经营。而对于部分不擅长或不熟悉的新兴业务如酒店、餐饮、文化传播等，应当通过吸引专业人员或者委托、合资等方式与外部专业机构合作，利用外部专业机构的资源和竞争优势，实现场馆设施业务的专业化经营，提高场馆设施管理水平。

三 江苏省体育服务综合体推进措施

（一）体育服务综合体的推进思路

1. 坚持政策驱动

政策是政府宏观管理的外在表现，是影响体育产业发展的首要驱动力，为体育服务综合体提供重要导向和有力保障。在体育产业利好政策推动下，江苏省体育服务综合体建设规模不断扩大，体育消费水平不断提升，体育服务综合体建设与发展水平全国领先。以《省政府关于加快发展体育产业促进体育消费的实施意见》（苏政发〔2015〕66号）、《江苏省政府办公厅关于加快发展健身休闲产业的实施意见》（苏政办发〔2017〕74号）、《关于加快体育服务综合体建设的指导意见》（苏体经〔2017〕6号）等重要文件形成组合拳，以问题为导向，从体育服务综合体发展面临的实际问题出发，强化相关政策措施的针对性和实效性，将体育服务综合体建设作为江苏省体育产业发展的重要抓手，注重体育服务综合体发展内涵，狠抓落实，加快体育产业高质量发展，对社会经济的综合发展具有核心价值。

2. 主张标准先行

江苏率先在国内官方发布《江苏省体育服务综合体建设参考标准》，这套标准树立了江苏体育服务综合体建设标杆（见表3）。任何一个产业和项

目的可持续发展都离不开评估指标和建设参考标准，体育服务综合体的规划
与发展也不例外，否则将失去量化基础。江苏省体育服务综合体建设参考标
准对尚处于规划设计阶段、培育发展阶段的体育服务综合体具有指导引领作
用，能为各地方体育服务综合体的建设提供动态评价，对已经顺利完成建设
的综合体进行认证，从各个阶段推进对体育服务综合体的可持续良性发展。
江苏省制定的体育服务综合体参考标准可以对现有服务综合体改造升级和
新建体育服务综合体的规模与效益等方面开展全面评估，具有很强的政策
性、权威性和实操性，各地方相关政府部门可以直接以此标准为抓手推进
体育服务综合体的建设工作，重点考核数据的可获得性、评价操作的简易
性。体育服务综合体建设参考标准主要从四个方面进行衡量，分别是"场
地设施""运动项目""体育服务""配套功能"，不仅具有指导实践的重
要意义，也进一步奠定了江苏省在体育服务综合体建设方面的专业高度和
领先地位。

表3　江苏省体育服务综合体建设参考标准

综合体类型		市级体育服务综合体		区（县）级体育服务综合体	
载体类型		综合性体育中心	单体性全民健身中心	综合性体育中心	单体性全民健身中心
场地设施	体育场地面积（万平方米）	8~10	2~3	2~3	1
	座位数（万个）	1	—	0.5	
运动项目	必备项目	田径、游泳、足球、篮球、网球、排球、羽毛球、乒乓球	游泳、篮球、网球、排球、羽毛球、乒乓球	游泳、足球、篮球、羽毛球、乒乓球	游泳、篮球、羽毛球、乒乓球
	可拓展项目（不限于）	保龄球、高尔夫、射击射箭、舞蹈瑜伽、跆拳道、冰上项目等	保龄球、高尔夫、射击射箭、舞蹈瑜伽、跆拳道、冰上项目等	棋牌、太极、武术、舞蹈、轮滑等	棋牌、太极、武术、舞蹈、轮滑等
体育服务	体育培训	√	√	√	√
	运动健身指导	√	√	√	√
	专业训练	√	—	√	—

综合体类型		市级体育服务综合体		区(县)级体育服务综合体	
载体类型		综合性体育中心	单体性全民健身中心	综合性体育中心	单体性全民健身中心
配套功能	必备功能	商业(购物、餐饮)、文化娱乐酒店、会展	商业(购物、餐饮)、文化娱乐	商业(购物、餐饮)、文化娱乐、会展	商业(购物、餐饮)
	必备功能建筑面积	$1.2 \sim 1.5$ 人/m²,其中商业占 $60\% \sim 70\%$、文化娱乐占 $30\% \sim 40\%$	$1 \sim 1.2$ 人/m²,其中商业占 $50\% \sim 60\%$、文化娱乐占 $40\% \sim 50\%$	$0.8 \sim 1$ 人/m²,其中商业占 $70\% \sim 80\%$、文化娱乐占 $20\% \sim 30\%$	$0.6 \sim 0.8$ 人/m²
	可拓展功能(不限于)	办公、居住、运动康复医疗等	酒店、办公、运动康复医疗等	酒店、办公、居住、运动康复医疗等	文化娱乐、酒店、办公、运动康复医疗等

注:"√"为需要开展的服务;"—"为不做要求的内容。

3. 注重推广宣传

为更好发挥体育产业平台作用,持续扩大体育产业影响,江苏省体育局连续举办江苏省体育产业大会,会上发布江苏省体育服务综合体名单,分别向第一、第二批体育服务综合体授牌,进一步突出了江苏省体育服务综合体在改革创新、跨界融合等方面的发展思路,突出了江苏省体育服务综合体对促进体育消费的辐射和引领带动作用,不断丰富高质量体育产品供给,为广大人民群众提供更多更好的体育服务。同时,江苏各地认真贯彻落实《关于加快体育服务综合体建设的指导意见》(苏体经〔2017〕6号)要求,尤其是在2018年初,省体育局认定14家单位为江苏省首批体育服务综合体之后,这一模式更加引起社会的积极反响。苏州市2019年3月开展首批苏州市体育服务综合体申报评审工作,4月发布了首批12家市级体育服务综合体,并以2019年苏州创博会为契机对12家体育服务综合体进行授牌。通过各种平台宣传推广江苏体育服务综合体,规划江苏体育产业发展蓝图,展示江苏体育产业发展成果,促进体育产业领域交流与合作,这对于推动江苏体育产业优质发展，加强新时期体育强省建设，建设"强、富、美、高"的新江苏具有重要意义。

（二）体育服务综合体的推进路径

1. 改建现有大型体育场，增加服务功能

目前多数大型体育场馆运营状况仍不理想，由于运维费用高昂，加上后续资金缺乏，大型体育场馆往往在大型赛事结束后处于闲置状态。作为体育场馆的所有者和经营者，应在坚持公益性原则的前提下，强化经营理念，通过整合现有场馆和配套设施资源，增加餐饮、娱乐、酒店、培训、康体等多功能服务区，探索和创新管理体制和运行机制，降低运营成本，提高管理效率，实现体育场馆由单一功能向多功能的转变。还应根据场馆的区位优势和自身特点，进行适当的改造和综合开发，最大限度地利用场馆及周边地区的商业资源，增强场馆自身的造血功能，提高场馆服务水平，促进体育场馆的可持续发展，甚至可以将体育场馆的一部分嵌入旅游服务体系中，以体育特色吸引游客。

2. 现有商业综合体转型发展为体育综合体

随着消费的升级和传统商业向电子商务的转变，传统的百货商店和大型超市由于管理不善而转向购物中心模式。购物中心已经逐渐成为社区圈的活力中心，国内居民普遍在茶余饭后有闲逛购物中心的习惯，在这一趋势下，体育休闲业态在购物中心已经占有一席之地，各式各样的儿童冒险和运动健身项目率先进入购物中心。此外，体育作为一种公共物品和服务，开始同购物中心自身的功能设计相结合，从而丰富公共服务水准。比如，日本大阪森之宫 Qsmall，就是一座主打运动和休闲的大型购物中心，它的特别之处在于为顾客和周边群众准备了三条不同的空中跑道，空中跑道向社会免费开放，即使不购物，群众也能够前来享受"空中慢跑"的体验，该空中跑道成为最醒目的屋顶地标。商场还建有两个5人制足球场、游泳池、健身房等运动设施，运动休闲活动成为该购物中心最火爆的品牌。

目前，大多数商业地产开发商已战略转型为住宅开发商，沿袭了住宅开

发投资的短期利益驱动理念，商业地产同质化严重，部分商业综合体后期经营困难，改变传统的商业零售和超市经营模式势在必行。体育产业已成为新时期的朝阳产业，商业综合体向体育服务综合体的转型为开发商提供了前所未有的机遇，这有助于减少重建阻力，节约重建资源，活跃体育场馆空间。此外，体育服务综合体在主题定位和业务形式组合方面具有独特的优势，能够创新商业模式，迅速帮助商业综合体从同质竞争中突围。

3. 以体育综合体理念规划新建场馆

体育服务综合体的规划设计要充分考虑大型体育场馆以体育为中心的特殊性，不能偏离体育的核心主题。改变传统投资建设方式，综合考虑投资成本和效益，采取颠倒惯性的"先租后建"思维，即招商在前，建设在后。先招商，根据商家的需求由商业机构对城市体育综合体进行整体设计，满足商家场地结构面积需求，吸引主力店与商户入驻，丰富综合体内部业态，妥善解决场馆与市场相脱节问题。与此同时，建议辅以优惠条件提高社会资本参与综合体建设的积极性，拓宽融资渠道，为体育综合体的融资难题找到捷径，在今后的运营中应注重对综合体的多功能开发与利用，以体为主，但又不局限于体育活动，积极开展多种经营活动，以提高场地的使用率。

4. 深挖健身休闲资源打造体育旅游综合体

2016年10月，国务院办公厅正式印发的《关于加快发展健身休闲产业的指导意见》突破了原有的以体育场馆为载体规划发展体育综合体的思路，提出"鼓励健身休闲设施与住宅、文化、商业、娱乐等综合开发，打造健身休闲服务综合体"，将发展体育综合体的载体从体育场馆向健身休闲设施拓展，使体育综合体载体的空间范围极速扩大。通过建设体育综合体改善体育发展不平衡、不充分问题，就必须将体育综合体的建设载体从以体育场馆为主向更大、更广的空间领域拓展。充分利用现有各类大型体育场馆，有效利用其他商业空间载体，以及田园、山地、林地、空域、水域等空间资源，将体育服务与空间资源充分有效地融合，形成崭新的体育服务供给模式。

5. 结合体医融合培育体育健康综合体

大型体育场馆具有提供全民健身服务、体育康复服务、综合服务等多种资源和优势。国家体育总局原副局长赵勇在体医融合论坛上强调了"把体育健康设施打造成医疗康复设施"的要求。可见，体育场馆设施具有实现体医融合一体化的潜质，是实施体医融合发展战略的重要载体。体育部门可以与卫生服务机构整合资源，发展成为"体育健康综合体"①，提供体育与健康一体化服务，促进运动健康城市的发展，为建设健康江苏做出贡献。

（三）体育服务综合体的推进策略

1. 纳入城市建设发展规划

由于体育服务综合体的运营不是在建成后才应考虑的问题，而是应该在规划设计阶段就要充分考虑，所以场馆设施的运营管理部门也应在规划设计之初参与场馆设施的设计，提出科学合理的赛后运营方案，并融入城市的规划设计。一方面场馆赛后经营理念应与多功能设计有机结合，吸引赛后运营商参与规划设计，进行多功能设计，使场馆设施具有多种使用功能与多种使用空间，为其赛后的多元化运营提供便利。另一方面场馆设施规划设计应与城市周边设施进行统筹规划，进行一体化设计，将场馆设施规划设计纳入城市整体规划，在场馆设施周边规划与之具有功能互补或具有一定相关度的设施，形成规模群体，促进多种功能系统优化组合，形成共生效应和聚集效应，增强城市活力，提高场馆设施赛后使用效率。

2. 建立市场化的投融资机制

传统的场馆设施投资、建设管理体制割裂了设计与运营管理部门之间的联系，使场馆运营管理部门没有机会参与场馆设施的规划设计，其赛后运营理念亦无法融入场馆设施设计方案，导致了场馆设施赛后运营的"先天不足"。因此，应逐步改变传统的场馆设施投资、建设管理体制，建立以市场化为取向的场馆设施投融资体制，通过市场手段多渠道融资，吸引社会资金参与场馆设施投资、建设，实现场馆设施建设资金来源的多元化。以市场化

---

① 张文亮、杨金田、张英建等：《"体医融合"背景下体育健康综合体的建设》，《体育学刊》2018 年第 6 期，第 60 ~ 67 页。

为取向的场馆设施投融资体制不仅可以缓解政府投资建设场馆设施的压力，促进场馆设施的建设，同时，以这种投资模式使场馆设施的建设不再只是国家的公益事业，要求场馆建设更加重视实际效果和设计前的可行性研究与赛后运营。这为场馆设施建成后的经营和多功能使用打下了良好的基础，从源头上解决场馆设施经济效益低下的问题。而且，由社会资金投资兴建的场馆设施其价值取向在于场馆设施的经济效益而非社会效益，投资者考虑的是如何获得投资回报，故其较多从赛后运营角度考虑场馆设施的多功能设计，以利于场馆设施的赛后运营。此外，场馆设施投融资体制的改革，使场馆设施的产权得以明晰界定，产权的激励机制促使场馆设施投资者在设计阶段充分关心和考虑赛后的多元化运营，这是传统场馆设施投资、建设管理体制所不具有的制度优势。

3. 政府加强后续支持力度

虽然目前大部分场馆设施能够实现盈亏平衡，但如果缺乏政府的财政拨款和上级的资助，将近一半的场馆设施会出现亏损，这表明财政拨款和资助对场馆设施的运转有较大的影响，场馆设施的正常运作离不开政府的资助。在对外开放的过程中，体育服务中心承担着较重的社会公共职能，部分场馆设施以低价或免费向群众开放，为社会提供一定的公共服务，而公共服务的提供是政府在市场经济中的一项重要职能。体育服务综合体本身具有较强的公益性和外部性，需要政府协调，政府补贴是矫正体育服务设施外部性的重要手段。即使是企业性质体育服务综合体，政府也可以通过购买服务来为这些场馆提供支持。此外，新业务项目的开发和赛后重建都需要一定的资金投入，在当前情况下仅依靠场馆设施自身的经营收入实现自我发展是不现实的，因此，在场馆设施的后续运营中，政府应确保对场馆设施进行一定的投资，以维持场馆设施的正常运营和发展，特别应重点支持场馆设施的维护和翻新以及新开发项目的投资，加强场馆设施的发展势头，逐步实现自我发展。

4. 注重多元化功能利用

场馆设施的比赛场地在设计时一般都考虑了多功能使用，具有多种使用空间，通过活动看台或活动隔断、升降幕布等的调节，可以灵活改变场地的大小，从而兼顾多种比赛项目（包括体操、手球、篮球、网球、排球、羽毛球、乒乓球等）的进行，以及群众体育健身、文艺演出、展览、大型会议等活动的开展，使比赛场地具有多种使用功能。因此，场馆设施在赛事运营中应注意对比赛场地的多功能使用，切忌局限于体育活动，以提高比赛场地的利用率，国内外许多著名的体育场馆设施并不是因举办体育活动而出名，而是因举办非体育活动而出名，体育活动在场馆设施举办的活动中所占比例相对较小。因此，场馆设施在赛后运营中应注重比赛场地的多功能利用，兼顾体育活动与非体育活动，以提高场地的利用率。

四　江苏省体育服务综合体发展展望

（一）体育服务综合体建设步伐加快

江苏体育服务综合体已初具规模，形成了丰富的体育场馆的业态，能够满足不同人群多元化健身需求，有力促进了体育消费。如南京奥林匹克体育中心等在"以体为本、多元发展"的理念下，转型成为以体育功能为主导，集休闲、购物、餐饮、文化娱乐、办公等多种服务功能于一体，多业态融合互动、功能复合多元、运行高效集约的综合体，取得了较好的社会效益和经济效益。体育综合体的快速发展，将促使正在筹建或新建的场馆将城市体育服务综合体的理念融入规划设计和运营方案，并激发部分老旧场馆、厂房进行场馆改造的热情，如江苏悦达集团为充分利用城南新区文港南路 90 号（老拖拉机厂）闲置厂房，秉承节能环保、绿色健康的设计理念，严格遵循公共体育场馆建设标准，将厂房改造成大型综合健身场馆——悦达健身广场，此举有效促进盐城体育运动的普及，推动全民健身事业发展，为广大市民和所在社区提供优质的健身环境与一流的综合配套服务。江苏省明确提出"到 2025 年，全省建成 100 个以上体育服务综合体，实现省、市、县三级全覆盖"，可以预见，江苏体育服务综合体的建设进程将逐步加快。

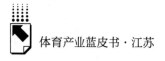
（二）持续推进场馆运营管理体制改革

体育场馆经过 20 多年的改革，始终是一种浅层的改革，未能触及场馆设施的管理体制，大多数体育场馆设施仍然是由体育管理部门直接领导和管理，政府干预过多，限制了场馆设施的独立经营。中央出台的《关于深化行政体制改革的意见》为事业单位改革指明了方向。在今后的场馆设施经营管理中，要按照中央关于事业单位改革的意见，继续推进场馆设施管理体制改革，按照场馆设施的任务和主要功能进行改革，提高公益性服务水平，加强公益性，整合资源，完善法人治理结构。今后，应加强对场馆设施国有资产的监督管理，建立健全场馆设施国有资产管理体制。场馆设施的国有资产和国有资产监督，分别由国资委和财政部门负责，地方国资委、财政部门可以委托体育行政部门代为监管场馆设施的国有资产，加强对场馆设施国有资产的监管，实现监管专业化。

（三）全民健身型中心综合体成为发展重点

全民健身型中心综合体是推动群众健身和健康服务供给侧改革、丰富健身内容、实现多元化场景应用和多元互动的重要形式，通过建立覆盖全人群的健身数据采集和行为分析，实施精准的运动健康服务，提高群众身心健康水平，让人们利用碎片化的时间与空间进行以锻炼和娱乐为目的全民健身运动，一定程度上实现政府公共体育服务"最后一公里"的人文关怀。全民健身中心型综合体无须"大而全"，而要精细发展，根据健身中心特点进行功能定制，将"小而精"的理念贯穿于顶层设计，打造社区全民健身服务的特色与亮点。一般来看，全民健身中心多处于城市社区、街道的各个节点，与大型和中小型体育场馆形成差异化发展，在城市公共体育服务体系中发挥着重要的节点作用。因此，全民健身型综合体的建设思路要紧紧围绕城市 15 分钟健身圈，提升基层社区公共体育服务供给效率，使城市 15 分钟健身圈转变为综合化、多元化的新型公共体育服务发展模式。

（四）智能化将成为未来发展趋势

现代体育服务综合体已经突破传统理念束缚，不再纯粹承载体育赛事、全民健身活动等，更应是活动内容的创造者。内容是综合体聚集人气、综合发展的硬道理①，角色也将更加多元化。而随着娱乐业、商业、服务业诉求的变化，体育服务综合体需要结合现代科技进行智能化升级以适应城市现代化发展，满足赛事娱乐化、信息化的需求，朝着体验式、科技化目标迈进，呈现"以人为本"的智慧化服务。

---

① 滕苗苗、陈元欣、何于苗等：《我国城市体育服务综合体的发展：进程·困境·对策》，《首都体育学院学报》2018 年第 2 期，第 113～116 页。

B.9
江苏省体育健康特色小镇发展报告

郓昌店　王丽丽*

摘　要： 江苏省体育健康特色小镇发展源于国家相关政策的适时引导
　　　　 与制度创新、江苏省区块体育经济渐成规模、地方政策积极
　　　　 跟进的实践探索等基础条件。江苏省体育健康特色小镇呈现
　　　　 多业态融合特征，"体育+"特色较为明显；地域分布以苏
　　　　 南地区为主，融合美丽乡村建设热潮；投资主体多元化，贯
　　　　 通体育与资本通道；项目稳步推进，经济效应明显。江苏省
　　　　 体育健康特色小镇的主要推进亮点是政府引导和地方配套的
　　　　 扶持体系日渐形成；坚持体育产业基础和发展前景预判的遴
　　　　 选标准；坚持政府引导和市场运作结合的运行机制；坚持事
　　　　 前评审和事中监督的监管机制。江苏省体育健康特色小镇发
　　　　 展的前景展望：对体育产业的贡献逐渐增大，成为体育旅游
　　　　 市场的有效支撑，变成体育消费新的增长点，迈入高质量发
　　　　 展阶段。

关键词： 体育健康特色小镇　省地共建　江苏省

特色小镇是指依赖某一特色产业和特色环境因素，如地域特色、生态特

---

* 郓昌店，博士，江苏师范大学副教授，硕士生导师，主要研究方向为体育管理学。王丽
丽，江苏省体育产业指导中心（江苏省体育产业研究院）部长，主要研究方向为体育产
业政策。

色、文化特色等打造的具有明确产业定位、文化内涵、旅游特征和特定住宅社区功能的综合开发项目①。特色小镇既可以是建制镇，也可以是基于不同产业集聚区形成的特定空间。"特色小镇"是基于浙江区块经济和县域发展的新探索，在 2016 年被首次提及后，迅速成为我国供给侧改革和社会发展的典型模式。2017 年，中央政府工作报告中明确提出"扎实推进新型城镇化，支持中小城市和特色小城镇发展"，特色小镇发展模式从此纳入国家政策视野。基于国家推动特色小镇发展的政策，国家体育总局立足高位、提前谋划，在产业集聚和特色提炼的基础上，提出培育"运动休闲特色小镇"方案，并在全国范围内第一批遴选了 96 个运动休闲特色小镇。运动休闲特色小镇是国家行业特色小镇的全新探索，是体育产业发展典型创新。地处长三角的浙江、江苏等对体育特色小镇建设的呼应较早、实践基础较好②。

江苏省对体育健康特色小镇的功能定位，着力于产业特色鲜明、发展模式多元、体育服务便捷、建设空间集约、发展活力充沛、人文魅力彰显、生态健康宜居等方面，体现了区域体育产业的引领示范导向。在实践运行方面，江苏省体育健康特色小镇在立项规划、实施管控、发展效益等方面特色鲜明，具有参考意义和实践价值。

一　江苏省体育健康特色小镇发展背景

江苏省体育健康特色小镇的动议既源于国家政策的探索和推动，也和江苏省乃至地方政府的积极推进密切相关。

（一）国家政策适时引导的制度创新

在经济发展过程中，我国政府高度强化政策和制度的引导作用。长期以

---

① 林峰：《特色小镇与特色小城镇的"一字之差"》，《中国房地产》2018 年第 32 期，第 66 ~ 68 页。

② 孙艳芳、唐芒果：《"体育 +"背景下体育健康特色小镇发展历程及路径》，《体育成人教育学刊》2019 年第 2 期，第 29 ~ 33 页。

来，我国地方区块经济发展主要依靠产业园、科技园等功能区引导和示范，但由于产业园区过度强化产业培育功能，且存在地方无序竞争状况，不可避免呈现"同质化、规模化、泡沫化、空壳化、单一化"等问题①，因此推动地方经济优化升级、寻求新发展引擎至关重要。2014 年，国家启动供给侧结构性改革，通过对制约供给方制度、资源等方面的完善，较大释放了各方面发展活力。处于发达区块经济的浙江，倡导"离土不离乡"培育策略，大力引导地方政府进行产业培育，尤其是借助当前"互联网"发展红利而建设的云栖小镇、梦想小镇等特色明显，使特色小镇成为地方经济发展的亮点。

我国特色小镇的发展，源于浙江地方经济发展模式的创新，在国家供给侧改革驱动下，成为区域经济转型升级的重要引擎。在相关部委积极推动和政策驱动下，特色小镇围绕资源优势迅速成形，展示出良好发展势头。根据我国特色小镇发展进程，基本上可以将特色小镇发展历程总结为探索、成型和全面推广等阶段（见表 1）。

体育健康特色小镇的兴起与发展融入特色小镇发展过程中，是其中较为典型类型之一，具备国家推动和地方探索相结合的特色，也是区块体育产业发展的重要引擎。在体育产业发展过程中，体育类资源集聚形成特色体育产业集群，但体育产业集群过于关注产业要素，忽视了生态保护和人文居住等问题②。体育健康特色小镇的提出，除关注产业要素外，同时要关注"产、城、人、文"四维融合问题，是体育产业集群走向生活化、属地化和情景化的产物③。

---

① 赵强：《无品质支撑的特色小镇，还能"火"几年》，《中国城市报》2018 年 12 月 17 日。
② 黄卓、肖丝娟、苗雨凡等：《我国体育小镇群体发展特征研究》，《成都体育学院学报》2018 年第 6 期，第 74～79 页、103 页。
③ 高升、杨茜、赵岷：《我国体育特色小镇政策研究》，《体育成人教育学刊》2018 年第 5 期，第 20～22 页。

表1 特色小镇推广进程

探索阶段	成形阶段	全面推广阶段	
2014 年,时任浙江省省长李强提出"特色小镇"概念	2015 年 12 月,中央经济工作会议,提及特色小镇发展问题	2016 年 5 月,国家发改委表示"引导扶持发展 1000 个左右特色小镇"; 2016 年 10 月,住建部公布第一批 127 个特色小镇名单	2017 年,住建部公布第二批 276 个特色小镇名单; 2017 年,国家体育总局公布 96 个运动休闲特色小镇名单
2015 年,浙江省出台《关于加快特色小镇规划建设的指导意见》,规划 3 年培育 100 个特色小镇	2015 年 6 月,浙江省发布第一批 37 个特色小镇创建名单; 2016 年 1 月,浙江省发布第二批 42 个特色小镇	2016 年,国家发改委出台《关于加快美丽特色小(城)镇建设的指导意见》	2017 年 5 月,国家体育总局下发《关于推动运动休闲特色小镇建设工作的通知》; 2017 年 12 月,国家发改委、国土部、环保部、住建部颁布《关于规范推进特色小镇和特色小城镇建设的若干意见》

资料来源:根据相关内容整理。

(二)江苏省区块体育经济渐成规模

江苏省体育产业形成了区域集聚特色,成为体育强省建设重要组成部分。与其他地区相比,江苏体育产业发展表现出明显的区块经济特色,为体育健康特色小镇培育奠定了良好基础。

江苏省区块体育产业发展进程中,以建制镇为基础形成体育用品制造业特色小镇。昆山市初步形成了自行车、运动鞋服和体育装备制造等产业集群,其中运动自行车制造产业集群以国内知名品牌捷安特等为代表;运动鞋服领域产业集群,以多威、迈橙等为代表;体育装备制造产业集群,以天速、百途、昊翔科技等为代表。截至 2018 年底,昆山市纳入全省体育产业名录库企业达到 1400 家,其中规模以上企业 402 家,主营业务过亿元企业近 50 家①。江苏江都武坚镇拥有生产球拍、铁件和木件等体育器材企业 140

---

① 《体育制造加速转型昆山体育产业"潮前走"》,http://js.news.163.com/18/0418/14/DFMAG01J04248E9B.html。

余家，年产值约亿元。淮安施河镇围绕体育装备用品制造已经形成较为成熟的产业集群和链条，全镇共有教育、体育装备类企业近300家，其中从事相关器械生产型的企业131家。上述企业中以体育装备生产为主的共20多家，从事相关体育装备销售贸易的企业60余家；产品涉及人造草坪、塑胶跑道、大型户外运动、室内外健身器材、专业运动地板、不同类型的球场围网、多样化体育场馆设备等7个大类，产品基本满足学校体育、体育场馆、公共健身对体育装备产品的需求。2016年实现体育产业增加值3.6亿元，占全镇GDP 16%；体育生产型企业实现销售收入超30亿元。其中，该镇辖区内的江苏共创人造草坪有限公司，已经成长为全球最大的人造草坪生产企业、江苏省十大体育用品企业之一。

（三）地方政策积极跟进的实践探索

在江苏省县域经济和区块经济发展基础上，为响应国家特色小镇培育建设号召，江苏省人民政府2016年12月出台了《关于培育创建江苏特色小镇的指导意见》，提出利用政策优势，通过内容提炼，推进"产镇人文"融合，打造特色小镇建设与发展的"江苏模式"。

在科学评估体育健康特色小镇功能作用，江苏体育产业基础、资源条件和发展趋势的基础上，2016年9月，江苏省体育局率先启动了体育健康特色小镇建设工作，相继出台并下发了《关于开展体育健康特色小镇建设工作的通知》和《关于做好体育健康特色小镇共建推荐工作的通知》等文件，明确提出到2020年全省培育20个体育健康特色小镇。2018年6月江苏省体育局印发《江苏省省级体育健康特色小镇奖补资金管理办法》，强化特色小镇实施省地共建，提高资金使用效率。

为加强体育健康特色小镇管理，江苏省体育产业指导中心会同相关部门与专业智库合作，在广泛调研基础上编制了《江苏省体育健康特色小镇评估及认证标准》，坚持"宽进严出、动态管理、优胜劣汰、验收认定"标准，对江苏省在建和拟建的体育健康特色小镇实施动态管理、阶段管理，推进优胜劣汰。江苏省体育局高度注重过程管理，对列入体育健康特色小镇共建名单的项目实施年度动态监测，对能够按期完成年度建设进度的体育健康特色小镇，省体育局兑现年度财政扶持政策；对当年度未完成建设进度和有效投资，不符合特色小镇建设理念和发展方向的，暂不发放扶持资金。待2年建设期满后，由省体育局再次组织专家组对特色小镇共建对象进行实地评估和效应评价，对能够达到建设标准要求的正式命名为省级体育健康特色小镇，无法达到省体育局相关标准的则予以除名。省体育局把体育健康特色小镇作为重点扶持领域，通过以奖代补、政策优惠等形式支持省市共建，并在体育产业发展、场馆建设与运营、赛事举办、人才培养等方面给予政策倾斜。

综合而言，江苏省体育健康特色小镇创新实践，得益于地方体育产业的现实基础和资源禀赋，同时受到国家特色小镇建设影响，是探索体育产业多元化、纵深化和特色化发展的有效尝试。

二　江苏省体育健康特色小镇发展现状

近年来，江苏省体育产业发展的特色明显，体育用品制造业集群优势突出，通过体育健康特色小镇的示范引领作用，显示了体育与其他业态融合优势，促进了体育与其他产业的融合发展。

（一）多业态融合"体育＋"状态较为明显

截至2019年3月，江苏省体育局分三批共遴选了20家体育健康特色小镇，从业态分布来看，基本体现了多元化业态有机融合的态势，呈现以体为主、多业态融合格局（见表2）。通过对江苏省体育健康特色小镇相关规划内容的系统梳理，当前体育健康特色小镇已经搭建了"体育＋"的典型框架：一是从内容来看，具体可以细分为"体育＋旅游""体育＋养生""体育＋时尚运动""体育＋文化""体育＋赛事""体育＋制造""体育＋科技"等多个类型；二是从业态布局看，除了淮安施河镇、太仓电竞小镇的产业业态相对单一外，其他体育健康特色小镇的业态都较为多元，尤以高淳桠溪镇涉及八个业态类型最多；三是从实践来看，体育产业的产业链较长，容易与其他业态有效融合，从而发挥其独特的产业拉动效应①。多业态融合发展的设计，迎合了当前体育产业城乡发展的不同诉求，由此形成了城市内部发展体育服务综合体为主、城市近郊发展体育健康特色小镇的格局，能够满足不同投资主体和消费群体的需求，为居民提供多元化消费选择，有效释放体育健康特色小镇的经济活力和发展动力。

表2　江苏省体育健康特色小镇业态规划一览

序号	小镇名称	业态规划
2016 年 9 月第一批		
1	仪征市枣林湾生态园体育运动休闲小镇	体育健身服务,汽摩、水上等户外运动休闲,体育赛事活动,体育特色培训
2	南京汤山体育休闲旅游度假小镇	汽车露营、马术、体育赛事活动,体育与温泉、旅游、养老
3	江阴市新桥马术运动小镇	马术表演、培训,马术博物馆等体育与旅游(含体育与健康、旅游、养老、文化、商贸、科技、互联网等相整合的产业领域)
4	淮安施河体育用品制造小镇	体育用品制造
5	昆山市锦溪水上户外运动小镇	房车营地等户外运动休闲,体育赛事活动,体育用品制造
6	宿迁晓店生态体育休闲小镇	马术、水上等户外运动休闲,体育赛事活动
7	南京高淳桠溪慢城体育运动休闲小镇	房车露营、赛车、体育赛事活动,体育与健康、旅游、养老、文化、商贸、科技、互联网等相融合的产业领域
8	溧阳市上兴山地户外运动小镇	体育旅游、体育赛事活动
2017 年 4 月第二批		
9	徐州贾汪区茱萸山时尚运动小镇	冰雪、汽摩户外运动休闲,体育赛事活动,体育休闲旅游
10	常州武进区太湖湾体育运动休闲小镇	冰雪、水上等户外运动休闲,电竞,体育赛事活动,体育与健康、旅游、养老、文化等

---

① 于海洋、王丽:《"产业融合"视域下体育产业与旅游产业融合策略研究》,《商丘师范学院学报》2018 年第 12 期，第 80~83 页。

序号	小镇名称	业态规划
2017 年 4 月第二批		
11	南京老山有氧运动小镇	户外有氧运动与生态森林、休闲旅游的多元组合
12	张家港凤凰贝贝足球小镇	体育赛事服务、户外运动休闲
13	太仓科教新城天镜湖电竞小镇	电竞
14	扬中极限运动小镇	体育健身、康养旅游
2019 年 3 月第三批		
15	苏州太湖体育旅游度假小镇	足球、高尔夫、潜水、游艇、旅游、文化、会议会展
16	镇江世业洲体育休闲小镇	运动、休闲、健身
17	南京江宁区黄龙岘茶乡体育休闲小镇	定向越野、汽车露营基地、体育旅游、自行车、路跑
18	启东圆陀角韵动小镇	旅游、体育、温泉、保健
19	东海县李埝休闲康养小镇	山地运动、户外观光、康养养生
20	盐城亭湖区黄尖体育旅游小镇	体育旅游、观光、康养、青少年湿地体验

资料来源：根据相关内容整理。

　　江苏体育健康特色小镇建设，围绕"体育＋"做文章，由此形成了多元产业的整合。借助南京汤山、仪征枣林湾生态园、武进太湖湾旅游度假区等特色旅游资源，通过资源的有效整合，从而孵化出以传统旅游资源为基础、融入体育要素的体育旅游产品。南京浦口和高淳桠溪利用山地资源，建设库伯有氧中心和慢城系统，推动体育和养生的有效链接，形成对高度快速化生活方式的缓冲。徐州贾汪区所属大面积为采煤塌陷区，只能发展低能耗、绿色产业类型，通过多方调研，将体育作为转变经济发展方式的引擎，同时利用该地区独特的山地资源，将时尚体育项目纳入规划范畴，借助徐州交通优势，推出了低空飞行、滑雪、漂流、攀岩等项目，形成了独具特色的产业类型。江阴新桥镇借助海澜集团马文化优势，围绕"马文化"形成了较为完善的产业链，重点打造了马术赛事、休闲乘骑、马术培训和马文化博物馆等项目。比较而言，江苏省体育健康特色小镇中，体育用品制造业业态集聚状态明显，淮安施河镇、昆山锦溪镇等体育用品制造业类型丰富、产值较大，成为地方支柱经济产业类型。

案例链接：太仓科教新城天镜湖电竞小镇

当前，我国电竞产业进入发展新时期。国家相关部委出台了扶持电竞产业发展系列文件，明确提出"推动电子竞技等时尚运动项目健康发展"。在国外电竞产业的示范下，我国电竞产业在产业规模和关联产业发展中速度较快，产值增长较快。

太仓市地处长三角地区，具有明显的区位优势，在客观分析发展优势的基础上，将大力发展电竞产业纳入区域经济社会"十三五"发展规划，借助太仓科教新城的区位和资源环境优势，积极承接上海等地区相关产业转移，大力培育发展电子竞技及相关配套产业。2017年2月，太仓市在充分论证基础上申报创建的"太仓天镜湖电子竞技小镇"得到省体育局专家组一致认可。小镇规划面积共3.55平方公里，以海运堤为核心区，按照"一轴两核三区多点"的空间格局原则，致力于建设海运堤游戏综合体验区、天镜湖电竞文化展示综合区、大学科技园电竞创意综合产业区等三大功能区域。

太仓科教新城积极对接国内外、线上线下的产业链资源，发挥天镜湖私募创业基金的产业促进作用，以电子竞技小镇为平台计划引进省级创新平台4个，省级以上众创空间2个，举办电竞赛事600场，引进知名俱乐部10家，培养电竞产业人才4000人。同时，电子竞技小镇为推动电子竞技产业发展，不断完善信息基础设施及教育、卫生、文化、体育等公共服务设施，打造"产业＋文化＋旅游＋社区"四重功能，计划利用五年左右的时间，培育和完善电子竞技产业链，建成"专而精、聚而合、小而美、活而新"的电子竞技产业集聚区，最终建成在国内具有较大影响、国外具有一定知名度的电竞特色小镇。

（二）地域分布以苏南地区为主，融合美丽乡村建设热潮

按照江苏省传统地域划分习惯，江苏可以分为苏南、苏中和苏北三个区域[①]。从区域布局来看，江苏省体育健康特色小镇主要集中在苏南地区，数量达到 13 个，占到总数的 65%，这与该地区体育产业发展较为成熟、体育消费模式成形具有密切关系；苏中和苏北地区体育健康特色小镇的布局相对较少，体育产业发展基础和消费环境有待发展。从区域体育产业发展状况来看，体育健康特色小镇的培育与发展必须根植于地方体育产业的优势，具备一定体育消费基础、体育产业发展技术与人力资源优势。实地调研显示，多数地区均将体育健康特色小镇作为地方体育产业发展的亮点，注重体育、文化、旅游等资源的优化配置，形成地方体育产业优化升级和创新发展的重要依托，并力争孵化新的体育经济增长点。

江苏体育健康特色小镇发展积极呼应国家战略，服务于美丽乡村战略。在建设美丽乡村过程中，通过特色发展项目凝练，实现乡村振兴作用，奠定了乡村经济和社会发展基础。江苏省政府将"高质量培育产城融合特色小镇"作为"乡镇功能提升工程"的重要内容，作为《江苏省乡村振兴战略实施规划（2018～2022年）》的重要构成部分。在美丽乡村建设过程中，利用体育健康特色小镇建设，通过外部资源有效介入，不仅推动了乡村经济发展，也形成了地方特色体育产业。针对区域经济社会发展中的关键问题，利用体育健康特色小镇的引导示范功能，迎合国家相关战略政策需求，致力于打造区域经济发展的新引擎和新动力。当前，时尚体育运动在江苏省呈井喷式发展态势，成为社会消费新热点，包括山地户外、水上、冰雪、航空运动，以及电竞、汽摩、击剑、马术等，为体育消费提升注入了新的活力。地处苏北地区的宿迁市，经济发展水平在江苏省较为落后，在体育产业发展中瞄准了时尚体育领域，不断提升体育产业影响

[①] 苏南包括南京、无锡、常州、苏州、镇江。苏中包括扬州、泰州、南通。苏北包括徐州、连云港、淮安、盐城、宿迁。

力，产生了良好的效果。宿迁市发展体育健康特色小镇契合了地方建设美丽乡村的发展取向，同时迎合了体育产业发展的新态势，成为区域经济创新的示范。

案例链接：宿迁晓店生态体育休闲小镇

宿迁市在发展时尚体育的进程中，鉴于骆马湖周边环境污染较为严重，大力开展环境整治工作。为了推动时尚体育发展，宿迁市滨湖新区将晓店镇作为骆马湖东岸"一线一岸"环境综合整治的主战场，通过动员群众大力整治了村民的湖船和自然环境。

宿迁市结合境内的三台山、骆马湖等自然资源和运动禀赋，先后投资建设了时尚特色明显的水上运动中心和户外运动中心，开发了三台山森林公园内马拉松赛道、登山步道、房车营地等时尚运动设施和特色运动基地，通过整体和系统规划，形成了"1+5+1"时尚体育赛事体系，即1个国际时尚体育周，国际生态四项赛、瑜伽、帆船、力量举、极限运动5项赛事，1个宿迁市民时尚运动联赛[1]，产生了良好的社会效益和经济效益。实地访谈发现，宿迁时尚体育健康特色小镇的建设，对吸引周边近郊旅游发挥了积极作用，平时周末接待人数在10万人次以上。

（三）投资主体多元化，贯通体育与资本通道

从江苏体育健康特色小镇投资主体来看，包含政府投资、社会资本投资和政府与社会资本合作的投资模式。通过对前两批14个体育健康特色小镇中11个小镇投资状况的梳理[2]，发现截至2017年9月，11个体育健康特色小镇中开工建设和拟开工建设的项目总数达89个，总投资超过272亿元。通过分析发现，投资建设的项目以体育场馆、体育设施等基础设施为主。投

---

[1]　http：//wm. jschina. com. cn/9665/201611/t3094411. shtml.

[2]　缺少3个小镇的相关数据。

资主体中，政府为主的投资为 11 个，投资金额为 15.85 亿元，政府和社会资本合作投资 12 个，投资金额为 16.85 亿元。体育健康特色小镇较好地吸引了社会资本的投入，达到 240 亿元。体育健康特色小镇的社会投资主体中包含房地产公司、体育投资公司和体育运营公司，经营项目涉及体育旅游、健身休闲、亲子活动、体育赛事、体育基础设施、配套酒店、商业服务等内容。多元化的投资主体显示江苏省体育健康特色小镇较好地发挥了社会资本作用，其中政府投资主要关注体育基础设施和商业配套，社会资本负责具有体育产业特色和功能项目，最大化地凸显了社会资本的资本、技术和运营优势，提升体育健康特色小镇的运营效应。

体育健康特色小镇契合了国家战略趋势，对社会资本的吸引力较大。2014 年以来，国务院相继颁发《国务院关于创新重点领域投融资机制鼓励社会投资的指导意见》（国发〔2014〕60 号）、《国务院关于加快发展体育产业促进体育消费的若干意见》（国发〔2014〕46 号），均提出"发挥社会资本作用，发展体育产业相关门类"的政策构想。2017 年，国务院办公厅印发《关于进一步激发社会领域投资活力的意见》（国办发〔2017〕21 号），对社会资本投资体育产业，尤其是体育赛事申办流程、体育赛事安保服务等标准问题，并对涉及政府部门的职责进行框定。2016 年 12 月，国家发展和改革委员会联合国家开发银行、中国光大银行各分行、中国企业联合会等机构共同发布《关于实施"千企千镇工程"推进美丽特色小（城）镇建设的通知》，提出"将企业转型升级和特色小镇建设有机结合""引导社会资本参与美丽特色小（城）镇建设"，为体育健康特色小镇的资金来源奠定了政策基础。江苏省把体育产业列入省政府促进文化、旅游、健康等服务产业，扩大消费市场、促进服务贸易发展，发挥社会资本对体育产业的投资、支持效应。目前，包含海澜集团、阳光集团、中体产业、际华集团等公司和地方政府融资平台的社会资本均将体育健康特色小镇作为投资热点。由此可见，体育健康特色小镇的产业投资属性，较好地贯通了体育和社会资本通道。

案例链接：苏宁体育投资建设体育健康特色小镇

2016 年 7 月 11 日，江苏苏宁足球俱乐部向南京市政府递交《关于打造南京国际足球小镇的报告》，建议打造集体育赛事举办、主题文化体验等功能于一体的"互联网＋体育＋文化"的生态圈，与国家倡导的"生产、生态、生活"三生融合的体育综合体不谋而合。

2017 年 7 月，南京国际足球小镇项目正式签约南京市卫星城——板桥新城的雨花经济开发区。根据规划，苏宁足球小镇总用地面积约 1000 亩，其中可建设旅游配套用地 200 亩，充分发挥了雨花经济开发区生态环境良好、自然资源丰富的优势。

苏宁足球小镇除了以足球为主要产业外，同时涵盖了小型高尔夫球场、自行车赛道等基础设施和微型马拉松、小型 F1 方程式赛车等产业活动，并建有相关主题文化休闲商业街区、主题体验馆、影视创意、电子竞技等文化创意产业园区。苏宁足球小镇是一个集自然、运动、休闲、人文于一体的体育和休闲目的地。从投资状况来看，苏宁体育在体育健康特色小镇的建设中，投入了较大的财力和物力资源。

（四）项目稳步推进，经济效应明显

江苏省体育健康特色小镇的遴选和发展，遵循逐步推进原则，严格遴选程序，引导地方政府积极利用社会资本和力量，加快体育健康特色小镇的特色培育，大力发展体育产业新业态。江苏省提出分 3 个阶段遴选建设 20 个左右的体育健康特色小镇，强化中期检查效果，进行持续督查，有力保障了体育健康特色小镇的质量和水平。根据体育健康特色小镇中期汇报数据，截至 2017 年底，体育健康特色小镇实现体育产业总产出为 181.35 亿元，创造增加值 16.76 亿元，实现利税 9.09 亿元，引导社会体育消费达到 7.69 亿元。由此可见，通过体育健康特色小镇的建设，较好地拉动地方体育产业发展，凝聚体育产业特色和培育体育消费增长点。江苏省体育健康特色小镇借助体育产业发展过程中的政策红利，获得了良好的经济和社会效益，提供了体育健康特色小镇建设的"江苏样板"。

案例链接：南京高淳桠溪慢城体育运动休闲小镇

高淳桠溪先后投入 13 亿元，建成体育健康特色项目 8 个、培育特色项目 3 个，引进体育企业 12 个，带动体育就业人员 1760 人，完成体育产业总产出 4.35 亿元、收入增长额 0.85 亿元、税收贡献 0.49 亿元。同时，总投资 10 亿元的桠溪（国际）汽车双创项目落户高淳。

桠溪已成功举办中国钓鱼大师巡回赛、全国（首届）瑜伽健身露营节、冲浪板国际赛暨首届固城湖滨水湾音乐节、2017 高淳国际慢城马拉松赛等重大赛事，参与人数 3.5 万人次，拉动消费 13.33 亿元。近年来，桠溪镇全镇年均接待旅游人数 200 万人次，实现旅游收入 3 亿多元。其中，体育旅游产业的发展崛起起到了至关重要作用。

慢城核心区域大山村在体育旅游产业的带动下，农民人均收入由 2010 年的 7900 元增加到 2015 年的 2.9 万元，年均增长 30%。体育制造业方面，航塔旅游用品、爱沁缘服饰、华景旅游用品等三家体育用品制造企业建成投用，形成独具桠溪特色的体育制造业，三家企业固定资产共 12605 万元，产业从业人数 1180 人。

综合来看，江苏省体育健康特色小镇的建设，在经济效应总量、产业结构调整、贯通体育项目与资本通道和促进美丽乡村建设方面发挥了重要的作用，顺应"健康中国"和全民健身国家战略的要求，让体育作为一种生活方式全方位融入人民群众日常生活，使全民健身生活化和便捷化，推动人们主动健身、自觉行动；同时顺应了体育产业转型升级要求，有利于更好地激发体育产业的发展活力、刺激体育消费需求。

三 江苏省体育健康特色小镇推进措施

江苏省体育健康特色小镇建设的启动时间较早，在分期的建设过程中，已经积累了丰富的经验，且亮点较为突出。基于前两期的建设经验，已经完成了第三批体育健康特色小镇的遴选工作。

（一）坚持顶层设计和地方扶持结合的联动机制

2017 年，江苏省发展改革委出台了《关于培育创建江苏特色小镇的实施方案》，积极鼓励相关部门推进特色小镇建设[①]。江苏省体育局、江苏省财政厅通过"以奖代补"的形式，对入选的体育健康特色小镇给予直接建设经费扶持，作为奖补资金（每家小镇奖补 500 万元，中期评估合格拨付 40%，验收通过拨付 60%）。同时支持省体育局遴选的体育健康特色小镇申报国家体育总局的运动休闲特色小镇（国家体育总局给予国家级运动休闲特色小镇每家 300 万元奖补资金）[②]。江苏省政府 2018 年度十大主要任务、百项重点工作中，明确将"培育第三批省体育局健康特色小镇"纳入其中。目前，江苏省有 4 个体育健康特色小镇入选国家体育总局遴选的 96 家国家级运动休闲特色小镇。江苏省体育健康特色小镇已经形成了省政府特色小镇指导和省体育局专项政策扶持相结合的政策体系。

为支持推动体育健康特色小镇建设，江苏省体育局提出了"共建制""创建制"等形式，调动地方政府积极性和创造力。各地创新思路，积极谋划，成效显著，如淮安市淮安区政府出台《区政府关于加快施河现代教育装备产业园建设的意见》，关注发挥施河镇的制造业优势，关注园区发展、产业品牌打造、资源集聚，出台了与经济开发区相同的工业项目优惠措施、设立专项资金、优先用地计划和落实财政税收政策等六项措施。在政府积极培育下，施河镇以较大优势被纳入省体育局扶持范畴，体现了"以镇带区""以体强区"的建设方向。总体来看，江苏省坚持体育健康特色小镇省地共建

---

① 江苏省发改委首批遴选的 25 个特色小镇中，海门足球小镇名列其中，该小镇预计投资总额为 65 亿元，邀请了著名足球运动员孙继海担任镇长。

② 江苏省 4 个项目入选国家级运动休闲特色小镇（含 3 个省体育健康特色小镇）：扬州仪征枣林湾运动休闲特色小镇、徐州贾汪茱萸山体育健康小镇、苏州太仓天镜湖电竞小镇、南通通州区开沙岛旅游度假区运动休闲特色小镇。

原则，对符合要求小镇在经费和政策上给予支持，鼓励各级资本参与体育健康特色小镇建设，形成了政府引导和地方联动扶持的支持体系。

（二）坚持政府引导和市场运作相结合的运行机制

建立政企协同对接机制，在体育健康特色小镇规划编制、建设指导、项目培育、平台搭建等方面发挥积极作用。江苏省体育局与莱茵达体育、阿里体育、苏宁体育、景域集团等知名企业开展合作，积极布局体育健康特色小镇项目。鼓励各市、县（市、区）体育部门加强对辖区内具有特色小镇雏形地区的引导，做好特色小镇规划、申报、建设等工作的指导、服务和管理，并协助省体育局做好年度动态监测和评估命名。涉及的县（市、区）政府要将体育健康特色小镇建设列入政府重点工作计划，充分整合现有土地、赛事等资源，有序推进小镇建设工作，融入当地生态环境建设。

江苏省体育健康特色小镇建设过程中，政府通过 PPP 模式有效控制投资杠杆，要求投资机构不能完全将体育健康特色小镇投资作为抵押物向银行申请贷款，从而降低体育健康特色小镇中投资杠杆比例。从投资主体来看，江苏省体育健康特色小镇主要是社会资本投资，政府主要投入为土地等；从运营管理来看，当前部分地方政府通过成立跨部门工作组形式推进体育健康特色小镇运营，考验体育健康特色小镇持久运营成效；要求投资方成立驻地专门管理公司，配备高质量管理团队和开发团队，支持体育健康特色小镇持续发展。

（三）坚持事前评审和事中监督相结合的监管考核机制

江苏省体育健康特色小镇是政府积极引导推动的产物。按照《省体育局关于开展体育健康特色小镇建设工作的通知》（苏体经〔2016〕92 号）、《省体育局关于做好 2018 年度体育健康特色小镇共建推荐工作的通知》（苏体经〔2018〕57 号）要求，省体育局坚持严格遴选原则，充分考虑其产业属性、资源基础和发展前景，注重发展质量。在列入省地共建体育健康特色小镇名单后，省体育局进一步按照《江苏省体育健康特色小镇评估及认证标准》，对投资状况和建设状况进行追踪调查，对部分投资规划发生重大变化的项目，则暂时延长一年共建期再进行考察；如果依旧不能满足相关要求，则取消共建。

江苏省体育健康特色小镇的评估、认定标准较为成熟，且在评估中既有对所有小镇的共性要求，也有对个别小镇的个性化要求，这种分层次的评估标准是江苏省在小镇发展中的亮点。在强化标准化指标 60% 比重的同时，还包含 40% 的综合评价，评价指标为组织领导、规划质量、龙头项目、建设主体、政策落实和建设进展等。

综合而言，江苏省在体育健康特色小镇推动过程中，坚持发挥政府引导作用，积极调动地方政府和相关投资机构热情，形成了政府引导、省地合作、市场和社会积极参与共建的局面。

四 江苏省体育健康特色小镇发展展望

（一）形成体育产业发展的重要引擎

江苏省体育健康特色小镇投资执行情况良好，第一批 8 个共建小镇累计完成项目总投入 207.12 亿元，达到五年总目标的 85%；第二批 5 个共建小镇累计完成项目总投入 114.09 亿元，达到五年目标值的 80%。省体育局对 10 家中期评估合格的小镇，已累计发放奖、补资金 2000 万元。按照前期规划设计，政府将对遴选的体育健康特色小镇进行功能培育和产业开发引导。随着体育健康特色小镇业态逐渐繁荣，相关配套商业服务和交通建设趋于成熟，必然能够激发消费市场需求，形成体育产业发展的重要引擎。

（二）作为体育旅游市场的有效支撑

体育健康特色小镇提供近郊旅游服务，成为国内旅游市场的重要补充。2016 年，国家旅游局《关于大力发展体育旅游的指导意见》中，提出要打造"100 个体育旅游目的地和 100 个国家级体育旅游示范基地"。当前，我国旅游市场和体育产业均处于高速发展期，估计 2021 年我国体育旅游市场规模可能达到 5138 亿 ~ 7667 亿元区间。随着我国公民收入的增加和居民休闲时间的增多，未来将出现以短时间休闲、游憩为主的近郊旅游和全域旅游活动，而体育健康特色小镇能够有效融合旅游园区、释放体育与其他产业的融合效应，是近郊旅游和全域旅游的重要构成部分和基础内容，能够优化旅游门类、提升旅游品质，促进体育旅游市场的发展。

（三）成为体育消费新的增长点

当前，伴随着我国经济社会的转型升级，市民体育需求处于高速增长期，尤其江苏省将体育消费促进作为推进体育产业发展的重要基础，也是促进体育健康特色小镇发展的必要条件。2014 年，《国务院关于加快发展体育产业促进体育消费的若干意见》中强化体育产业发展的导向在于促进体育消费，实现体育服务消费升级。历经多年发展，我国体育产业门类发展日渐丰富，服务供给能力持续增强，但大众体育消费的热情有待进一步引导和促进，为此国家体育总局和国家发展改革委发布的《进一步促进体育消费的行动计划（2019 ~ 2020 年)》中提出，要"细化落实运动休闲特色小镇规划建设，推动试点项目健康有序发展，打造成生产、生态、生活'三生融合'的体育综合体"。体育健康特色小镇将成为居民体育消费的新场所，是江苏近郊旅游的着力点，将成为塑造全新体育生活方式的重要依托，促进体育消费大规模发展。

（四）迈入高质量发展新阶段

2019 年 10 月，江苏省委办公厅、省政府办公厅印发《关于清理规范面向基层创建示范活动实施方案》（苏办厅字〔2019〕36 号），将省体育局主办的"江苏省体育健康特色小镇"纳入"江苏省级特色小镇创建"项目，由省发展改革委牵头，省体育局参与，统一组织实施。目前，正在对原 20 家体育健康特色小镇进行整合，有一批符合条件的体育健康特色小镇将被纳入省级特色小镇创建名单。未来，体育休闲方向特色小镇将在省级特色小镇统一体系和管理下，进一步迈入高质量发展新阶段，不断扩大小镇队伍，提升发展内涵，完善多元功能，形成体育产业特色鲜明、生产生活生态融合的特色区域。

参考文献

陈刚、杨国庆主编《中国体育小镇建设纲要》，人民体育出版社，2018。

李浩：《浙江省特色小镇建设的历程、存在的问题及对策研究》，山东大学硕士学位论文，2018。

秦笑：《"产、城、人、文"视阈下江苏特色小镇的开发与培育——基于南京江北新区特色小镇的路径优化研究》，《经济论坛》2018年第6期。

陶家璇：《特色小镇：新型城镇化建设之路——全国政协"妥善解决特色小镇建设中存在的问题"双周协商座谈会综述》，《中国政协》2018年第22期。

李昂、郇昌店、杜江：《我国体育特色小镇热的冷思考》，《山东体育学院学报》2018年第4期。

清议：《更加积极应对人口老龄化》，《中国人力资源社会保障》2018年第12期。

李勇、冯伟、李洪波：《江苏省体育小镇的空间布局研究》，《体育成人教育学刊》2018年第6期。

朱圆：《特色小镇投融资分析及建议》，《现代营销》（下旬刊）2018年第12期。

代方梅：《"品牌基因"理论视角下体育特色小镇品牌构建研究》，《湖北大学学报》（哲学社会科学版）2018年第6期。

郭迎清：《我国生态体育小镇资源建设研究》，《山东体育科技》2018年第5期。

B.10
江苏省体育公园发展报告

胡娟 杨靖三 柳昌贵 刘森*

摘 要： 体育公园作为生态和体育的复合体，已经成为城市绿地和体育空间拓展的发展热点。江苏省将体育公园建设作为完善公共体育设施服务的重要抓手，通过加强统筹规划和政策引领，明确体育公园等级及要求，规范引领省、市、县、街道、社区体育公园建设；因地制宜，注重质量提升；支持各地因地制宜建设类型多样、便捷实用的体育公园；聚焦体育服务功能，加强科技创新。经过近五年的快速发展，江苏省体育公园建设的规模和数量实现了快速提升，公园建设规模层级推进，总体数量稳步增长；公园体系结构不断优化，服务功能持续完善；社会开放力度日益加大，群众满意度和获得感稳步提升。江苏省体育公园建设取得了社会效益和经济效益的发展共赢。未来发展中，江苏体育公园将建立多元主体的联动融合机制、持续完善保障机制、加大文化宣传力度、完善配套设施和技术标准、进一步挖掘特色资源，实现可持续发展。

关键词： 体育公园 生态保护 江苏省

---

* 胡娟，博士，南京财经大学教授，研究方向为社会体育学。杨靖三，博士，南京财经大学副教授，研究方向为数学建模。柳昌贵，江苏省体育局群体处副处长。刘森，江苏省体育局群体处副调研员。

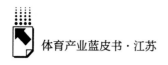

一 江苏省体育公园发展背景

（一）体育公园已经成为城市绿地和体育空间拓展的发展热点

体育公园作为主题公园的一种，成为近几年来城市绿地建设和体育设施建设的热点，它将体育健身场地和生态园林环境巧妙地融为一体，是体育锻炼、健身休闲的良好公共场所。国外体育公园建设起步较早，已于20世纪取得了丰硕的建设成果，英国体育公园服务功能多元，美国体育公园类型多样，法国体育公园善于利用地形地貌，日本从法规层面保证体育公园用地。国外体育公园的建设和发展为我国体育公园建设提供了参考经验。党的十九大报告指出，我国社会主要矛盾已经转化为人民日益增长的美好生活需要和不平衡不充分的发展之间的矛盾。与人民群众日益增长、多元发展的健身需求相比，我国体育设施建设仍然面临总量不足和结构性失衡的双重矛盾。体育公园作为生态与体育的复合体，正成为国内省市城市发展的新地标，并已成为体育健身设施建设的新风口。加快建设体育公园，让群众在绿色优美的环境中享受美好体育健身服务，增强了群众获得感和幸福感。近年来，国内城市先后建成一批标志性体育公园，对于满足广大人民群众日益增长的健身休闲需要、完善城市功能发挥了积极作用，成为体育休闲旅游创新发展的重要业态，为江苏体育公园建设提供了参考。

（二）江苏省将体育公园建设作为完善公共体育设施服务的重要抓手

江苏省高度重视全省体育公园建设工作。一是加强统筹规划和政策引领。《江苏省全民健身实施计划（2016～2020年）》和《江苏省体育局关于加快体育公园建设的指导意见》提出，全省将建成1000个体育公园、20个示范体育公园、100个社区示范体育公园，鼓励有条件的市和县至少建成一个奥林匹克体育公园。到2020年，实现省、市、县、乡镇（街道）、行政村（社区）五级全覆盖，在全国率先建成功能突出、设施领先、管理创新、绿色生态的体育公园网络体系。苏州市 2018 年发布《苏州市体育公园建设推进办法》，提出到 2020 年建设 100 个体育公园，其中一级体育公园 3～5个，二级体育公园 10 个，三级体育公园 20 个；并对各级体育公园的规模、设施、功能及专项补贴做出了明确说明。二是明确等级，规范引导。2016年《江苏省公共体育设施基本标准（征求意见稿）》发布，对全省公共体育设施包括体育公园的设施分级、基本配置进行了清晰界定，其中对省、市、县、街道和社区体育公园的占地面积、绿地面积和设施数量均有相应要求，对各级体育公园建设发挥了积极的引导作用。三是因地制宜，注重质量提升。支持各地因地制宜建设类型多样、便捷实用的体育公园。聚焦体育服务功能，加强科技创新，充分调动社会各方面积极性，促进技术创新、功能创新和管理创新。利用数字技术、仿真、互联网等高新技术支撑多功能体育设施、新型体育设施的开发和利用，应用互联网技术推动科技元素、体育元素以及反馈要素的集成应用。江苏省建设体育公园，是体育事业落实创新、协调、绿色、开放、共享发展理念的现实抓手，也是破解体育设施建设总量不足和结构性失衡的发展难题、进一步促使体育融入城乡治理和经济社会发展大局、践行"两聚一高"新实践、推动"强富美高"新江苏建设的重要举措。

二 江苏省体育公园发展现状

（一）充分发挥规划引领作用，体育公园建设速度加快

2018 年江苏省政府将体育公园建设纳为全省年度民生实事之一。认真落实党中央、国务院关于公共体育设施建设的决策部署，积极响应江苏"聚力创新、聚焦富民，高水平全面建成小康社会"的发展要求，坚持以人为本、绿色生态，坚持节约资源和保护环境的基本国策，实施政府引导、社会参与、试点先行、稳步推进，在全省建设一批生态环境优、设施基础好、管

理模式新、服务能力强的体育公园。江苏省体育局积极落实省政府年度民生实事工作要求，加快建设体育公园和健身步道。在实际建设中结合各地实际情况，注重自然生态环境的保护和融入，注重邻近市民居住区，尽可能方便老百姓参与体育锻炼。全省先后建成一批景观环境美、运动设施全的大中型体育公园，改建和扩建了一批群众身边的社区体育公园，在丰富设施服务供给、利用城市空间、创造多元运动体验、完善提升城市功能等方面发挥着重要作用。

全省各级体育部门积极参与体育公园的规划、设计和建设。把体育公园纳入城乡建设整体规划布局，与周边慢行系统等连接，构成"点、线、面"相结合的绿色低碳立体全民健身网络。利用城市升级产生的"金角银边"和城乡边角地，巧妙布局、策划定制，建设各类体育公园。结合现有周边的历史、民俗、自然资源等要素，因地制宜，科学设计，体现体育公园生态和人文特色。推进现有公园体育化，推动各类公园改建、增建公共体育设施，丰富公园的服务内涵和功能。经过近五年的实践探索，江苏全省已建成覆盖城乡的各级各类体育公园，完善了公共体育服务体系，提升了城乡治理水平和精神文明面貌，逐步形成了独具特色的江苏样本和江苏经验。

（二）公园建设规模层级推进，总体数量稳步增长

江苏省体育公园根据陆地面积和体育项目的不同可分为省级、市级、县（区）级、街道和行政村（社区）五类。其中省级、市级、县（区）级和街道体育公园可统称为规模以上体育公园，行政村（社区）体育公园则是规模以下体育公园。截至 2019 年 12 月底，全省规模以上体育公园数量达到796 个（见图 1）。其中扬州市、盐城市和南通市规模以上体育公园数量分别为 79 个、98 个和 82 个，是江苏省规模以上体育公园数量最多的三个城市。扬州市已经逐步成为江苏省体育公园规划设计和建成使用的典型示范，近年来扬州市政府采取了系列创新措施，全面推进公园体系建设，体育公园数量居江苏省首位，并且体育公园的体系化建设步伐也走在江苏全省前列，既优化了公共体育服务设施，提升了群众的幸福感，又带动了扬州市的整体发展。

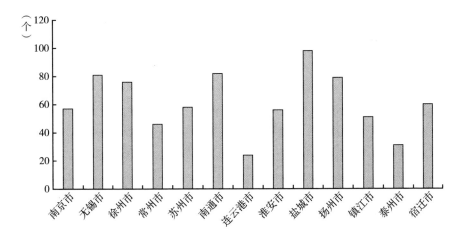

图1 江苏省各市规模以上体育公园数量统计

资料来源：江苏省体育局群众体育处，下同。

一是省级体育公园。是指陆地面积超过 50hm^2、体育项目不少于 15 项、服务对象主要为省域的体育类公园，具备开展多项群众体育运动的功能。如图 2 所示，江苏省级体育公园共有 50 个，南京市最多，达到 11 个；分布到其余城市的省级体育公园数量均为个位数，南通市为 7 个。淮安市和连云港市的省级体育公园建设力度明显滞后于全省省级体育公园建设平均水平。

二是市级体育公园。是指陆地面积为 10～50hm^2、体育项目不少于 12 项、服务对象主要为市域的体育类公园，能开展多项群众体育运动。目前为止，全省共有市级体育公园 97 个，但是各城市分布结构依然不平衡。如图 3 所示，拥有市级体育公园个数最多的为南通市，有 33 个；扬州市位居第二，有 15 个。连云港市的市级体育公园数量为零，无锡市、常州市和镇江市均分别仅有 2 个。

三是县（区）级体育公园。是指陆地面积为 2～10hm^2、体育项目不少于 10 项、服务对象为县（区）域的体育类公园，能够满足开展多项群众体育运动的需求。全省县级体育公园的个数较多，共计 258 个，但各个城市之间也存在发展不平衡的问题。如图 4 所示，徐州市的县级体育公园远远多于

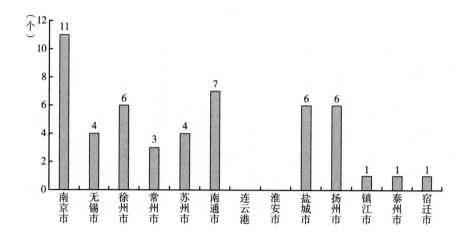

图2 江苏省各市省级体育公园数量

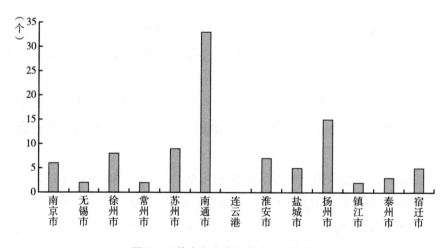

图3 江苏省各市市级体育公园数量

其他各个城市，达到45个，位于第二的扬州市有36个。

四是街道体育公园。是指陆地面积为0.5~2hm²、体育项目不少于8项、服务对象为街道（镇）域的体育类公园，主要满足街道或者镇上人民的健身需求。目前，全省共有街道体育公园394个，各个城市之间的数量差距相对较小。如图5所示，无锡市拥有60个街道体育公园，是拥有街道体

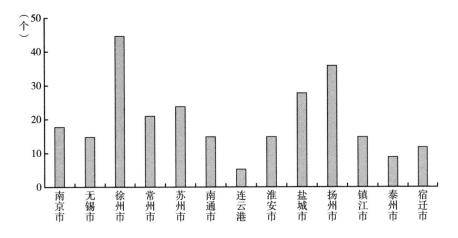

图4　江苏省各市县（区）级体育公园数量

育公园最多的城市；盐城市拥有59个，位于全省第二；其他城市的街道体育公园虽比无锡市和盐城市少，但数量比较接近，差距较小。

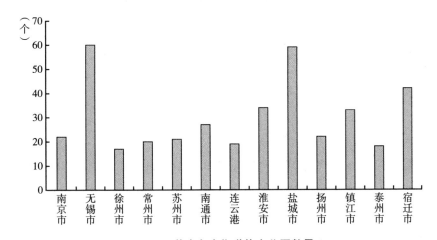

图5　江苏省各市街道体育公园数量

五是行政村（社区）体育公园。此类体育公园是指陆地面积小于0.5hm²、体育项目不少于5项、服务对象为行政村（社区）的体育公园，其主要功能是满足行政村或社区居民健身的需求。行政村（社区）体育公园是江苏省数量最多、使用最广的体育公园，共有2390个。如图6所示，

行政村（社区）体育公园也存在地域性发展不平衡的问题。扬州市拥有
1021 个行政村（社区）体育公园。徐州市、盐城市和南通市均分别达到
300 多个，苏州市和连云港市均为个位数。

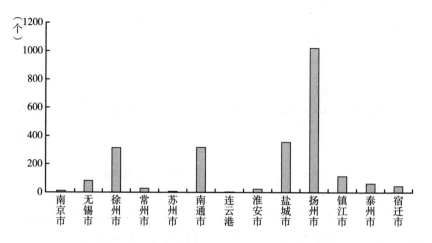

图 6　江苏省各市行政村（社区）体育公园数量

（三）公园体系结构不断优化，服务功能持续完善

随着江苏省体育公园建设的快速发展，省级、市级、县（区）级、街
道和行政村（社区）五类层级体系已经形成，项目配置更加丰富，服务功
能趋于完善，载体作用逐步发挥。

省级体育公园的陆地面积大多超过 50 万 m^2，陆地面积主要分为三类，分
别是体育休闲用地、绿化用地和园路及铺装路面。其中，每个省级体育公园
中占地最多的是绿化用地，平均占公园面积的 65% 左右。体育休闲用地的占
地面积为 50000 ~ 125000m^2，占整个公园的 10% ~ 25%，园路及铺装路面的面
积为 25000 ~ 50000m^2，占比在 5% ~ 10%。作为省级体育公园，其所具有的设
施均具备能开展多项群众性体育运动的功能。40 个省级体育公园中，各个公
园所包含的体育项目均不少于 15 项，且以户外运动项目为主，配置较多的体
育项目有篮球、乒乓球、羽毛球、网球、排球、足球、门球、轮滑、棋牌、
攀岩、极限滑板、极限单车、极限轮滑等，适合各年龄阶段的群众。

市级体育公园的陆地面积低于省级体育公园，大多为 10 万~50 万 m^2。与省级体育公园相似，市级体育公园也大致分为三类，占地面积最多的仍是绿化用地，平均占地面积为 55000~275000m^2，约占整个公园面积的 55%；体育休闲用地面积占比高于省级体育公园占比，占公园的 25%~35%，园路及铺装路面用地与省级体育公园相同，仍占公园面积的 5%~10%。其设施功能同样是保证能够开展多项群众体育运动。在配置的体育项目上，市级体育公园中的体育项目均不少于 12 项，也是以户外运动项目为主。主要配置包括篮球、乒乓球、羽毛球、网球、排球、足球、门球、轮滑、棋牌、攀岩、极限滑板、极限单车、极限轮滑等，适合老年人、中青年和儿童参与的体育运动。总体而言，市级体育公园除面积比省级体育公园小之外，其结构、功能与省级体育公园类似。

县（区）级体育公园的陆地面积明显小于省级和市级体育公园，平均占地为 5000~100000m^2。其中，绿化用地仍是占地面积最多的区域，占比约为 45%。不过体育休闲用地与绿化用地已较为接近，均占整个公园的 35%~45%。园路及铺装路面用地约为公园的 8%~15%，大于省级和市级体育公园中园路及铺装路面的占比。虽面积不如省级和市级体育公园，但是其仍具备开展多项群众体育运动的功能。在县（区）级体育公园中，其拥有的体育项目均不少于 10 项，同样是以户外运动项目为主，主要包括篮球、乒乓球、羽毛球、网球、排球、足球、门球等常见的体育运动项目，适合各年龄的居民进行体育健身运动。

街道体育公园的陆地面积比县（区）级体育公园小，均为 2000~5000m^2。与省级、市级和县（区）级体育公园面积的划分有所区别，街道体育公园中用地面积最多的是体育休闲用地，约占公园面积的一半，而绿化用地的面积约占公园面积的 35%，即为 700~1750m^2。园路及铺装路面用地占比也有所上升，提高至 10%~20%。其设施功能依旧是能够保证在公园内开展多项群众体育健身运动。在街道体育公园中体育项目至少有 8 项，主要项目仍是户外运动项目，主要配置有乒乓球、篮球、排球、健身路径、健身步道等健身设施，以及供居民集体锻炼的场地。

行政村（社区）体育公园的陆地面积在五类体育公园中最小，主要为1000～2000m²。在行政村（社区）体育公园中，体育休闲用地所占面积占公园面积的一半以上，成为公园的主要内容。绿化用地面积占公园面积的30%左右，园路及铺装路面占地则大致占公园面积的15%～25%。尽管行政村（社区）体育公园的面积最小，但是其体育休闲用地是所有体育公园中占比最大的，具备开展多项群众体育健身运动的功能。在行政村（社区）体育公园中体育项目均不少于5项，且以户外运动项目为主，主要配置包括乒乓球、篮球、排球、健身路径、健身步道等在内的健身设施，以及供居民集体锻炼的场地，与街道体育公园配置的设施基本相似。

（四）社会开放力度日益加大，群众满意度和获得感稳步提升

推动体育设施向社会开放，是新形势下进一步提升江苏省公共体育服务效能的重要措施。随着体育设施总量的稳步提升，公共体育场馆对外开放整体性不足与利用率不高的矛盾逐步凸显。为充分提高体育设施使用效率，更好地满足群众体育健身需要，2016年3月《江苏省体育设施向社会开放管理办法》经省政府常务会议讨论通过。《办法》中规定：公共体育设施应当根据其功能、特点向社会开放，开放时间应当与当地群众的工作时间、学习时间适当错开。公共体育场馆（单体）每周开放时间一般不得少于35小时，全年开放时间一般不得少于330天。国家法定节假日、全民健身日和学校寒暑假期间，每天开放时间不得少于8小时。公共体育设施全年举办的活动中非体育类活动次数不得超过总活动次数的40%。

江苏省已经建成并投入使用的体育公园，已经实现整体性的社会开放，全省各级体育部门指导规范体育公园开放服务。推动体育公园统一使用标准的市政设施、公园标识、指引牌、指示牌和体育设施使用说明，方便群众健身。指导完善开放服务的规章制度，安排专人加强管理，引导群众安全、文明、有序地使用，确保持续发挥社会效益。充分利用体育公园阵地，广泛宣传科学健身知识，开展绿色生态的全民健身赛事和活动，推动体育生活化。引进社会力量和民营资本参与体育公园的开放运营，丰富公园体育服务内

涵，提升服务质量。对市民实施免费开放，部分场馆、租赁服务、游玩项目等服务实施低收费。一系列举措，有效发挥了体育公园的社会服务功能，群众认可度和满意度稳步上升。

三　江苏省体育公园建设效益

近年来，江苏省体育公园作为拓展体育公共空间、强化公共体育服务的重要抓手，社会功能逐步强化，经济效益和社会效益逐步凸显，发挥出了积极的作用。

（一）体育公园经济效益

经过多年发展，江苏省体育公园区域聚集效应明显，经济效应开始显现，数据显示（见表1），全省体育公园体育固定资产投资从2015年的34.10亿元增至2017年的36.60亿元，举办各类赛事活动从2015年的334项增至2017年的475项。大量投资和赛事举办创造极大的品牌影响力和空间集聚效应，城市名片作用显现。

表1　2015～2017年江苏省体育公园经济效益情况一览

年份	体育固定资产投资		年度举办赛事活动	
	总额（亿元）	同比增长（%）	总数（项）	同比增长（%）
2015	34.10	—	334	—
2016	35.18	3.17	403	20.66
2017	36.60	4.04	475	17.87

资料来源：江苏省各体育公园提供；由于部分体育公园数据缺失，实际统计样本为23个，下同。

1. 促进基础设施建设，推动城市经济发展

体育公园建设能够重新整合体育产业资金、体育场馆资源和生态资源，利用周边商业地产项目和生态环境，加强城市资源的深度开发与有效利用，

促进城市功能的改造，从而带动体育公园周边地区的吸引力，发挥集聚效益和规模效益，成为城市经济新的增长点，推动城市经济发展。江苏省在加快体育公园的建设进程中，公园地块的周边土地价值快速提升，给当地的城市规划与建设带来新的发展机遇。如南京青奥体育公园快速推动了浦口新城基础设施建设，配套设施不断完善，浦口新城板块成为南京地区的新兴人气集聚点。青奥体育公园建成后即为南京市的城市副中心，拉动了南京主城区西部外秦淮河和长江水域之间的经济发展，提升了周边房价。总体来看，体育公园的建设为城市的建筑和设施带来新的变化，特别是给城市的改造与更新带来机遇，对城市建设的发展具有推动作用。

2. 扩大市场供给，刺激体育消费需求

江苏体育公园建设，推动场馆租赁、健身服务、游玩项目等开发，从内容、项目、趣味等方面丰富市场供给，产生较强的带动作用，形成强大的关联效应。通过吸引居民进入体育公园进行休闲体育消费，带动健身服务、体育旅游、器材服务、观赏服务等关联产业需求的增长，通过乘数效应带动当地经济的发展。在国内产业结构转型升级压力加大的时代背景下，大力发展体育公园、优化园区生态环境，对于促进内需拉动就业，将产生积极作用。体育公园里丰富的供给内容，为市民提供休闲、娱乐、锻炼选择的同时，有力刺激了体育消费，增加了政府税收，实现政府、市民、开发商多方共赢的良好局面。

3. 推进多元发展模式，提升区域经济影响力

体育公园集社会公益性与经济商业化于一体，对助推体育产业整体发展、带动城市区域经济成长，发挥了独有的经济社会效益。近年来，江苏体育公园积极推进体育市场和无形资产的开发力度，通过承接高水平体育竞赛和举办大型文化娱乐活动，广泛开展培训、健身等群众活动，扩大民众知晓度，提升社会知名度和影响力，带动周边的区域共同发展。如南京青奥体育公园，积极承接 NBA 等国际顶级赛事以满足百姓高端需求，扩大了公园知名度。体育场已经成为以会展中心为主要功能的体育休闲商业平台，配以赛事、生活休闲、演艺娱乐等活动，延展餐饮、娱乐、零售等内容，打造多元

化的体育文化项目。扬州李宁体育公园开办运动员会员卡、游泳会员卡，提供球具租赁、场馆租赁服务，在为居民提供专业运动场馆的同时，拓展了产业链，完善了服务功能，推动区域经济健康发展。

（二）体育公园社会效益

随着江苏省体育公园建设趋于完善，配套功能更加完备，社会功能和辐射效应开始显现。数据显示（见表2），江苏省体育公园开展场地运动项目由2015年的218项增至2017年的295项，2017年同比增长21.90%；公园接待人数从2015年的753.30万人次快速增至2017年的1109.7万人次，突破千万大关，社会效应开始凸显。

表2　2015~2017年江苏省体育公园社会效益情况一览

年份	年度接待人数		开展场地运动项目	
	总数（万人次）	同比增长（%）	总数（项）	同比增长（%）
2015	753.30	—	218	
2016	956.76	27.01	242	11.01
2017	1109.7	15.99	295	21.90

1.增加绿地面积，改善城市环境

江苏省体育公园大多依山傍水而建，借着湿地、湖泊、河流融为一体的景观格局，种植种类繁多的植物、绿茵草地，增加了城市绿地覆盖面积，美化城市形象。体育公园的兴建，改善了城市生态环境，充当着城市"绿肺"的角色与功能，不仅可以降温除噪、净化空气、清洁除尘，还可以让广大市民在运动的同时，享受绿色鲜氧带来的身心洗礼。生态体育公园所蕴藏的生态资源对于城市环境完善有积极的影响。生态体育公园规模化的绿色植物群可有效缓解城市温室效应、热岛效应等，并对城市空气产生绿化作用。南京青奥文化体育公园，拥有上万平方米的江边草坪、数百棵规模的银杏树阵，以及南京最大的亲水平台，最雅致的滨江漫步道，最清澈的水流。沿江长度1788米，结合江岸环境整治，修复江滩生态系统，营造观江亲水氛围，沿

江全线设有滨水栈道、2座景观栈桥，北区设有集市广场、活动草坪、景观水景，南区结合一级水源地的保护要求设有生态湿地、水步道等。常熟滨江体育公园内设有音乐喷泉、生态岛、瞻瞩亭、绿荫廊等多个休憩景点，同时种植多种保健养生树种，植物种类多样，乔、灌、草、藤植物相结合，形成优美的植物景观群落，对改善周边环境起到重要的作用。

2. 改善居民身体健康，促进健康生活方式

江苏省体育公园的建设，为广大百姓提供休闲健身的舒适场地和体育设施，促使民众愿意走出家门进行体育锻炼，养成健康的生活习惯。体育公园将城市社区的体育资源进行重新调配，盘活现有的体育设施，使其成为区域范围中的体育活动和文化中心，为居民的体育文化教育提供了直接的消费载体和多元选择，改善了城市居民的生活质量。江苏省的乡村体育公园中，篮球场、五人制足球场、羽毛球场等运动场地一应俱全，同时还设有健康教育专栏、健康标牌、健康标识等。不仅优化了乡村环境，更为当地的老百姓提供了运动、健身的好去处，促进居民积极锻炼，健康生活。

3. 扩大文化活动交流，弘扬体育文化精神

体育公园在塑造城市形象与表达城市文化方面，发挥着不可或缺的作用。作为城市的主题公共空间，体育公园的核心不是建设一个公园，而是通过这一载体聚集人流，创造一种符合城市精神、彰显个性品质的城市活动和生活方式。因此，体育公园不仅是运动公园、景观公园、休闲公园，更是文化公园。体育公园是都市体育文化的重要载体，通过打破原有的传统体育场地设施的局限，开创全新的体育生态空间，打造体育地标概念，展示所在城市的精神风貌和文化价值取向，有利于弘扬体育精神、加强文化交流。江苏省体育公园多渠道营造大众健身环境和体育文化传播氛围，一批新型室外健身器材设施开始在体育公园建设中初展身手，不仅包括健身方法指导和体质监测，还包括健身文化宣传等。体育公园的迅速发展，将热爱体育运动的人群聚集起来，由个人到家庭、单位及组织，让体育锻炼成为新的社交方式和生活方式。

4. 促进居民身心和谐发展，人与自然和谐相处

体育公园为居民提供了与友人交流情感、亲近大自然的机会，在运动休闲中使精神得到洗礼，促进人与人、人与自然和谐相处。如今人们对于健康的理解，远远超出了生理的范畴，而是上升为生理与心理以及社会适应相结合的三维健康观。城市生态体育公园，其景观布置、设计思路都体现着"天人合一"的原则，有利于居民身心和谐发展以及良好人际氛围的建立。与群众生活联系最密切的社区体育公园以服务为民、以人为本以及便民惠民作为原则，充分利用相关资源实现社会效益最大化。社区体育公园主要功能在"社区""体育""文化"三方面，通过为社区居民提供便民、利民服务设施，以及体育活动和文化休闲场所，提升人民群众的生活品质。社区体育公园通常依托居民住宅小区、城市边角地而建，建设理念突出了社区性和体育文化功能。能够发挥凝聚人心、休闲养生、调节生活和社会交往等作用。市民在社区体育公园进行休闲锻炼，能够增强获得感、幸福感和安全感，从而达到促进社会和谐、维护社会稳定的目的。同时，社区体育公园充分利用了城市边角地，不仅提高了土地使用效率，还增加了城市公共开放空间。社区体育公园建设融入了地方传统文化特色和文化风貌，不仅仅是一座座市民乐园，还是一道道城市亮丽风景线，"扬州样本"是江苏体育公园建设的缩影，也是江苏民生幸福工程鲜明的写照。

四 江苏省体育公园发展展望

（一）建立多元主体的联动融合机制

体育公园建设与发展，涉及发改、规划、建设、城管等多部门，必须探索建立多元主体参与的联动融合机制。在规划、建设公园的时候，体育部门做好实地调研，根据周边环境和群众需要，规划体育设施、体育项目和体育元素，既要实现公园休闲游憩的功能，又能满足运动健身的需要。在体育公园的规划深化、验收监管、管理和使用等方面，必须

建立多元主体参与的联动融合机制，进一步落实体育公园建设管理的配套实施细则。各地根据城市总体规划和公园体系规划，利用体育设施用地建设体育健身类公园。同时要重视体育公园的便民性，积极加快城市交通设施建设步伐，解决交通不便和交通拥挤的问题，尽快出台各种便民健身的措施。

（二）持续完善良性的保障机制

体育公园建设，在前期调研规划及后期建设、经营和维护等，都必须依托国家相关政策法规，加强体育公园建设规划和用地、资金等保障。以社区体育公园、"口袋体育公园"建设为重点，对区域内的社区、学校、公园等体育设施进行统筹规划，并按时间节点积极推进。"十三五"即将进入收官阶段，江苏各层级体育公园建设指标已有效落实，并超额完成任务；同时，多方联手综合利用体育设施用地。体育局、绿化市容局、建交委等职能部门会同各街道镇，多方联手，努力挖掘合作潜力和场地空间，通过调整绿地布局、市政动拆迁和轨道交通建设等途径，点面结合，因地制宜地解决体育设施建设用地，为体育公园设施建设提供有力保障。此外，还需继续加大对体育公园设施建设的财力投入，调动社会力量参与体育公园的建设与管理。

（三）持续加大文化宣传推广力度

加强体育公园文化宣传，挖掘公园承载的历史和文化内容，讲好蕴含的历史和文化故事，增加展示的内容，让游客了解公园和所在城市曾经的故事。打造网络平台，加大网络宣传力度。一是做好线上线下宣传，建立区域体育公园网络平台，实现场地、赛事、活动、健身指导等信息的便捷查询；建立体育公园会员管理制度，定期向会员发送活动信息；增设在线预定场馆功能，方便市民，也节约人力。二是做好城市体育公园的旅游宣传，利用当地现有得天独厚的旅游宣传资源，树立蕴含体育运动元素的城市形象，吸引周边省市乃至全国更多体育旅游的潜在游客。

（四）逐步完善配套设施和技术标准

江苏省已经着手对体育公园的各项技术标准、配套设施、管理模式进行规范引导，进一步明确体育公园面积、服务半径、到达时间、人均公园占地面积等量化指标。新建公园在规划阶段就需要充分考虑健身需求，因地制宜预留健身运动空间；根据市民需要，结合公园提质改造增设健身设施和场地；同时，加快绿地和林荫路建设，提升居民健身便捷性和舒适性。各地区可根据自身情况进行适当调整，制定适合本地区发展的体育公园规模指标。未来，江苏省体育公园将进一步应用互联网技术，设立技术标准，完善更专业的配套设施，加强体育运动的科学指导，使运动者更加安全科学地健身。

（五）进一步挖掘特色资源潜力

江苏省域城市有其独特的城市特色，体育公园建设须结合当地历史、民俗、文化、群众艺术等要素，建成特色公园，针对不同群体，配备符合不同需求的运动设施。要充分挖掘特色优势，融入城市文化资源和生活风貌，赋予体育公园活力和生命力。综合考虑现状基础条件，充分挖掘社区体育公园的特色优势，以健身休闲娱乐为核心，密切结合公园周边地区的历史、民俗、文化、群众艺术等要素，形成文化、体育、建筑、景观紧密结合的综合景观效果。坚持以人为本的理念，建设能够满足多元需求，融体育锻炼、文化熏陶、休闲娱乐、生态保护与教育于一体，群众满意度更高的体育公园。引入大数据分析、数据模拟等方法深度参与规划设计，精准了解市民的群众体育运动需求，提升交通流线组织、景观标志设计等方案的科学性和合理性。

参考文献

刘国永、戴健主编《中国群众体育发展报告（2018）》，社会科学文献出版社，2018。

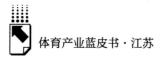

许涛、刘乃全、张学良主编《中国区域经济发展报告（2018～2019）》，人民出版社，2019。

曹可强、徐文强：《我国体育场地建设现状与发展对策》，《上海体育学院学报》2017年第4期。

李强谊、钟水映：《我国体育资源配置水平的空间非均衡及其分布动态演进》，《体育科学》2016年第3期。

王晓晓、周颖：《城市体育公园发展研究——以江浙沪地区为例》，《山东体育学院学报》2019年第5期。

附 录

Appendices

B.11

附录1 江苏省体育产业大事记
（2005~2019年）

1. 2005 年，江苏省财政厅与省体育局印发《江苏省基层体育设施建设专项补助资金管理办法》，明确在当年体育彩票公益金中提取 2%，用于支持基层体育设施建设。

2. 2006 年 4 月，江苏省财政厅与省体育局共同下发《关于江苏省基层体育设施建设专项补助资金有关问题的补充通知》，进一步提高基层体育设施建设的补助标准，补助建设项目从老"四个一"工程转向新"四个一"工程。

3. 2006 年 8 月，江苏省体育局出台《江苏体育产业振兴计划纲要（2006~2010 年)》，《纲要》由引言和发展思路、发展目标、发展原则、主要领域、保障措施等 6 个部分组成，是江苏省首次出台振兴体育产业发展的指导性文件。

4. 2007 年 4 月 13 日，江苏省体育局举办了首届体育产业资源信息发布会，此举为全国首创。集中展示发布了来自全省体育系统 40 多家单位上报的 100 余项资源信息。

5. 2007 年 5 月 19~20 日，在昆山举办了 2007 年全国中小城市体育场馆发展论坛。这是全国第二次就中小城市体育场馆公用设施建设与发展举行理论探讨，与上届论坛主要侧重探索一条适应中国中小城市体育场馆改革与发展的创新之路不同，此次论坛的主题是规范建设、有效运行、科学发展。

6. 2008 年，在首届江苏省体育产业资源信息发布会的基础上，江苏省体育局对体育产业资源信息发布方式进行调整，开通了"江苏体育产业资源信息网"，该网站系全国范围内首个体育产业资源信息网上专题平台，开创了依托互联网络运营体育产业招商投资平台之先河。

7. 2009 年，江苏省体育局首次开展江苏省体育产业示范基地评选，命名江苏省五台山体育中心等 11 家单位为江苏省体育产业示范单位。

8. 2010 年 7 月 30~31 日，江苏省体育场馆工作会议在无锡召开，回顾总结近年来全省体育场馆发展情况与经验，研究部署"十二五"期间全省体育场馆工作任务。这次会议是一次全面、高规格的体育场馆工作专题会议。

9. 2010 年 9 月，江苏省人民政府出台《关于加快发展体育产业的实施意见》，该文件是全国第一个以省政府名义出台的加快发展体育产业的文件，明确了未来 5 年江苏省体育产业发展的总体目标、重点任务以及保障措施，是指引体育产业发展的重要纲领性文件。《实施意见》在政策保障方面有了较大突破，明确体育产业享受国家和省有关扶持服务业发展各项政策，从 2011 年起设立省级体育产业发展引导资金和体育产业创业投资基金等扶持奖励基金，同时，在金融、税费、投资、用地、人才等方面出台了一系列政策措施。

10. 2010 年 10 月 26~27 日，江苏省体育产业工作会议在淮安召开，该会议是全国首家以省政府名义召开的体育产业工作会议。会议部署实施《江苏省人民政府关于加快发展体育产业的实施意见》，明确了今后 5 年江苏省体育产业发展的总体要求、工作目标、重点任务及保障措施。江苏省副省长曹卫星、国家体育总局经济司司长刘扶民出席会议并讲话。

11. 2010 年 12 月，江苏省财政厅、江苏省体育局出台《江苏省体育产业发展引导资金使用管理暂行办法》，明确省财政设立省级体育产业发展引导资金。

12. 2011 年 6 月 21 日，江苏省体育局与省旅游局签署战略合作协议，就联合推进江苏体育旅游发展建立战略合作关系。双方将在加强产业政策引导，打造体育旅游品牌，促进城乡区域体育旅游联动，扩大江苏省体育旅游宣传，人才培养等方面加强合作。

13. 2011 年 8 月，江苏省体育局出台《江苏省体育产业发展"十二五"规划》，《规划》共分八个部分，既阐述了江苏体育产业发展的时代背景、总体水平，又明确了"十二五"时期江苏体育产业发展的总体定位、发展目标、基本要求、重点任务、重点领域及保障措施，强调体育产业与其他关联行业融合发展、共同发展的基本思路，通过建立省、市、县三级联动推进机制形成工作推进合力。

14. 2011 年 8 月，江苏省体育局印发《江苏省体育产业基地管理办法（试行）》，体育产业基地包括三种类型：一是以地区［县（市、区）］为单位，涉及体育产业众多领域的综合类体育产业基地（江苏省体育产业特色城市）；二是以区域为单位，涉及体育产业相关领域的特色类体育产业基地（江苏省体育产业集聚区）；三是以体育产业某一领域中的知名单位为主体的体育产业示范单位。

15. 2013 年 7 月，国家体育局批准昆山市、江阴市、溧阳市建立国家体育产业基地，命名为"苏南（县域）国家体育产业基地"，省领导李学勇、曹卫星专门做出批示，省政府专门召开了基地建设研讨会。该基地是全国首个以县域集群为主体的国家体育产业基地，正式纳入《苏南现代化建设示范区"十二五"期间推进计划（2013~2015）》。

16. 2013 年 11 月 10 日，上海市体育局、浙江省体育局、江苏省体育局在江苏江阴召开长三角体育产业协作会议，共同签署长三角地区体育产业协作协议，长三角地区体育产业协作开始步入制度化、常态化，是全国首个体育产业的区域性合作。

17. 2014 年 8 月 8 日，经江苏省政府同意，江苏省体育局、江苏省发展和改革委员会、江苏省公安厅、江苏省财政厅、江苏省国土资源厅、江苏省住房和城乡建设厅、江苏省国税局、江苏省地税局和江苏省工商局联合印发《关于加强体育场馆运营管理　提高公共服务水平的实施意见》，明确到 2020 年我省体育场馆运营管理总体要求和目标任务，有效指导我省体育场馆进一步提高运营管理水平、公共服务水平和使用效率。

18. 2015 年 1 月 16 日，江苏省体育局、苏州大学战略合作协议签约暨江苏体育产业协同创新中心揭牌仪式在苏州大学举行。国家体育总局科教司司长蒋志学，省体育局主要领导，副局长颜争鸣、刘彤，苏州大学校党委书记王卓君、副校长陈一星，以及国家体育总局科教司、省体育局、苏州市体育局、苏州大学相关部门负责人参加会议。该中心是为适应国家创新驱动战略、推进体育产业发展的迫切需要，由江苏省体育局和苏州大学共同发起创建。中心集学术创新、高端智库、人才培养基地等功能于一身，致力于全面推动江苏体育产业发展和江苏省体育现代化问题综合研究，服务于江苏体育产业发展的战略决策的制定与实施。

19. 2015 年 3 月 29 日，2015 江苏体育产业大会在南京召开。本次大会是江苏首次举办的大规模主题体育产业盛会，起到了谋划江苏体育产业发展蓝图、全面展示江苏体育产业发展成果、促进体育领域投资合作与交流的积极作用。来自全省体育系统、相关企事业单位和社会组织，以及国家体育总局和部分外省市体育局、省有关部门、高等学校及专家学者代表千余人参加了会议。

20. 2015 年 3 月，首期《江苏体育产业》杂志出刊，内容包括江苏体育产业发展成果展示、发展思路和重点介绍、对外合作资源推介、行业标杆企业和服务平台介绍等。

21. 2015 年 4 月 21 日，江苏省体育产业集团有限公司挂牌仪式在南京举行，副省长曹卫星出席仪式作重要讲话，并为省体育产业集团揭牌。省体育局局长、省国资委副主任李锟、省财政厅副厅长徐宁分别致辞，省体育局副局长颜争鸣、省有关部门负责同志参加会议。

22. 2015 年 4 月 25 日下午，第 53 届世界乒乓球锦标赛在苏州开幕，中共中央政治局委员、国务院副总理刘延东出席并宣布开幕。江苏省省长李学勇、国际乒乓球联合会主席托马斯·维克特分别致辞。国家体育总局局长刘鹏，国家卫计委主任李斌，国务院副秘书长江小涓，国家体育总局副局长冯建中，科技部副部长侯建国，江苏省委副书记、苏州市委书记石泰峰，副省长曹卫星，省政府秘书长张敬华，副秘书长肖泉，以及省体育局主要领导，副局长刘彤、王志光，苏州市市长周乃翔等有关领导出席开幕式，开幕式由国家体育总局副局长蔡振华主持。第 53 届世界乒乓球锦标赛是中国第五次举办的世乒赛，同时也是世乒赛首次在国内地级市举办，来自 134 个国家和地区的 500 多名运动员在为期 8 天的比赛里争夺 5 个单项冠军。

23. 2015 年 4 月 25 ~ 26 日，中共中央政治局委员、国务院副总理刘延东在江苏专题调研体育产业，并主持召开部分省市加快发展体育产业促进体育消费工作座谈会。

24. 2015 年 6 月 9 日，江苏省政府印发《关于加快发展体育产业促进体育消费的实施意见》，明确到 2025 年，体育产业总规模超过 7200 亿元，增加值占全省地区生产总值的 1.6%，体育服务业增加值占体育产业增加值比重达到 50% 左右。

25. 2015 年 8 月，江苏省财政厅、省体育局印发《江苏省体育场馆免费低收费开放补助资金管理办法》，明确江苏体育场馆免费低收费开放补助标准，结合江苏体育场馆特点，在国家标准的基础上适度扩大了补助范围，增加了丁类场馆。

26. 2016 年 1 月，江苏省体育局修订《江苏省体育产业基地管理办法》，并针对江苏实际，创新提出综合类体育产业基地、特色类体育产业基地和体育产业示范单位等 3 种类型基地，将县域集群作为综合类基地类型之一予以明确。

27. 2016 年 5 月 13 日，2016 汤姆斯杯暨尤伯杯赛在昆山市拉开序幕。汤尤杯是代表世界羽毛球最高水平的团体赛事，本次比赛是汤尤杯首次在中国县级城市举办，共有来自 21 个国家和地区的 32 支（男、女各有 16 支）代表队参赛。

28. 2016 年 8 月，江苏省发展改革委、省体育局联合印发《江苏省体育产业"十三五"发展规划》，规划分为发展基础和面临形势、总体要求和主要目标、重点领域和发展方向、主要任务和工作举措、政策保障和规划实施等五大部分共 16 条，在对接江苏省 2025 年体育产业发展总体目标的基础上，细化了"十三五"时期的具体目标和任务。

29. 2016 年 9 月，江苏省体育局印发《省体育局关于开展体育健康特色小镇建设工作的通知》和《省体育局关于做好体育健康特色小镇共建推荐工作的通知》，正式启动体育健康特色小镇建设，并于 10 月 27 日江苏体育产业大会上，与 8 个共建对象所在县（市、区）政府签署共建协议。

30. 2016 年 9 月，江苏省体育局印发《江苏省健身俱乐部促进计划（2016～2020 年）》，提出到 2020 年，全省建成 1000 个具有较大影响、年均拉动体育消费 500 万元以上的健身俱乐部。设立省健身俱乐部专项扶持资金。

31. 2016 年 10 月 27 日，2016 江苏体育产业大会在溧阳召开。江苏省体育局主要领导作了题为"健身消费'组合拳'助力健康江苏建设"的主旨演讲。国家体育总局体育经济司司长王卫东应邀出席会议，并发表题为《开创健身休闲产业大发展的新时代》的主旨演讲。国家体育总局体育器材装备中心主任李桦为江苏省十佳体育用品企业授牌。这次大会是继 2015 江苏体育产业大会成功举办后，该省举办的又一次大规模、高规格主题体育产业盛会。

32. 2017 年 1 月，江苏省体育局印发《关于加快体育服务综合体建设的指导意见》，到 2020 年，全省建成 40 个左右体育服务综合体；到 2025 年，建成 100 个以上体育服务综合体，实现省、市、县三级全覆盖，在全国率先建成设施完备、功能齐全、运营创新、服务领先的体育服务综合体网络体系。江苏省体育服务综合体分为体育中心型、全民健身中心型、商业中心内嵌型、其他型等 4 种类型。

33. 2017 年 4 月 22 日，2017 国际时尚体育城市暨体育健康特色小镇论坛在宿迁召开。来自国家体育总局、全省体育系统及 14 家共建体育健康特色小镇、相关企事业单位和社会组织，以及部分外省市体育局、省有关部门、高等院校专家学者等代表 600 余人参加会议。这是江苏省首次举办的体育健康特色小镇专题论坛。会上，省体育局与 7 个县（市、区）政府签署第二批体育健康特色小镇共建协议。

34. 2017 年 5 月 13 日，江苏省体育产业指导中心正式增挂"江苏省体育产业研究院"牌子，这是全国体育系统首家设立的事业单位性质的体育产业发展服务平台，是加强体育产业发展研究、建立政府与市场有效对接的渠道。研究院自挂牌以来主要围绕体育健康特色小镇、体育服务综合体评估及认证标准等规范化、标准化建设工作开展研究。

35. 2017 年 5 月 17 日，江苏省政府办公厅印发《关于加快发展健身休闲产业的实施意见》，提出到 2020 年，基本建立结构合理、内涵丰富、功能完善、服务便捷、竞争力强的健身休闲产业体系，形成健身休闲产业供给侧和需求侧协同发展的格局，健身休闲产业总规模达到 3000 亿元，约占体育产业总规模的 60%；到 2025 年，健身休闲产业总规模达到 4500 亿元。

36. 2017 年 5 月 22 日，江苏省体育局出台《关于推进体育竞赛改革提升赛事效能的指导意见》，逐步完善江苏体育竞赛审批管理改革和事中事后监督制度。

37. 2017 年 7 月 6 日，由国家体育总局、国家旅游局主办的全国体育旅游产业发展大会暨水韵江苏推介活动在无锡市召开。国家体育总局副局长赵勇、国家旅游局副局长李世宏出席大会并讲话，江苏省人民政府副省长陈震宁出席大会并致辞。会上，江苏省共有 4 个景区获得"精品景区"、3 个赛事获得"精品赛事"、4 个地区获得"精品目的地"称号。

38. 2017 年 9 月 10 日，首届智慧体育高峰论坛在无锡举行，论坛以"智慧引领体育，科技促进健康"为主题，共吸引近 500 位嘉宾参会。

39. 2017 年 9 月 26 日，江苏省政府办公厅印发《江苏省足球改革发展实施意见》，这是《中国足球改革发展总体方案》在江苏省的具体落地方案，涵盖了江苏省足球工作中的主要领域，既是一个改革意见，也是一个发展蓝图。《实施意见》以总体要求、基本原则为指导，主要目标为大方向，确定了江苏省足球改革的 9 个大项 29 项工作任务，并明确了 4 项保障措施。

40. 2017 年 10 月 10 日，江苏省发展和改革委员会、江苏省体育局、江苏省公安厅、江苏省交通运输厅、江苏省卫生计生委、江苏省经济和信息化委员会、人民银行南京分行、江苏省工商局、江苏省新闻出版广电局、江苏省银监局等部门联合印发《江苏省支持社会力量举办马拉松、自行车等大型群众性体育赛事行动方案（2017~2020 年）》，2017 年度在省体育局登记备案马拉松赛事达 34 场，其中与中国田径协会共同主办 29 场。

41. 2017 年 12 月 11 日，2017 江苏体育产业大会在南京举办。会上，省体育局主要领导作了题为"体育产业是新时代体育强省建设的新引擎"的主旨演讲，并给宿迁市时尚体育城市、江苏省特色运动项目基地授牌，并和省人大教科文委副主任委员孙晋芳联合颁发"一带一路"体育旅游资源联盟证书。会上，江苏省接连发布了体育公园建设标准指导、体育健康特色小镇共建政策、体育竞赛改革意见、健身俱乐部促进计划、体育服务综合体指导意见等相关政策。

42. 2017 年开始，江苏省体育局每年在全省向健身群众发放 5000 万元体育消费券。在体育消费券发放方式上，省体育局委托中国银行江苏分行和上海积分通公司，采用"体育＋互联网＋金融"的模式，通过"江苏全民健身卡"和"全民健身公共积分卡"发放。

43. 截至 2017 年 12 月 31 日，江苏体彩全年实现销售 201.30 亿元，增幅 12.63%，总销量位列全国体彩业界第一，并成为全国体彩首个年销量突破 200 亿元的省份。全年已上缴公益金 51.21 亿元、中奖偶得税 1.74 亿元。2017 年，江苏体彩全年共中出 137 个百万以上大奖，其中 89 个为 500 万元及以上大奖。

44. 2018 年 2 月，江苏省体育局认定了 21 家省级体育产业基地，截至目前全省共计认定了 100 家省体育产业基地。

45. 2018 年 3 月，江苏省体育局认定常州江南环球港等 14 家单位为江苏省首批体育服务综合体，主要包括体育中心型 2 个、全民健身中心型 4 个、商业中心内嵌型 6 个、其他型 2 个（主要涉及郊野户外及乡村体育服务等相关内容）。

46. 2018 年 6 月，江苏省体育局联合省发展改革委等相关部门，印发《江苏省加快发展冰雪运动产业行动方案》《江苏省加快发展水上运动产业行动方案》《江苏省加快发展山地户外运动产业行动方案》《江苏省加快发展航空运动产业行动方案》，为促进江苏省时尚运动项目产业快速发展明确方向和路径。

47. 2018 年 9 月 27 日，长三角地区体育产业一体化发展推进会在上海市宝山区召开。江苏省体育局与上海市体育局、浙江省体育局、安徽省体育局主要领导出席推进会，共商长三角地区体育产业率先发展、科学发展、一体化发展推进事宜，并签署长三角地区体育产业合作协议。

48. 2018 年 9 月，江苏省旅游局、江苏省体育局印发《江苏省体育旅游发展行动计划（2018～2020 年）》，明确未来三年江苏省体育旅游发展目标和行动领域，引领指导江苏省体育旅游产业发展。

49. 2018 年 11 月 10～11 日，2018 中国（淮安）淮河生态经济带体育产业博览会暨淮河生态经济带体育产业发展论坛在淮安举办，湖北、河南、安徽、山东及江苏相关 29 个城市发起"淮河生态经济带体育产业联盟"倡议。

50. 2018 年 11 月 13 日，江苏省体育消费研究中心揭牌暨 2017 年度江苏省体育消费调查及体育产业统计数据发布仪式在南京举行，江苏省体育局主要领导、南京师范大学主要领导出席了揭牌仪式和发布会，并共同为江苏省体育消费研究中心揭牌。

51. 2018 年，江苏省体育局委托南京师范大学组织开展并完成 2017 年江苏省城乡居民体育消费调查，2017 年江苏省城乡居民体育消费支出人均2028.33 元。本次体育消费统计调查的对象为江苏行政区划范围内的城乡居民。

52. 2018 年，江苏省体育局组织对 2011～2015 年获得省体育产业发展专项资金资助的所有项目进行绩效检查，针对此次集中检查发现的问题，形成了《省体育局关于对 2011～2015 年省体育产业发展引导资金项目检查情况处理的通知》，提出具体处理意见。

53. 2018 年，江苏省体育局首次尝试开展"2018 江苏时尚体育好去处"推介活动，于春节、春季、夏季、十一黄金周通过省体育局公众号、扬子体育报、扬子晚报等媒体，以及地方主流媒体渠道对外公布，向广大市民推荐江苏省体育休闲场所与路线。全年分 4 期推荐了"江苏时尚运动好去处"132 家，据不完全统计，全省 132 家时尚体育好去处累计接待游客 268.7 万人次，自驾游车辆超 240 万辆次，体育旅游及相关接待实现营业收入超 17 亿元。

54. 2019 年 3 月 29 日，2019 江苏体育产业大会在南京举办。省体育局主要领导发表题为《发展高质量体育产业建设新时代体育强省》的主旨演讲。会上，省体育局与 7 个县（市、区）政府签署第三批体育健康特色小镇共建协议，认证发布第二批 13 家体育服务综合体。

55. 2019 年 4 月，国家体育总局批复江苏省南京市溧水区等为新一批国家体育产业示范基地，截至目前，江苏省已成功创建苏南（县域）、武进、宜兴、张家港、南京建邺、南京溧水 6 个国家体育产业示范基地，江苏共创、江苏金陵、南京边城、江苏康力源、省五台山体育中心、南通铁人、江阴四方等 7 个国家体育产业示范单位和海澜马术表演、红山体育公园、江苏中正体育场地设施检测服务平台、新动力连锁汽车越野、曹甸青少年体育装备制造创意产业园、江南环球港体育服务综合体、南京金地体育公园等 7 个国家体育产业示范项目，总数居全国首位。

56. 2019 年 6 月 24 日，江苏省体育局和南京市体育局、南京市溧水区人民政府联合举行江苏省国家体育产业基地授牌仪式暨"健康溧水"体育产业推介会。

57. 2019 年 7 月 1 日，江苏省体育局印发《推动江苏体育竞赛表演产业高质量发展行动方案》，明确到 2025 年，基本形成产业结构合理、竞赛产品多元、市场环境优化、发展水平均衡的体育竞赛表演产业体系，体育竞赛表演产业的引领带动作用明显提升，体育竞赛表演产业发展水平位居全国前列。培育 10 项以上全国以上级别的体育精品赛事，打造 20 项左右具有自主知识产权的体育竞赛表演品牌，发展 30 个以上具有全国以上级别赛事运作能力的专业体育赛事运营公司。

58. 2019 年 7 月 25 日，江苏省体育局、江苏省发展改革委印发《关于进一步促进体育消费的行动计划（2019~2022 年)》，明确提出到 2022 年全省体育消费总规模达到 2800 亿元左右，城乡居民人均体育消费达到 3200 元左右。

59. 2019 年 10 月 25~27 日，2019 中国（淮安）淮河生态经济带体育产业博览会暨淮河生态经济带体育产业高峰论坛在淮安举办。

60. 2019 年 11 月 21 日，江苏省体育局向社会公布 2018 年度江苏省城乡居民体育消费统计数据。2018 年，全省城乡居民体育消费总规模 1918 亿元，同比 2017 年增长了 17.8%；人均体育消费支出 2382 元，同比 2017 年增长了 17.5%。

61. 2019 年 11 月 29 日，国家体育总局和发展改革委联合召开贯彻落实《国务院办公厅关于促进全民健身和体育消费推动体育产业高质量发展的意见》电视电话会议，省政府副秘书长王思源、省发改委副主任张世祥、省体育局副局长王志光出席江苏分会场会议。省教育厅、省公安厅、省财政厅、省自然资源厅、省住房城乡建设厅、省体育局、省林业局职能部门负责同志，省体育产业集团、国家运动休闲特色小镇试点项目、国家体育产业联系点城市、国家体育产业示范基地、示范项目、示范单位以及高等院校代表 40 余人参加会议。

B.12
附录2 文件汇编

江苏省政府关于加快发展体育产业促进
体育消费的实施意见

（苏政发〔2015〕66号）

各市、县（市、区）人民政府，省各委办厅局，省各直属单位：

为加快提升体育产业发展水平，大力促进体育消费，充分发挥体育产业在满足人民群众多样化体育需求、保障和改善民生、培育新的经济增长点、增强国家凝聚力和文化竞争力等方面的重要作用，根据《国务院关于加快发展体育产业促进体育消费的若干意见》（国发〔2014〕46号）精神，结合我省实际，提出如下实施意见。

一 进一步明确总体要求和发展目标

（一）总体要求。深入贯彻落实党的十八大、十八届三中四中全会精神，以增强人民体质、提高健康水平为根本目标，把体育产业作为绿色产业、朝阳产业培育扶持，坚持发挥市场决定性作用和更好发挥政府作用相结合，创新体制机制，扩大社会参与，增加市场供给，提高消费能力，优化发展环境，全面提升体育产业发展水平，为经济转型升级注入新的动力，促进体育事业与体育产业协调发展，不断满足人民群众日益增长的体育需求。

（二）基本原则。

——坚持以人为本、统筹推进。以提高全民身体素质和健康水平为出发点、落脚点，大力发展体育产业，切实维护好广大人民群众的体育权益。注重统筹兼顾，推动体育产业与体育事业协调发展、与体育消费良性互动、与相关产业融合发展。

——坚持政府引导、市场驱动。加快转变政府职能，加强规划、政策、标准引导，强化市场监管，为体育产业发展创造良好环境。完善市场机制，培育多元市场主体，发挥市场在体育资源配置中的决定性作用，调动全社会发展体育产业的积极性。

——坚持开拓创新、集约发展。强化科技支撑，构筑品牌优势，鼓励发展新技术、新业态和新模式，推动体育产业转型升级。鼓励发展具有规模优势的体育产业集聚区，积极培育现代化、国际化大企业大集团，努力提升体育产业集约发展水平。

（三）发展目标。到2025年，基本建立结构合理、门类齐全、功能完善、竞争力强的体育产业体系，形成政府引导、市场驱动、社会参与、协同推进的发展格局，对其他产业的带动作用明显提升，体育产业规模发展、集约发展、创新发展水平位居全国前列。体育产业总规模超过7200亿元，增加值约占全省地区生产总值的1.6%，体育服务业增加值占体育产业增加值50%左右，体育产业从业人员达到180万人，人均体育场地面积达到2.6平方米；群众体育健身和消费意识显著增强，人均体育消费支出大幅提升，经常参加体育锻炼的人数达到3500万、约占总人数的42%，国民体质合格率和中小学生体质合格率指标居全国前列。

二 深化体制机制改革

（四）转变政府职能。改革体制机制，创新管理方式，推进简政放权、放管结合，激发体育发展活力。建立公开透明的体育市场准入标准和运行规则，凡是法律法规没有明令禁止的领域都要向社会开放。加强规划、政策、标准引导，强化宏观管理、市场监管和公共服务，营造各类主体平等参与、公平竞争的体育市场环境。加快推行体育领域政事分开、政企分开、政社分开和管办分离，推进经营类体育事业单位改革，推动体育行业协会与行政机关脱钩，将适合由体育社会组织提供的公共服务和解决的事项交由体育社会组织承担。

（五）鼓励社会参与。促进体育领域资源全面开放，推动体育资源市场化运作，鼓励引导企事业单位、社会组织、个人参与体育产业发展。认真落实《国家体育总局江苏省人民政府建设公共体育服务体系示范区合作协议》，引导社会力量参与全民健身事业，创新服务方式，扩大服务供给，提高公共体育服务能力和水平。深入推进竞技体育社会化，优化市县、高校、企业、协会联办省运动队模式，鼓励有条件的运动项目走向市场。拓宽培养渠道，完善选拔机制，引导社会力量共同参与体育后备人才培养。

（六）改革赛事管理。取消商业性和群众性体育赛事活动审批，制定综合性和单项体育赛事管理办法，鼓励支持各类市场主体依法组织、承办体育赛事。加强业务指导和监督管理，为赛事活动举办提供服务。规范单项体育协会服务内容和收费标准，严禁乱收费。改革省级竞赛管理办法，探索完善综合性运动会、单项体育赛事的市场开发和运作模式。制定体育赛事活动安保服务指导意见，完善服务和收费标准，推进安保服务社会化。鼓励各级各类电视台直接或联合购买体育赛事转播权，引导新媒体参与体育赛事传播。建立省级体育资源交易平台，推进赛事举办权和转播权、运动员转会权、无形资产等具备交易条件的体育资源公平、公正、公开流转。

三　激发市场主体活力

（七）培育骨干体育企业。加强政策引导，优化市场环境，扶持一批创新水平高、品牌影响大、辐射带动强、具有国际竞争力的骨干体育企业，到2025年，培育大型体育企业100家以上。支持体育企业跨区域、跨行业、跨所有制兼并重组，打造跨界融合发展的产业集团，重点扶持省体育产业集团加快发展。支持有条件的体育企业在境外兴办实体、设立分支机构，鼓励采取投资、并购、战略联盟等方式开展国际合作。

（八）扶持中小微体育企业。大力促进中小微体育企业快速成长，引导企业向专、精、特、新方向发展。鼓励发展专业化程度高的赛事运营企业，积极支持健身服务企业连锁经营，重点扶持体育培训、策划、咨询等领域的中小微体育企业发展。引导中小微体育企业加强市场分析预测，增强质量、品牌和营销意识，提高市场竞争力。利用众创空间等新型创业服务平台，孵化培育一批创新型体育企业，努力形成新的产业业态和经济增长点。

（九）发挥社会组织作用。推动体育社会组织社会化、实体化发展，充分发挥其市场主体作用。放宽体育社会组织准入条件，推动由双重管理向直接登记转变。制定政府向体育社会组织购买服务目录和办法，支持体育社会组织发展。加快培育体育产业行业协会和体育中介组织等各类体育社会组织，鼓励慈善机构、基金会等其他非体育类社会组织参与体育服务。

四　促进产业融合发展

（十）拓展新型业态。促进体育与健康、养老、教育、文化、旅游、传媒等行业融合发展，推动体育与住宅、休闲、商业综合开发，积极拓展新业态、培育新需求。大力发展康体服务，引进和培育一批康体服务品牌项目，扶持省运动康复基地、省运动与健康装备工程中心发展，鼓励有条件的地区建设运动康复医院。积极打造体育创意产业园，支持金融、地产、建筑、交通、制造、信息、食品药品等企业开发体育领域产品和服务，鼓励可穿戴运动设备、运动健身指导技术装备、运动功能饮料、营养保健食品药品和中医药运动康复服务等研发制造营销。

（十一）建设智慧体育。以大数据、物联网、移动互联网、云计算等现代信息技术为基础，构建覆盖全省的"智慧体育"服务网络和平台，提升体育领域的信息化水平。推动体育产业与电子商务相结合，鼓励利用 App 等手段扩大体育消费。加强体育场馆智能化建设，完善场地预订、门票销售、信息查询、健身指导等服务，实现公共体育场馆免费无线网络全覆盖。拓展体育彩票销售渠道，规范体育彩票在线销售和电话投注。

五 提升集约发展水平

（十二）优化空间布局。统筹规划体育产业发展，构建层次丰富、特色鲜明、功能互补、集约发展的体育产业布局。结合苏南现代化示范区和自主创新示范区建设，提升苏南5市体育产业高端化、国际化水平。推动重大体育产业项目沿江布局，整体规划沿海体育产业带建设。抓住大运河成功申遗的机遇，编制江苏运河体育产业发展规划，开发以沿运河8市为节点的多层次体育产业项目。利用陇海线、太湖、洪泽湖、高邮湖等自然资源，大力发展运动休闲和生态体育旅游产业。推进苏南与苏中、苏北地区在投资、项目、人才等方面开展合作，促进区域体育产业协调发展。加强国际体育交流合作，深化长江三角洲体育产业协作，培育一批体育产业合作项目。

（十三）打造特色产业。加强规划引领、政策支持和分类指导，鼓励因地制宜发展特色体育产业和产业集群。鼓励各市积极创建体育产业特色城市，支持南京市建设亚洲体育中心城市和世界体育名城，无锡市建设智慧体育城市，徐州市建设国际武术文化名城，扬州市建设旅游体育城市，宿迁市建设生态体育城市。依托我省县域经济发达的优势，培育一批体育产业特色县（市），进一步壮大县域体育产业综合实力。鼓励有条件的地区，规划建设一批体育器材、体育旅游等特色乡镇。积极培育健身休闲、体育赛事、用品制造、运动康复等一批特色产业集群，提高产业集中度和品牌影响力。

（十四）加强载体建设。高水平建设苏南（县域）国家体育产业基地，鼓励其他有条件地区创建国家体育产业基地，到2025年，培育100家国家和省级体育产业基地。实施体育产业重大项目推进计划，培育一批产业层级高、投资规模大、带动能力强的项目。加快培育体育产业园区、体育摩（SPORTS MALL）等集聚区和功能区，切实加强资本、技术、信息等服务。各市和有条件的县（市）要根据资源条件和产业优势，打造具有较大影响力的企业、品牌和园区。申办中国国际体育用品博览会和中国体育文化·体育旅游博览会，办好江苏体育产业大会，支持南京市办好亚洲户外用品展。

六　推进产业结构优化

（十五）促进体育服务业快速发展。适应人民群众体育消费新需求，大力培育健身休闲、场馆服务、竞赛表演、中介培训等体育服务业，拓展体育旅游、体育创意、运动康复、体育科技等新兴体育服务业，努力提升体育服务业水平。引导扶持一批体育服务业集聚区，努力打造一批体育服务业知名品牌。引导企业丰富体育服务内涵，延长产业链，提高附加值。加强体育服务业标准化建设，实施一批国家和省级体育服务业标准化示范项目。

（十六）推动体育用品业转型升级。积极支持体育用品业创新发展、转型升级，提高产品竞争力和附加值。加强科技创新和品牌建设，鼓励采用新工艺、新材料、新技术，开发一批技术领先、绿色环保、拥有自主知识产权、可替代进口的产品，培育一批具有较高知名度的体育用品企业，打造一批体育用品制造基地。鼓励开展个性化体育用品定制服务，满足多元化多样性体育消费需求。引导体育用品企业从生产制造环节向研发设计、营销推广、运营服务等领域延伸。鼓励运用电商平台扩大销售，积极开拓国内外市场。

（十七）引导职业体育健康发展。制定落实职业体育发展政策措施，扶持三大球和有条件的体育项目职业化发展，努力增强职业体育发展活力。鼓励多元投入职业体育，引导有条件的企业和大型体育场馆采取单独组建、合作联办、冠名赞助等方式参与职业体育发展。建立健全职业体育俱乐部准入制度，继续完善法人治理结构，不断提高市场运作水平，加快培育一批权责清晰、治理规范、运行高效的高水平职业体育俱乐部。

（十八）普及提高青少年足球。各地要将发展足球运动纳入经济社会发展规划，制定足球发展中长期规划，创新足球管理模式，完善足球产业链，推动足球事业与足球产业协调发展。制定青少年足球振兴行动计划纲要，将足球列入中小学体育课教学内容，建立常态化、纵横贯通的大学、高中、初中、小学四级足球竞赛体系。到2025年，在全省布局1000所足球特色学校。

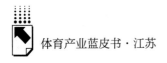

七　加强场馆运营管理

（十九）改革运营机制。深化公共体育场馆运营管理改革，推进所有权与经营权分离，激发体育场馆发展活力。推行体育场馆设计、建设、管理和运营一体化，促进赛事功能需要与赛后综合利用有机结合。加大体育场馆事业单位人事、收入分配制度改革力度，健全激励约束机制，强化绩效考核。推动体育场馆国有企业健全法人治理结构，逐步推行职业经理人制度。鼓励社会资本以独资、控股、参股、特许经营等方式参与体育场馆建设运营，大力发展混合所有制运营主体。培育体育场馆运营企业和品牌，打造专业化管理集团，组建体育场馆联盟，促进资源整合，拓展发展空间。

（二十）提高运营效能。完善体育场馆运营模式，优化体育场馆运营定位、服务项目和经营内容，提高运营管理水平和综合服务功能。鼓励体育场馆通过合作经营、连锁经营、托管经营、服务外包等方式，改善运营管理，提高运营效益。建立健全体育场馆服务标准，运用现代信息技术，提高体育场馆专业化、标准化、信息化水平。深化体育场馆无形资产开发，加强闲置空间综合利用。支持有条件的体育场馆向基层延伸，鼓励乡镇体育场馆开展市场化运作。

（二十一）打造体育服务综合体。制定体育服务综合体发展计划，加强规划引领和政策扶持，依托现有体育场馆群，打造健身服务、竞赛表演、体育培训、用品销售、商贸会展等功能多元的体育服务综合体。加快建设省五台山体育中心、南京奥体中心等省级体育服务综合体，各地要因地制宜积极打造体育服务综合体。鼓励引导社会资本参与体育服务综合体建设运营。到2025年，全省建成100个体育服务综合体，实现体育服务综合体在省、市、县全覆盖。

八　扩大消费市场供给

（二十二）完善体育场地设施。统筹规划、科学布局、均衡配置城乡公共体育设施，重点建设一批便民利民的中小型体育场馆、全民健身活动中心、户外多功能球场和健身步道，推广拆装式游泳池、笼式足球场、三人制篮球场等新型场地设施。大力推进城市社区"10分钟体育健身圈"建设，积极推动农民体育健身工程提档升级，鼓励基层社区文化体育设施共建共享。合理利用郊野公园、城市公园、公共绿地及城市空置场所等建设群众体育设施，盘活社会存量资源用于体育健身，鼓励社会力量建设小型化、多样化的场馆设施。完善公共体育设施使用规范、安全管理、更新维护等办法，健全室外健身器材配备管理制度。

（二十三）丰富体育消费内容。加强品牌引领，积极培育一批内容丰富、特色鲜明的体育消费产品和活动品牌。大力发展健身跑、健步走、自行车、水上运动、登山攀岩、射击射箭等群众喜闻乐见的运动项目，着力推广武术、龙舟、舞龙舞狮以及棋牌、健身气功、技巧等传统项目，积极发展户外、马术、冰雪、航空、极限运动等新兴项目，鼓励开发适合老年人、青少年特点的运动项目。支持发展户外营地、徒步骑行服务站、汽车露营营地、航空飞行营地、船艇码头等设施。研制推广体育健身新项目、新产品，推动竞技体育资源和科技成果服务大众健身。

（二十四）激活竞赛表演市场。大力拓展竞赛表演市场，推进体育赛事市场化运作，促进办赛主体多元化。积极申办国际国内高水平体育赛事，培育环太湖国际公路自行车赛、扬州鉴真国际半程马拉松赛等一批具有自主知识产权的品牌赛事。推动体育赛事大众化发展，开展各级各类业余体育联赛，打造溱潼会船节等一批具有历史文化传统和地域特色的群众性赛事活动。培育体育中介市场，加强体育经纪人队伍建设。完善赛事产业链，开发赛事衍生产品，不断提高办赛质量和综合效益。

九　营造健身良好氛围

（二十五）开展体育健身活动。深入实施全民健身计划，组织实施《国家体育锻炼标准》，广泛开展全民健身运动。政府机关、企事业单位、社会团体、学校等应实行工间、课间健身等制度，倡导每天健身 1 小时，鼓励单位为职工健身创造条件。加强体育技能培训，激发群众参与体育活动热情。继续实施省学生体质健康促进行动计划，切实保障中小学体育课课时，鼓励实施学生课外体育活动计划，确保学生校内每天体育活动时间达到 1 小时以上，掌握 2 项以上体育运动技能。鼓励兴办体育特色幼儿园和中小学。加快发展农民体育、社区体育、职工体育、老年人体育、残疾人体育和民间传统体育。

（二十六）推动场馆开放利用。推进各级各类公共体育设施在特定空间和时段免费或低收费开放。学校体育场馆课余时间要向学生开放，并依法向社会开放。加快推进企事业单位体育设施向社会开放，体育系统所属专业训练场馆在节假日、公休日和空闲时段创造条件向社会开放。建立节假日体育竞赛和全民健身活动信息发布制度，向社会定期公开公共体育场馆开放情况。

（二十七）加强体育健身指导。健全省、市、县三级国民体质监测网络，定期发布国民体质监测报告，免费为城乡群众提供体质测定、健身指导和运动能力评定。加强社会体育指导员队伍建设，发展职业社会体育指导员。积极开展全民健身志愿服务活动，提高健身志愿服务水平。创新健身指导服务模式，探索设立集知识普及、信息咨询、运动康复于一体的科学健身示范区，推动有条件的地区率先建成高水平体质测定与运动健身指导站。编制《江苏省公共体育服务指南》，构建覆盖全省的科学健身指导网络，采取建立全民健身电子地图等方式推动体育服务信息化进程。

（二十八）积极培育体育文化。充分利用广播、电视、报纸、网络、手机等媒体，采取开办专栏、举办讲座、播发公益广告、出版科普图书和音像制品等形式，引导大众树立科学健身理念、培养健康生活方式、养成体育消费习惯。加强体育类电视频道、专业报刊和新媒体建设，支持形式多样的体育题材文艺创作，积极推广体育文化。规划建设江苏体育博物馆，科学利用民国体育遗产、南京青奥遗产等资源，积极推进体育类博物馆开放利用，努力打造体育文化旅游目的地。

十　切实加大保障力度

（二十九）推进统筹协调。各级人民政府要将发展体育产业、促进体育消费摆上重要位置，纳入国民经济和社会发展规划，加强组织领导，加大协调配合，形成整体合力。建立省体育产业发展联席会议制度，统筹推进全省体育产业发展，支持国家体育产业联系点建设。编制体育产业中长期发展规划，加强体育产业和体育消费统计监测工作，健全体育产业统计调查指标体系和年度统计工作制度，定期发布体育产业统计数据、消费指数、研究报告和投资指南。各地要强化体育产业工作职能，充实工作力量。

（三十）完善投融资政策。推广运用政府和社会资本合作模式，支持引导社会资本投资体育产业。继续安排省级体育产业发展引导资金，优化资金使用方向，创新资金使用方式，提高资金使用效益，有条件的地方也要设立体育产业发展引导资金。加强政府引导，设立由社会资本筹资的体育产业投资基金。鼓励创业投资、天使投资等基金投资中小体育企业和初创期体育企业。支持符合条件的体育企业进入资本市场，支持符合条件的体育企业发行企业债券、公司债、短期融资券、中期票据、中小企业集合票据和中小企业私募债等非金融企业债务融资工具。鼓励各类金融机构按照风险可控、商业可持续的原则，开发适合中小微体育企业的信贷品种和金融产品。鼓励成立体育类担保机构，探索"金融＋基金＋担保"的多元支持方式。

（三十一）完善健身消费政策。各地要将全民健身经费纳入财政预算，并保持与国民经济增长相适应。安排一定比例体育彩票公益金等财政资金，通过政府购买服务、消费补贴等途径，支持群众健身消费，鼓励公共体育设施免费或低收费开放，引导社会力量提供公益性群众健身服务。在全省范围试行面向特定人群或在特定时间发放体育消费券，鼓励群众增加健身消费。引导金融机构创新体育消费金融产品，开发体育健身、运动培训等方面的消费信贷业务，增强银行卡的体育消费服务功能。促进互联网金融与体育产业融合发展，推动各类电子商务平台为体育消费提供服务。鼓励保险公司围绕健身休闲、竞赛表演、场馆服务、户外运动等需求推出多样化保险产品，引导企事业单位、学校、个人购买运动伤害类保险。

（三十二）完善税费价格政策。落实对企业从事文化体育业按 3% 的税率计征营业税政策。体育场馆自用房产和土地，符合税法规定的免征房产税和城镇土地使用税。加快培育创新型体育企业，积极支持符合条件的体育企业申请高新技术企业认定，经认定为高新技术企业的，减按 15% 的税率征收企业所得税。体育企业开发新技术、新产品、新工艺发生的研发费用，符合条件的在计算应纳税所得额时加计扣除。符合条件的体育企业创意和设计费用税前加计扣除。符合条件的广告费支出可在税前扣除。对符合税收法律法规规定向体育事业的捐赠，按照相关规定在计算应纳税所得额时予以扣除。体育场馆等健身场所水、电、气、热价格按不高于一般工业标准执行。

（三十三）完善规划建设与土地政策。各地要将体育设施用地纳入城乡规划、土地利用总体规划和年度用地计划，合理安排用地需求。严格控制新建大型体育场馆规模和数量，加强群众性体育场馆设施建设，支持足球等重点运动项目设施建设。住建、规划和体育部门要进一步完善居住区和社区体育设施配套标准规范，新建居住区和社区按室内人均建筑面积不低于 0.1 平方米或室外人均用地不低于 0.3 平方米的标准配套群众健身相关设施。有关职能部门要加强体育设施竣工验收和执法检查，对发现未达标准而通过验收、验收合格后改变用途导致不达标等情形的，要严肃追究责任。未配置群众健身设施或现有设施未达到规划建设指标要求的老城区与已建成居住区，要通过改造等多种方式予以完善。各地要优先支持利用城市空间建设体育设施，保障公共体育设施、重点体育产业项目建设用地。对因城市规划调整确需拆除或改变体育场馆设施功能和用途的，必须严格按照国家有关规定执行。

（三十四）加强市场监管。建立健全行政监管、社会监督与服务认证相结合的体育市场监管体系，维护市场主体和消费者合法权益，营造有利于体育产业健康发展的市场环境。修订《江苏省体育经营活动监督管理规定》，加强经营高危险性体育项目管理。各地要将体育市场执法纳入综合执法体系，加强多部门联动综合执法。健全标准体系，强化标准实施，提高体育产业标准化水平。完善体育安全服务规范，组织安全培训，加强风险管控，健全应急管理机制。推进体育企业和从业人员诚信体系建设，提升体育领域无形资产创造、运用、保护和管理水平。

（三十五）强化智力支撑。加大对体育产业人才创业创新扶持力度。将体育产业人才纳入"省高层次创新创业人才引进计划"，支持引进体育产业领军人才和专业团队。支持高等院校、职业院校增设体育产业专业和课程，对省内院校开设的体育产业和健康服务相关学科在招生计划、师资配备、经费安排等方面予以倾斜。充分利用各类教育资源开展体育产业人才培养，推进体育行业职业技能鉴定。多渠道培养复合型体育产业人才，鼓励退役运动员从事体育产业工作。加强体育产业发展研究，扶持发展体育产业研究和协同创新智库。

各地、各有关部门要按照国发〔2014〕46号文件和本意见要求，结合实际情况，抓紧制定具体实施方案，将各项任务措施落到实处。省发展改革委、省体育局要会同有关部门加强对本意见执行情况的监督检查，重大事项及时向省政府报告。

江苏省人民政府

2015年6月9日

附件

重点任务分工及进度安排表

序号	任务内容	责任部门	时限要求
1	建立公开透明的体育市场准入标准和运行规则,营造公平竞争的体育市场环境	省体育局、省工商局等	持续实施
2	推进经营类体育事业单位改革	省体育局、省编办、省财政厅、省人力资源社会保障厅等	持续实施
3	推动体育行业协会与行政机关脱钩	省体育局、省民政厅等	持续实施

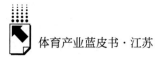
续表

序号	任务内容	责任部门	时限要求
4	促进体育领域资源全面开放,推动体育资源市场化运作	省发展改革委、省经济和信息化委、省体育局等	持续实施
5	落实《国家体育总局江苏省人民政府建设公共体育服务体系示范区合作协议》,引导社会力量参与全民健身事业	省体育局、省发展改革委等	2015 年 12 月底前完成
6	制定综合性和单项体育赛事管理办法,改革赛事管理,激活竞赛表演市场	省体育局等	2015 年 12 月底前出台办法,持续实施
7	制定体育赛事活动安保服务指导意见,推进安保服务社会化	省公安厅、省体育局等	2016 年 6 月底前完成
8	建立省级体育资源交易平台	省体育局、省发展改革委等	2015 年 6 月底前启动
9	优化体育产业空间布局,培育特色体育产业	省发展改革委、省体育局等	持续实施
10	培育一批国家和省级体育产业基地	省体育局、省发展改革委等	持续实施
11	申办中国国际体育用品博览会和中国体育文化·体育旅游博览会,办好江苏体育产业大会	省体育局、省旅游局等	持续实施
12	促进体育服务业快速发展,实施一批国家和省级体育服务业标准化示范项目	省发展改革委、省体育局、省商务厅、省质监局等	持续实施
13	推动体育用品业转型升级,提高体育产品竞争力和附加值	省发展改革委、省经济和信息化委、省科技厅、省体育局等	持续实施
14	制定落实职业体育发展政策措施,培育一批高水平职业体育俱乐部	省体育局等	2015 年 6 月底前启动
15	制定足球发展中长期规划	省体育局等	2015 年 12 月底前完成
16	制定青少年足球振兴行动计划纲要,布局一批足球特色学校,促进青少年足球普及提高	省教育厅、省体育局等	2015 年 6 月底前启动
17	重点扶持省体育产业集团加快发展,培育一批骨干体育企业	省体育局、省发展改革委、省财政厅、省国资委、省工商局等	持续实施
18	促进中小微体育企业快速成长,引导企业向专、精、特、新方向发展	省发展改革委、省经济和信息化委、省财政厅、省体育局等	持续实施

续表

序号	任务内容	责任部门	时限要求
19	促进体育与养老、教育、文化、旅游、传媒等行业融合发展,拓展新型业态	省体育局、省教育厅、省民政厅、省商务厅、省文化厅、省新闻出版广电局、省旅游局等	持续实施
20	大力发展康体服务,引进和培育一批康体服务品牌项目	省体育局、省卫生计生委等	持续实施
21	建设智慧体育,推动体育产业与电子商务相结合,鼓励利用 App 等手段扩大体育消费	省体育局、省经济和信息化委、省商务厅等	持续实施
22	改革体育场馆运营机制,提高运营管理水平和综合服务功能。推进各级各类公共体育设施在特定空间和时段免费或低收费开放	省体育局等	2015 年 6 月底前启动
23	制定体育服务综合体发展计划,实现体育服务综合体在省、市、县全覆盖	省体育局、省发展改革委、省财政厅、省国土资源厅、省住房城乡建设厅等	2015 年 6 月底前启动
24	完善体育场地设施,合理利用郊野公园、城市公园、公共绿地及城市空置场所等建设群众体育设施,盘活社会存量资源用于体育健身	省体育局、省发展改革委、省财政厅、省国土资源厅、省住房城乡建设厅等	持续实施
25	切实保障中小学体育课课时,确保学生校内每天体育活动时间达到 1 小时以上,掌握 2 项以上体育运动技能。推动学校体育场馆课余时间向学生开放并依法向社会开放	省教育厅、省体育局等	持续实施
26	编制《江苏省公共体育服务指南》,定期发布国民体质监测报告,免费为城乡群众提供体质测定、健身指导和运动能力评定	省体育局等	持续实施
27	加强体育类电视频道、专业报刊和新媒体建设	省新闻出版广电局、省体育局等	2015 年 6 月底前启动
28	建立省体育产业发展联席会议制度	省发展改革委、省体育局等	2015 年 12 月底前完成
29	健全体育产业统计调查指标体系和年度统计工作制度。定期发布体育产业统计数据、消费指数、研究报告和投资指南	省统计局、省体育局等	2015 年 6 月底前启动

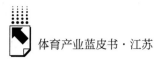

续表

序号	任务内容	责任部门	时限要求
30	继续安排省级体育产业发展引导资金,优化资金使用方向,创新资金使用方式	省财政厅、省体育局等	持续实施
31	政府引导,设立由社会资本筹资的体育产业投资基金	省发展改革委、省财政厅、省体育局、人民银行南京分行等	2015年6月底前启动
32	鼓励开发适合中小微体育企业的信贷品种和金融产品,鼓励成立体育类担保机构	省金融办、人民银行南京分行等	2015年6月底前启动
33	安排一定比例体育彩票公益金等财政资金,通过政府购买、消费补贴等途径,支持群众健身消费,鼓励公共体育设施免费或低收费开放,引导社会力量提供公益性群众健身服务	省财政厅、省体育局等	持续实施
34	落实体育企业相关税收优惠政策	省财政厅、省地税局、省国税局、省科技厅等	2015年6月底前启动
35	落实体育场馆等健身场所水电气热价格优惠政策	省物价局、省体育局等	2015年6月底前启动
36	新建居住区和社区按室内人均建筑面积不低于0.1平方米或室外人均用地不低于0.3平方米的标准配套群众健身相关设施。加强体育设施竣工验收和执法检查	省住房城乡建设厅、省国土资源厅、省体育局等	持续实施
37	修订《江苏省体育经营活动监督管理规定》	省体育局等	2016年6月底前完成
38	推进体育企业和从业人员诚信体系建设。提升体育领域无形资产创造、运用、保护和管理水平	省经济和信息化委、省知识产权局、省体育局等	持续实施
39	将体育产业人才纳入"省高层次创新创业人才引进计划"	省人才办、省科技厅、省人力资源社会保障厅、省体育局等	2015年12月底前完成
40	支持高等院校、职业院校增设体育产业专业和课程。鼓励兴办体育特色幼儿园和中小学。扶持发展体育产业研究和协同创新智库	省教育厅、省体育局等	2015年6月底前启动

江苏省政府办公厅关于加快发展健身休闲产业的实施意见

（苏政办发〔2017〕74号）

各市、县（市、区）人民政府，省各委办厅局，省各直属单位：

健身休闲产业作为体育产业的重要组成部分，涵盖健身服务、设施建设、器材装备制造等业态，是社会公众参与体育最直接的领域，是体育全面发展的重要动力。发展健身休闲产业，对于拉动内需、扩大就业、保障和改善民生、推动体育产业提质增效、增强经济增长新动能等具有重要意义。为加快推进健身休闲产业发展，促进健身休闲消费，根据《国务院办公厅关于加快发展健身休闲产业的指导意见》（国办发〔2016〕77号）精神，结合我省实际，提出如下实施意见。

一 准确把握发展健身休闲产业的目标要求

（一）总体要求。牢固树立新发展理念，以提高人民健康水平为核心，按照"市场主导、创新驱动，转变职能、优化环境，分类推进、融合发展，重点突破、力求实效"的原则，着力推动健身休闲产业供给侧结构性改革，促进健身休闲产品供给和消费快速提升，改善健身休闲产业发展环境，全面提高健身休闲产业质量效益，为培育经济增长新动能注入新动力，为建设"强富美高"新江苏、推进"两聚一高"新实践作出新贡献。

（二）发展目标。到2020年，基本建立结构合理、内涵丰富、功能完善、服务便捷、竞争力强的健身休闲产业体系，形成健身休闲产业供给侧和需求侧协同发展的格局，健身休闲产业总规模达到3000亿元，约占体育产业总规模的60%；到2025年，健身休闲产业总规模达到4500亿元。

二 加快建设多样化健身休闲服务体系

（三）普及大众健身项目。深入推进公共体育服务体系示范区建设，大力实施全民健身计划，广泛开展全民健身活动，组织实施《国家体育锻炼标准》，普及推广适合公众广泛参与的健身休闲项目。加快发展足球、篮球、排球、乒乓球、羽毛球、网球等关注度高、市场空间大的运动项目，大力发展游泳、自行车、健身跑、健步走、路跑、棋牌、台球、钓鱼、体育舞蹈等群众喜闻乐见、普及性强的运动项目，着力推广武术、龙舟、舞龙舞狮以及健身气功、技巧、掼蛋等民间健身休闲项目，积极打造广场健身舞"舞动江苏"品牌。鼓励开发适合老年人、青少年、儿童特点的运动健身项目，大力发展不同地域特点的特色运动项目。

（四）推广时尚运动项目。制定健身休闲时尚运动项目目录和发展计划，统筹运动项目基础设施布局，构建运动项目赛事体系，打造运动项目产业集群，培育多元市场主体，不断扩大参与群体，培育新的体育消费增长点。积极发展帆船、赛艇、皮划艇、摩托艇、潜水、滑水、漂流等水上健身休闲项目，大力推广登山、露营、徒步、拓展、攀岩等山地户外运动，推广运动飞机、热气球、滑翔、飞机跳伞、轻小型无人驾驶航空器、航空模型等航空运动项目。抓住冰雪运动南展西扩的契机，组建江苏省速滑（滑冰轮滑）队，因地制宜建设可全年开放的人造滑雪场、季节性开放的滑雪场和室内外冰上运动设施，提升冰雪运动普及程度和产业发展水平。制定加快发展电子竞技产业的指导意见，加快培育电子竞技品牌企业、产品和项目，完善软硬件制作、赛事举办、衍生产品开发等一体化产业链。推动汽车摩托车、马术、击剑、高尔夫、极限运动、射击射箭、轮滑等时尚运动项目健康发展，鼓励举办以时尚运动为主题的群众性赛事活动，发展时尚运动项目培训市场。

（五）培育"互联网+健身休闲"项目。以移动互联网、大数据、云计算技术为支撑，以个性化、多样化健身休闲需求为导向，开发基于互联网的新型健身休闲服务项目。引导健身服务企业有效运用网络空间和私人空间，开发专业化、个性化、时尚化健身课程和产品，推广智慧健身房和网络健身房等新形式。推动传统体育企业由销售导向转为服务导向，拓展电子商务领域，促进健身休闲营销模式和服务方式创新。支持体育在线平台企业整合健身休闲上下游资源，完善场馆预定、健身指导、运动分析、体质监测、交流互动、赛事参与等综合服务，构建健身休闲产业新生态圈。

三 积极推动健身休闲产业转型升级

（六）优化产业布局结构。统筹规划全省健身休闲产业发展，促进全省健身休闲产业布局与空间开发优化发展。各地要依托江河、湖泊、滨海、湿地、山地丘陵、森林等自然生态资源，因地制宜、统筹规划、错位发展，打造特色健身休闲产业。支持南京建设亚洲体育中心城市和世界体育名城，无锡和盐城建设智慧体育城市，徐州建设国际武术文化名城，常州建设运动健康城市，苏州建设国际体育文化名城，南通和淮安建设生态体育城市，连云港建设山海体育休闲城市，扬州建设体育旅游城市，镇江建设航空体育城市，泰州建设中国棋文化名城，宿迁建设时尚体育城市。加强体育国际交流合作，深化长江三角洲体育产业协作，培育一批区域性健身休闲产业合作项目。加快推进健身休闲服务业、器材装备制造业及相关产业转型升级，优化制造业、服务业结构，大幅提升健身休闲服务业比重。

（七）做大做强市场主体。着力扶持一批具有自主品牌、创新能力好、竞争实力强的健身休闲骨干企业，支持省体育产业集团做大做强健身休闲产业链。实施健身俱乐部促进计划，到2020年建成1000个具有一定影响、规模较大的体育健身俱乐部。支持健身休闲服务企业连锁经营，引导健身休闲服务企业向专、精、特、新方向发展。孵化培育一批创新型健身休闲服务企业，推动健身休闲领域大众创业、万众创新。深化体育社会组织改革，推进社会化、实体化、规范化、专业化发展，引导建立市场化运行机制，更好发挥其在竞赛组织、技能培训、健身指导、行业规划研究、标准制定等方面的重要作用。支持从事体育产业的企业或人员依法成立行业组织，更好发挥在资源整合、项目组合、行业规范等方面的作用。

（八）培育多元发展载体。加强规划引导和政策扶持，鼓励各地结合本地实际和特色优势，加快培育健身休闲产业集聚区和产业带。依托自然生态资源和特色运动项目，打造特色运动项目产业集群，实现健身服务、运动康复、休闲旅游等功能聚合。发挥国家和省体育产业基地的示范作用，强化健身休闲特色和服务功能，加快培育一批以健身休闲服务为核心的体育产业基地、示范单位和项目。引导支持各设区市和有条件的县（市、区）根据资源条件和产业优势，打造具有较大影响力的健身休闲企业、品牌和园区。加快推进体育健康特色小镇建设，到2020年培育20家左右以健身休闲服务为特色、功能多元聚合的体育健康特色小镇。制定加快体育公园建设的指导意见，到2020年全省建成各类体育公园1000个。

（九）提升器材装备产业发展能力。以科技创新引领健身休闲器材装备制造企业转型升级，着力培育一批具有本土优势和较强竞争力的健身休闲装备制造龙头企业以及专业化中小企业。鼓励企业加大研发投入，提高关键技术和产品的自主创新能力，积极参与高新技术企业认定。提升水上运动、山地户外运动、冰雪运动、航空运动、汽车摩托车运动等器材装备制造水平。大力推进健身休闲用品智能制造，鼓励建设智能车间（工厂），培育若干骨干企业和创新团队。创新开发新型、智能健身休闲用品，鼓励发展专业化运动装备。支持开发适合老年人、青少年等不同人群需求的多样化健身休闲用品，拓展个性化健身休闲用品定制服务。支持企业、用户单位、科研单位、社会组织等组建跨行业产业联盟，引导健身休闲器材装备制造企业从生产制造环节向研发设计、营销推广、运营服务等上下游领域延伸。结合传统制造业去产能，引导企业进军健身休闲装备制造领域。

（十）打造健身休闲产业品牌。实施健身休闲产业品牌价值提升工程，重点打造10个国内一流健身休闲用品品牌、10个国内知名健身休闲服务品牌和体育培训品牌。支持健身休闲企业创建和培育自主品牌，重点引导骨干民营企业、高新技术企业和新兴服务业企业注册商标，鼓励行业协会与龙头企业牵头申请注册集体商标，打造知名品牌。支持健身休闲企业积极开展境外商标注册和专利申请，鼓励有条件的企业收购、兼并、参股国际品牌。打造健身休闲品牌展会和活动，办好江苏体育产业大会和体育健康特色小镇国际论坛，支持南京市办好亚洲户外用品展、亚洲自行车展。

四 大力提升健身休闲产业融合发展水平

（十一）促进体医融合。积极发挥体育在防病、治病、康复等方面的作用，推广覆盖全生命周期的体育健康服务，推动健康关口前移。强化省、市、县三级体质测定和健身指导站的体质与疾病检测、运动能力评估、科学健身指导等多元功能，推动每个设区市至少建成一所体育康复机构，鼓励公共体育场馆配设运动健康促进中心。打造健身健康服务、运动康复特色医疗高端平台，拓展体质监测、运动养生、创伤治疗、康复疗养、运动减肥等全方位、多样化康体服务。鼓励可穿戴运动设备、运动健身指导技术装备、虚拟现实运动装备、运动功能饮料、营养保健食品药品和中医药运动康复服务等研发制造营销，支持老年人、残疾人专用运动康复辅助器具研发生产。鼓励各地整合医院、科研院所等机构的专家资源，壮大体医结合的人才队伍。

（十二）发展体育旅游。体育、旅游等有关部门要加强合作，制定体育旅游发展的具体措施，实施体育旅游精品示范工程，编制全省体育旅游重点项目名录，推动体育旅游创新发展。利用长江、淮河、太湖、洪泽湖、骆马湖、黄海等江河湖海水域以及沿宁杭线丘陵、东陇海线山地资源，大力发展以水上、山地户外、航空、冰雪运动等为特色的体育旅游产业。鼓励旅游景区和社会资本开发新兴体育旅游产品，引导旅行社结合健身休闲项目和体育赛事活动、体育培训等设计开发体育旅游特色产品、项目和路线。加强与省内外重点在线旅游企业合作，开发线上线下有机结合的体育旅游新产品。鼓励与周边国家（地区）联合开发国际体育旅游线路，带动体育和旅游、文化娱乐等相关消费。

（十三）拓展"健身休闲＋"多元业态。发挥健身休闲产业关联度高、融合性强的优势，促进健身休闲与养老、教育、文化、农业、林业、水利、通用航空、交通运输等产业融合发展，积极拓展新业态，培育新需求，催生新模式。支持金融、地产、建筑、制造、信息、食品药品等企业开发健身休闲领域产品和服务。鼓励发展健身信息聚合、健身 App、智能健身硬件、健

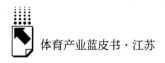

身在线教育等新业态。发展以健身休闲为特色的服务贸易，培育具有较强国际影响力的健身休闲服务贸易品牌。

五　着力加强健身休闲设施建设

（十四）完善健身休闲场地设施。抓住新型城镇化、城乡一体化、社会主义新农村建设机遇，制定和实施《江苏省公共体育设施基本标准》。科学规划、均衡配置城乡健身休闲基础设施，形成供给充足、覆盖全面、服务便捷的健身休闲基础设施网络，到2020年全省人均体育场地面积达到2.5平方米。优化城市社区"10分钟体育健身圈"服务功能，重点建设一批便民利民的健身休闲场地设施。支持各类球场、冰雪运动场地、健身步道、登山步道、沿河沿湖健身带、健身器械场地、健身房（馆）和全民健身中心建设，推广拆装式游泳池、笼式足球场、三人制篮球场、气膜体育馆等新型场地设施。支持对企业厂房、商业设施等可利用的社会资源和郊野公园、城市公园、公园绿地及城市内外环沿线、高速公路及国道省道服务区、建筑物屋顶、地下室等区域进行整合和改造，开展健身休闲服务。鼓励社会力量建设小型化、多样化的健身休闲场地设施。严格执行城市居住区规划设计等标准规范有关配套建设健身设施的要求，并实现同步设计、同步施工、同步投入。发挥健身休闲产业的社会扶贫功能，将具备条件的重点片区、重点帮扶县、经济薄弱村纳入健身休闲整体规划、设施布局和项目建设，加大支持力度。

（十五）建设体育服务综合体。推行"所有权属于国有、经营权属于公司"的公共体育场馆分离改革模式，通过管办分离、公建民营等方式，引入社会资本和现代公司化运营机制，激发体育场馆活力。充分利用体育场馆的存量和增量资源，积极引入社会资本和多元主体，推动健身休闲与健康、旅游、文化、商贸等综合开发，到2020年建成40个左右业态融合、功能多元、运行高效的体育服务综合体。推动智慧体育场馆建设，完善覆盖体育场馆日常运行各环节的高速有线、无线网络及各种智能信息终端，运用现代科技提升消费者参与体验。发挥省体育场馆协会作用，组建形式多样的体育场馆联盟。落实《江苏省体育设施向社会开放管理办法》，加快推进各级各类体育设施向社会开放，鼓励社会力量积极参与学校体育场馆向社会开放工作。按规定落实体育场馆房产税和城镇土地使用税优惠政策，各类健身休闲场所的水、电、气、热价格按不高于一般工业标准执行。加大公共体育场馆免费低收费开放补助力度。

（十六）拓展特色健身休闲设施。重点建设一批山地户外营地、徒步骑行服务站、汽车露营营地、航空飞行营地、运动船艇码头等健身休闲设施。鼓励和引导各地充分利用各类旅游景区、旅游度假区、公园、户外基地、产业园区等，通过新建或设置临时性体育设施等方式，融入和强化健身休闲元素和功能，打造形式多样的特色健身休闲设施。支持苏州市建设太湖国际帆船港和国家级帆船帆板基地，徐州市、镇江市等有条件的地区创建国家航空飞行营地。结合智慧城市、绿色出行，规划建设城市步行和自行车交通体系，探索建设区域步道系统，促进自行车路网互联互通。

六 持续优化健身休闲消费环境

（十七）扩大健身休闲消费市场。顺应居民消费扩大和升级趋势，带动健身休闲产业结构调整升级，丰富健身休闲消费产品供给，拓展健身休闲消费市场规模。进一步丰富体育赛事供给，建立专业赛事和业余赛事相结合的赛事体系，举办群众性体育活动和民族民间体育节庆活动，丰富元旦、春节、"五一"、"十一"等节假日体育赛事活动。大力发展体育培训市场，支持创办专业体育培训机构，开发特色体育培训项目。深化体教融合，广泛开展体育启蒙活动，基本实现青少年熟练掌握2项以上体育运动技能。支持"互联网＋"体育消费，拓展跨区跨境、线上线下、体验分享的健身休闲消费新业态。加强健身休闲产品市场、要素市场、技术市场和资本市场建设，大力发展资本、产权、技术、信息等公共服务平台。

（十八）完善健身休闲消费政策。改进健身休闲产品供给与健身休闲消费并重的政府扶持方式，构建适度竞争、消费挂钩、择优扶持的新机制。以特定方式向重点人群发放体育消费券，引导和增加群众健身消费。将健身休闲类服务项目纳入政府购买服务目录，建立绩效评价制度，逐步增加政府采购的类别和数量。运用体育彩票公益金对体育健康特色小镇建设进行奖补，对健身休闲相关项目给予必要资助。鼓励健身休闲企业与金融机构合作，试点发行健身休闲联名银行卡，实施特惠商户折扣，推动各类电子商务平台为健身休闲消费提供服务。引导保险公司根据健身休闲运动特点和不同年龄段人群身体状况，开发场地责任保险、运动人身意外伤害保险。积极推动青少年参加体育活动相关责任保险发展。

（十九）营造健身休闲消费氛围。加大宣传推广力度，加强科学健身指导，引导大众树立科学健身理念、培养健康生活方式、养成健身休闲消费习惯。加强体育类电视频道和专业报刊建设，鼓励发展多媒体广播电视、网络广播电视、手机应用程序（App）等体育传媒新业态，积极推广体育文化。引导开发以健身休闲为主，融合文化、娱乐等综合内容的组合产品。促进消费者利用各类社交平台互动交流，提升健身休闲消费体验。

七　进一步强化发展健身休闲产业的政策保障

（二十）提高组织程度。各地要把发展健身休闲产业纳入国民经济和社会发展规划，编制健身休闲发展专项规划，推动健身休闲产业加快发展。发挥省体育产业发展联席会议制度作用，及时研究健身休闲产业发展重大事项，强化组织领导和工作推进。各有关部门要增强大局意识，强化责任落实，完善配套措施，形成政策合力。各级体育行政部门要加强职能建设，充实体育产业工作力量。创新健身休闲产业宣传策划手段，统筹用好传统媒体和新媒体，形成有利于健身休闲产业加快发展的良好舆论环境和社会氛围。深入推动"放管服"和体育行业协会改革，落实大幅度削减健身休闲活动相关审批事项的要求，强化事中事后监管，推动建立公开、平等、透明、规范的健身休闲市场体系。出台取消商业性和群众性体育赛事审批改革配套措施，引导规范体育赛事市场化运作，建立服务规范，强化效益评估，完善安保服务。规范经营高危险性体育项目管理，加强多部门联动综合执法。推动健身休闲标准体系建设，制定健身休闲服务标准和安全规范，强化行业信用体系建设。

（二十一）优化投融资政策。充分发挥省体育产业发展专项资金功能，引导鼓励有条件的地方设立体育产业发展专项资金，优化资金使用方向，加大对健身休闲产业的支持力度。鼓励社会资本以市场化方式设立健身休闲产业发展投资基金，通过参股、融资担保、跟进投资等方式引导产业发展。支持符合条件的企业发行企业债券，募集资金用于健身休闲产业项目建设。鼓励各类创业投资机构、融资担保机构支持健身休闲领域的新业态、新模式和小微企业。引导金融机构创新金融产品和服务，在融资额度、担保模式、还款方式等方面加大对健身休闲小微企业的支持。建立面向重点企业、重大项目、产业基金等多领域的开放对接平台，搭建体育产业融资、担保、信息综合服务平台，对符合条件的企业及社会组织，利用财政性资金提供贴息、补助或奖励。鼓励采取政府和社会资本合作（PPP）等模式实施一批重点健身休闲产业项目。

（二十二）完善规划和用地政策。各地要在土地利用总体规划和城乡规划中统筹兼顾健身休闲产业发展，将相关用地纳入土地利用总体规划中合理安排。在符合相关规划的前提下，利用现有房屋和土地兴办健身休闲产业的，经市、县人民政府批准，可实行继续按原用途和土地权利类型使用土地的过渡政策，过渡期为5年。过渡期满后需按新用途办理用地手续的，符合划拨用地目录的可以划拨方式供地。对使用荒山、荒地、荒滩及石漠化、边远海岛土地建设的健身休闲项目，优先安排新增建设用地计划指标，出让底价可按不低于土地取得成本、土地前期开发成本和按规定应收取相关费用之和的原则确定。在土地利用总体规划确定的城市和村庄、集镇建设用地范围外布局的重大健身休闲项目，可按照单独选址项目安排用地。对列入省级年度重大项目投资计划的健身休闲产业项目，优先安排用地计划。

（二十三）强化人才支撑。将健身休闲产业人才队伍建设纳入各级人才队伍建设规划，对带技术、带项目、带资金来苏创办健身休闲企业的给予扶持，对专业教练员和退役运动员投身健身休闲产业给予支持。支持高等院校、职业学院增设健身休闲类专业和课程，充分发挥高等学校体育部（院、系）的人才优势，加大社会体育人才培养培训力度。推进健身休闲产业校企合作、产教融合，加强职业技能实训基地建设，加快培养健身休闲各类应用型人才。加强社会体育指导员队伍建设，充分发挥其对群众参与健身休闲的服务和引领作用。加强健身休闲产业发展战略和基础理论研究，发挥江苏省体育产业研究院、江苏体育产业协同创新中心、江苏省公共体育发展研究院等智库作用。

（二十四）加强督查评估。各地、各有关部门要根据本意见要求，落实配套措施，完善政策体系。以体育产业统计分类为基础，完善健身休闲产业统计指标体系，加强监测评估和统计分析。发布健身休闲产业投资指南，编制健身休闲产业发展报告，建立重点健身休闲产业业态和企业监测体系。省体育局、发展改革委、旅游局要会同有关部门对落实本意见的情况进行监督检查和跟踪分析，重要事项及时向省人民政府报告。

江苏省人民政府办公厅

2017 年 5 月 17 日

江苏省体育局 江苏省发展改革委
关于进一步促进体育消费的行动计划（2019～2022 年）

为进一步推动体育消费提质扩容，提升体育消费水平，更好发挥体育消费在扩大需求、推动经济转型、培育发展动能、满足人民美好生活需要、助推新时代体育强省建设等方面的作用，根据《中共中央 国务院关于完善促进消费体制机制 进一步激发居民消费潜力的若干意见》和《国家体育总局 国家发展改革委关于进一步促进体育消费的行动计划（2019～2020 年)》精神，结合我省实际，制定本行动计划。

一 主要目标

到 2022 年，全省体育消费结构明显优化，服务性体育消费占比进一步提高，体育消费规模稳步提升，体育消费政策体系和市场环境更加优化，体育消费引领体育产业转型升级能力更加凸显，全省体育消费总规模达到 2800 亿元左右，城乡居民人均体育消费达到 3200 元左右。

二 进一步丰富体育消费内容

（一）大力发展时尚体育消费。实施《江苏省体育旅游发展行动计划》以及水上、山地户外、冰雪、航空等运动项目产业行动方案，培育多元体育市场主体，打造时尚运动项目产业集群，不断培育新的体育消费增长点。抓住北京冬奥会、冬残奥会筹办机遇，兴建一批复合型冰雪旅游基地和冰雪运动中心，拓展冰雪竞赛表演市场，开发冰雪运动装备，扩大冰雪运动消费规模。鼓励各类体育服务综合体、体育产业基地、体育公园，拓展时尚体育运动项目，举办以时尚运动为主题的赛事活动。促进时尚运动与旅游、文化、教育等行业融合发展，拓展新模式、衍生新业态。开发"互联网 + 时尚运动"项目,推广智慧健身房、网络健身房。

(二)培育竞赛观赏消费市场。落实体育赛事审批制度改革要求,支持社会力量举办各级各类赛事活动,打造一批影响力大、参与度高的品牌赛事。以马拉松、自行车等运动项目赛事为突破口,鼓励各地充分发挥自身资源禀赋和民族传统体育文化优势,培育地方特色赛事活动,推动竞赛表演与文化体验消费。丰富节假日体育赛事供给,将更多体育赛事向二、三线城市拓展,满足更多群众观赛需求。实施体育竞赛表演产业国家标准,制定各级各类体育竞赛表演活动办赛指南和服务规范。鼓励各级各类媒体、新媒体制作播出体育节目,普及运动项目文化和观赛礼仪。促进体育赛事和体育表演衍生品创意和设计开发。

(三)持续推动体育用品消费。创新发展体育用品制造业,推动产业链上下游需求对接、资源整合,打造一批国内一流的体育用品品牌。适应大众消费升级新需求,研制符合不同运动项目特点、时尚便利的体育服装和器材,拓展个性化体育用品定制服务。结合可穿戴式设备、虚拟现实技术、物联网管理平台等,大力推进体育用品智能制造,积极开发智能运动装备。支持南京办好亚洲户外用品展,鼓励江苏本土企业参加中国国际体育用品博览会等各类展会,加大产品推介力度,助推品牌形象提升。

三 大力推进体育消费载体建设

(四)打造体育服务综合体。依托省、市、县(市、区)公共体育场馆群,到2022年,全省建成体育中心型、商业中心内嵌型、全民健身中心型等60个左右体育服务综合体,每个设区市建设3~5个体育服务综合体。加强对已认证体育服务综合体的跟踪管理,健全工作机制,加强服务指导。对以体育服务综合体设施为载体开设的健身俱乐部,纳入省级健身俱乐部专项资金扶持范围。经省体育局认证为体育服务综合体的场馆,优先列为江苏省体育消费券定点服务场所。

(五)建设体育产业基地。鼓励具备条件的地区加强规划和策划,加快建设新的国家体育产业示范基地、示范单位和示范项目。发挥苏南（县域）、武进、宜兴、张家港、建邺、溧水等国家体育产业基地示范引领作用，高质量建设100个以上省级体育产业基地。加大省级体育产业基地创建和考评力度，加快培育特色鲜明、集聚引领效应强的综合类体育产业基地、特色类体育产业基地和体育产业示范单位。完善体育产业基地扶持激励政策，在产业发展、项目培育、标杆评选等方面给予倾斜。加强对各类体育产业基地的过程管理，制定绩效评估办法。

（六）拓展体育公园和健身步道。加强体育公园和健身步道建设，到2022年建成1200个有一定规模、服务功能较为完善的体育公园，每年新建不少于500公里的健身步道。推动体育健身设施融合运动健身、健康养生、休闲旅游等多元服务功能，拓展运动休闲空间和生态养生内涵。鼓励条件成熟的体育公园，引入社会资本，拓展体育服务，提高建设运营水平。

四 不断夯实体育消费基础

（七）加大体育设施供给。抓住新型城镇化、乡村振兴战略机遇，实施《江苏省公共体育设施基本标准》，重点建设一批便民利民的体育设施，推动所有县（市、区）全部建成全民健身中心。鼓励镇村建设小型便利的体育公园及其他体育设施，支持利用城乡空间规划建设户外运动设施。落实《江苏省体育设施向社会开放管理办法》，每年安排5000万元左右专项资金，扶持100个以上大型体育场馆免费或低收费向社会开放。鼓励学校委托专业化体育设施管理企业或与专业化体育设施管理企业合作，开展体育设施向社会开放工作。引导社会资本利用体育场馆闲置空间以及社会闲置资源等，建设运营体育健身设施。落实国家和省有关体育设施规划建设和用地政策，体育场馆有关房产税和城镇土地使用税优惠政策。

（八）强化运动技能培训。加强全民健身志愿者队伍建设，每年对4000多名一线社会体育指导员进行免费健身技能再培训。加快推动集健身健康、体质和疾病检测、运动能力评估、科学健身指导等功能为一体的体质测定与运动健身指导站建设，实现县（市、区）全覆盖。鼓励并组织社会力量与学校在场地设施、人才培养、课程建设和课后服务等方面共建共享，大力发展青少年体育俱乐部，普及校园体育班。支持创办专业体育培训机构，开发特色体育培训项目。拓展体育与文化、教育、艺术等相结合的联动培训模式，提升场地附加值和学员参与度。开展体育职业技能鉴定，举办体育职业技能大赛。

（九）推进体育社团改革发展。进一步做大做强做实各级体育总会，强化体育总会指导和服务效能。积极推进体育社团分类改革，建立健全独立自主、权责明确、运转协调、制衡有效的法人治理结构，推动省属体育社团拥有自主品牌赛事和服务项目。在全省街道、乡镇基本实现体育社团"3＋2"全覆盖的基础上，建立完善"体育总会＋多个运动项目协会＋多个人群类协会"结构，进一步充实群众身边的体育社会组织，更好满足群众多元体育服务需求。

（十）加强体育消费宣传推广。大力实施全民健身计划，广泛开展全民健身活动，宣传科学健身知识和方法，促进大众养成良好体育健身习惯，加强体育家庭典型宣传。强化与省广电集团、新华日报等媒体合作，办好"江苏公共体育服务频道"，制作一批体育主题宣传片。支持南京宁体汇、无锡畅动体育、苏州苏体通等智慧健身公共服务平台建设，有效提升体育消费体验。鼓励各类市场主体共同参与增值性、公益性体育服务平台开发和创新应用，加快发展智慧体育、智慧健康等生活类信息服务。建设江苏体育陈列馆、体育数字博物馆，举办江苏体育文化创意与设计大赛。办好江苏体育产业大会及系列活动，支持淮安市举办淮河生态经济带体育产业发展论坛。发布江苏体育产业蓝皮书，办好《江苏体育产业》杂志。

五　着力完善体育消费政策

（十一）实施体育健身俱乐部促进计划。加快培育一批市场效益较好、知名度较高的优质体育健身俱乐部，到2022年，全省建成1100个以上具有较大影响和较强消费拉动能力的体育健身俱乐部。实施"江苏省健身示范俱乐部"认证制度和健身俱乐部联赛制度。推行业余运动员等级评定制度，发放业余运动等级证书。优化省健身俱乐部专项资金运作模式，提升资金引导带动效应。通过政府购买服务等方式，鼓励健身俱乐部承接公共体育服务职能。

（十二）提高体育消费券发放效益。每年安排 5000 万元体育消费券专项资金，按照各地体育消费水平和常住人口数量，以设区市为单位分配年度体育消费券发放额度。总结江苏全民健身卡的发行经验，进一步改革体育消费券发放方式，切实提高体育消费券专项资金"乘数效应"。加强体育消费券申领人资格审核、发放进度及资金的监管，建立完善体育消费券发放数据库，开展绩效评估。

（十三）支持体育消费金融产品创新。支持金融机构开发适合体育行业特点、服务中小微体育企业的金融服务产品，加强产品推介和服务对接，打造"体育＋金融"生态圈。支持金融机构围绕体育培训、健身服务、竞赛表演等领域，创新开发银行卡、移动支付等体育消费支付产品，推动体育消费便利化。支持保险公司围绕健身休闲、竞赛表演、场馆服务、户外运动等需求，推出多样化保险产品。

六　切实加大保障力度

（十四）加强统筹协调。加强对促进体育消费工作的组织领导，强化规划设计、统筹协调和督促落实。各地要根据本计划的要求，结合实际，研究制定具体实施方案和配套措施，建立健全体育消费引导促进机制。落实国家和省关于加快发展体育产业促进体育消费的各类政策，体育场馆等健身场所水、电、气、热价格按不高于一般工业标准执行。体育产业享受国家和省有关扶持服务业发展的各项政策。

（十五）优化体育消费市场环境。深入推进"放管服"改革，进一步优化体育市场环境，激发体育消费活力。严格落实体育总局《体育市场黑名单管理办法》，加大对体育市场失信行为的惩戒力度，建立健全体育消费市场诚信体系。加强对经营高危险性体育项目的市场监管，优化行政审批和管理服务。发挥消费者协会等组织的作用，切实维护体育消费者权益。推动体育产品和服务标准化建设。

（十六）强化体育消费统计监测。建立江苏省城乡居民体育消费统计调查长效机制，定期发布体育消费数据，完善体育市场信息服务。开展江苏省城乡居民体育消费细分市场统计监测，整合共享有关部门的数据资源，加强对体育消费发展特征和趋势的研判，为促进体育消费提供决策依据。研究全省体育消费指数模型，实行分季度、月对社会发布。

江苏省体育局

江苏省发展改革委

2019 年 7 月 25 日

江苏省体育局 江苏省发改委关于促进全民健身
和体育消费推动体育产业高质量发展行动方案

（苏体经〔2020〕43号）

为贯彻落实《国务院办公厅关于促进全民健身和体育消费推动体育产业高质量发展的意见》（国办发〔2019〕43号），更好发挥体育产业在满足人民日益增长的美好生活需要方面的重要作用，结合我省实际，现就推动江苏体育产业高质量发展制定如下行动方案。

一 总体要求

以习近平新时代中国特色社会主义思想为指导，全面贯彻党的十九大和十九届二中、三中、四中全会精神，坚持新发展理念和高质量发展要求，大力实施健康中国和全民健身国家战略，深化体育领域供给侧结构性改革，集聚要素资源，创新发展模式，优化市场环境，激发消费潜力，努力推动体育产业成为国民经济支柱性产业，让经常参加体育锻炼成为一种生活方式，为建设"强富美高"新江苏提供有力支撑。

二 进一步深化"放管服"改革

（一）加强体育赛事管理服务。落实体育赛事审批制度改革要求，优化确需保留的安全许可及道路、空域、水域、无线电使用等行政审批流程，建立跨部门的体育赛事活动综合服务机制或例会制度。研究建立体育赛事运营组织机构等级评定机制及赛事综合评估体系。制定体育竞赛表演活动办赛指南和服务规范，完善体育竞赛表演综合信息平台。按照国家分类制定允许开展的体育赛事活动目录、申请条件和程序，推动公共资源向体育赛事活动开放，促进自行车、运动船艇、滑雪板等体育器材装备的公路、铁路、水运、民航便利化运输。落实全国体育场馆安保等级评价制度和标准。（省体育局、省公安厅、省自然资源厅、省住房城乡建设厅、省交通运输厅、省水利厅、民航江苏监管局）

（二）深化场馆运营管理改革。继续推进体育场馆所有权与经营权分离改革试点，推动公共体育场馆改造功能、改革机制，鼓励支持职业体育俱乐部主场场馆改革。大力引进和培育专业体育场馆运营企业和机构，积极推动体育场馆品牌和管理模式输出。政府投资新建体育场馆，不宜单独设立事业单位管理，应委托第三方企业运营。（省体育局、省发展改革委）

（三）推动体育社会组织发展。推动实现省属体育社团与行政机关脱钩，引导体育社会组织通过公开竞争方式，积极承办体育行政部门主办的体育赛事活动、培训、国民体质检测与健身指导等项目。鼓励各地通过政府购买服务等方式，加大对体育社会组织改革与发展的扶持。体育社会组织符合直接登记条件的，可直接向民政部门依法办理登记。（省体育局、省民政厅）

（四）引导职业体育改革发展。规范专业体育资源参与职业体育发展，支持职业体育俱乐部做大做强，加快俱乐部现代企业制度建设。挖掘体育明星市场价值，完善职业体育赛事运作、场馆运营、门票销售、电视转播、无形资产开发及纪念品特许经营等一体化运作与服务。（省体育局、省发展改革委）

三　着力提升体育产业发展质效

（五）培育壮大体育服务业。加快体育服务业内容、业态和商业模式创新，培育一批优质健身俱乐部和高端体育服务品牌，扶持体育培训、策划、咨询、经纪、营销等领域发展。加强户外运动产业统筹规划和项目布局，发展水上、山地户外、冰雪、航空、马拉松、自行车、击剑、武术等引领性强的运动项目产业，打造运动项目产业集群。实施《推动江苏体育竞赛表演产业高质量发展行动方案》，打造一批高水平体育赛事品牌和专业体育赛事运营企业，加快构建赛事策划、运营、服务、营销、推广全产业链。到2022年，体育服务业增加值占体育产业增加值比重达到60%以上。（省体育局、省发展改革委、省公安厅、省自然资源厅、省交通运输厅、省水利厅、省文化和旅游厅、民航江苏监管局）

（六）推动体育用品制造业升级。加大体育用品制造业科技创新力度，大力开发科技含量高、拥有自主知识产权的产品，促进创新链与产业链深度融合。推动智能制造、大数据、人工智能等新兴技术在体育制造领域应用，支持可穿戴运动设备、智能运动装备、冰雪装备器材、家庭小型健身器材的研发与制造。强化产业链龙头企业引领作用，促进体育用品制造企业从生产制造环节向研发设计、营销推广、运营服务等上下游领域延伸。（省体育局、省发展改革委、省科技厅、省工业和信息化厅）

（七）增强体育市场主体竞争力。加强政策引导和扶持，着力培育一批创新能力和品牌影响力突出的领军体育企业，支持省市体育产业集团做大做强，支持打造"独角兽"体育企业和体育类上市公司，鼓励符合条件的体育企业申报专精特新"小巨人"企业。加强体育产业创新载体、特色基地、园区建设，支持成立各类体育产业孵化平台，打造一批有国际竞争力的自主体育品牌。（省体育局、省发展改革委、省科技厅、省工业和信息化厅、省商务厅、省体育产业集团）

四　持续释放体育消费动能

（八）广泛开展全民健身活动。大力实施全民健身计划，宣传科学健身知识和方法，积极推广健康生活方式。推行《国家体育锻炼标准》和运动水平等级评定制度，加强青少年、妇女、老年人、农民、职业人群、残疾人等群体的体质健康运动干预。推行《国家学生体质健康标准》，推动每名青少年学生熟练掌握1项以上运动技能，学生体质健康标准合格率达93%以上。进一步完善教育、体育、卫健等部门联席工作机制，扎实推进儿童青少年近视综合防控工作。丰富节假日体育赛事供给，打造全民健身赛事活动江

苏品牌，举办全省业余体育俱乐部联赛。（省体育局、省教育厅、省卫生健康委、省体育产业集团）

（九）促进体育消费水平提升。鼓励各地采取灵活多样的市场化手段促进体育消费，培育体育网络消费、定制消费、体验消费、智能消费、时尚消费等新热点。发展山地户外、自行车、马拉松、电子竞技等大众参与度高的时尚运动项目赛事。支持推动公共体育场馆和体育运动项目经营单位延长开放时间，提供多样化健身产品和培训服务。鼓励体育、购物、文娱、餐饮、观光等业态融合发展，打造一批夜间特色体育消费项目。进一步改革体育消费券发放方式，加强申领人资格审核、发放进度与资金监管，提高体育消费券发放效益。（省体育局、省发展改革委、省财政厅、省文化和旅游厅）

（十）优化体育消费市场环境。完善体育市场监督管理体制，严格经营高危险性体育项目审批和管理。落实体育市场黑名单制度，建立健全信用激励与约束机制，加大失信联合惩戒力度。加大对体育市场违法违规行为的打击力度。完善体育无形资产评估标准和制度，推进体育标准化建设。（省体育局、省发展改革委、省市场监管局）

五 不断深化体育产业融合互动发展

（十一）促进体医融合发展。建立健全体医融合发展部门协调机制，制定贯彻国家有关体医融合健康促进政策。完善国民体质监测体系，引导体检机构和国民体质检测机构融合发展。支持运动康复医院、健康促进服务中心建设，鼓励大型综合医院增设运动康复科室。创新健康生活方式指导员和社会体育指导员培养方式，引导各地探索体育与健康融合发展模式，支持南京市溧水区建设"健康江苏"实践示范区。（省体育局、省卫生健康委）

（十二）促进体教融合发展。通过政府购买服务等方式，利用优质体育资源开展中小学、幼儿园体育服务，鼓励体育教练员和青少年体育俱乐部进中小学、幼儿园开展体育服务。大力发展青少年阳光体育和校园足球活动，提升中小学和幼儿园体育教师专项技能。在幼儿园和小学低年级大力推广幼儿足球、小篮球、趣味田径、快乐体操、游泳等项目，遴选一批省级体育特色学校（园）。通过省队校办等方式，加强普通高校高水平运动队建设，拓宽竞技体育后备人才培养渠道。共同打造江苏省大学生校园马拉松联赛，鼓励发展校际体育赛事，进一步探索商业化运营模式。（省体育局、省教育厅、省财政厅、省人力资源社会保障厅）

（十三）促进体旅融合发展。实施体育旅游发展行动计划，加快培育一批体育旅游示范基地、示范项目、精品线路和赛事。结合全域旅游示范区、旅游度假区（景区）、旅游小镇等建设，拓展特色体育项目和主题赛事活动。推动登山、自行车、徒步、越野跑、定向拓展等体育运动项目，融入乡村旅游、森林旅游发展。定期推介发布"江苏时尚体育好去处"。（省体育局、省发展改革委、省文化和旅游厅、省农业农村厅、省林业局）

六　高水平打造体育产业载体平台

（十四）培育多元载体。鼓励各地因地制宜、错位发展，打造一批特色体育城市。加强各类平台载体的标准引领和动态管理，到2022年，建设100个以上体育产业示范基地、示范单位和示范项目，认定60个体育服务综合体，培育一批体育产业特色鲜明、生产生活生态融合的特色小镇。（省体育局、省发展改革委）

（十五）开展创新试点。加快培育体育产业创新试验区，引导有条件的地区在体制机制创新、特色产业培育、体育融合发展、投融资体系构建等方面先行先试、探索经验。鼓励有条件的城市开展体育消费试点，完善体育消费服务内容与标准，加大促进体育消费体制机制和政策创新力度。（省体育局、省发展改革委、省财政厅）

（十六）构筑发展平台。充分发挥体育产业发展协同创新中心和高校等各类智库平台功能。完善省体育产业资源交易平台功能，发挥省体育产业投资基金引导作用。支持办好江苏体育产业大会、常州国际运动康复大会。促进"一带一路"体育赛事、体育旅游和产业发展交流合作，推动长三角、大运河文化带、淮河生态经济带、淮海经济区等区域体育产业联动发展。(省体育局、省发展改革委、省教育厅、省工业和信息化厅、省体育产业集团)

(十七)发展互联网＋体育。大力推进智慧体育建设,促进信息资源互联互通,推动体育公共服务模式创新。支持体育综合信息服务平台建设,提供健身健康、场馆服务、竞赛管理、体育培训等线上服务。(省体育局、省发展改革委、省工业和信息化厅)

七　努力增加体育场地设施供给

(十八)因地制宜建设体育场地设施。优化城市社区"10分钟体育健身圈"场地设施和服务功能。引导社会力量建设冰雪运动场地设施,普及推广冰雪运动。开展社会足球场地设施建设专项行动。鼓励各类市场主体利用工业厂房、商业用房、仓储用房等既有建筑及屋顶、地下室等空间改造成体育场馆设施,并允许按照体育设施设计要求,依法依规调整使用功能、租赁期限、车位配比及消防等土地、规划、设计、建设要求,实行在五年内继续按原用途和土地权利类型使用土地的过渡期政策。合理利用公园绿地、市政用地等建设体育设施。(省体育局、省发展改革委、省自然资源厅、省住房城乡建设厅)

(十九)优化体育设施用地供给。在国家土地政策允许范围内,保障重要公益性体育设施和体育产业设施、项目必要用地,加大对体育产业新增建设用地的支持力度。利用以划拨方式取得的存量房产、土地兴办体育产业,符合《划拨用地目录》的可按划拨方式办理用地手续,不符合《划拨用地目录》的可采取协议出让方式办理。利用现有山川水面建设冰雪场地设施,对不占压土地、不改变地表形态的,可按原地类管理,涉及土地征收的依法办理土地征收手续。(省体育局、省自然资源厅)

(二十)推进各级各类体育设施开放。在政策范围内采取必要激励机制,支持中小学对校园体育场地设施进行社会通道改造,在课余时间和节假日向社会开放;不具备改造条件的,也应保证在课余时间和节假日向本校师生开放。新建学校体育场地设施应在规划设计时，创造向社会开放的条件。鼓励以购买服务方式引入专业机构运营管理向社会开放的学校体育设施。推动各级各类体育设施向社会开放，每年扶持100个以上大型体育场馆免费或低收费向社会开放。按规定落实体育场馆房产税和城镇土地使用税、水电气热等优惠政策。（省体育局、省教育厅、省财政厅、省市场监管局、省税务局）

八 完善体育产业高质量发展促进机制

（二十一）加强组织实施。发挥省体育产业发展联席会议制度作用，加强对推动体育产业高质量发展、促进体育消费工作的统筹协调和督促落实。省体育局、省发展改革委负责对本行动方案落实情况的跟踪督促，各有关部门要强化责任落实，协同推动体育产业发展。各地要根据本行动方案要求，结合实际，研究细化政策措施，健全体育产业高质量发展协调机制。

（二十二）强化政策保障。落实国家和省有关发展体育产业、促进体育消费的各类支持政策。优化省体育产业发展专项资金重点支持方向和支持方式，进一步强化立项管理、过程管理和绩效管理。制定省级层面政府购买公共体育服务目录和标准，各地也应制定相应目录和标准。鼓励开展体育企业应收账款、知识产权质押贷款创新，支持符合条件的体育企业发行社会领域专项债券。引导政府性融资担保机构将体育企业纳入支持范围，鼓励保险机构积极开发相关保险产品。（省体育局、省发展改革委、省财政厅、省地方金融监管局、人民银行南京分行、江苏银保监局）

（二十三）健全支撑体系。支持体育产业领军人才和创新团队申报"省高层次创新创业人才引进计划"。鼓励高等院校、职业院校完善体育产业学科专业和人才培养体系，多层次培养体育产业专业人才。完善体育行业技能人才评价体系，开展准入类职业资格评价和水平评价类职业技能等级认定，加大健身行业技能人才培养力度。统筹体育科技资源，促进产学研成果转化运用。健全体育产业、体育消费统计调查与监测制度，定期发布体育产业和

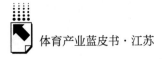

消费统计数据及报告。（省体育局、省教育厅、省科技厅、省人力资源社会保障厅、省统计局）

江苏省体育局　江苏省发展改革委

2020 年 4 月 17 日

江苏省体育局关于推动江苏体育竞赛表演
产业高质量发展行动方案

（苏体经〔2019〕87号）

体育竞赛表演产业是推动体育产业向纵深发展的重要引擎。近年来，我省办赛数量和质量连续多年位居全国前列，品牌赛事逐步增多，社会资本踊跃参与，观赛参赛群体迅速扩大，体育竞赛表演产业的引擎拉动作用不断发挥。但与经济社会高质量发展要求和人民对美好生活需求相比，我省体育竞赛表演产业总体上还存在规模体量不大、市场主体不强、运营服务水平不高、拉动作用不足等问题。为进一步推动我省体育竞赛表演产业高质量发展，根据《国务院办公厅关于加快发展体育竞赛表演产业的指导意见》（国办发〔2018〕121号）精神，结合我省实际，制定本行动方案。

一　指导思想

（一）以习近平新时代中国特色社会主义思想为指导，全面贯彻党的十九大和十九届二中、三中全会精神，围绕推动体育产业高质量发展要求，进一步培育打造高水平体育赛事，壮大体育竞赛表演市场主体，优化体育竞赛表演市场环境，更好满足人民群众多元化体育需求，为建设新时代体育强省和"强富美高"新江苏提供有力支撑。

二　主要目标

（二）到2025年，基本形成产业结构合理、竞赛产品多元、市场环境优化、发展水平均衡的体育竞赛表演产业体系，体育竞赛表演产业的引领带动作用明显提升，体育竞赛表演产业发展水平位居全国前列。培育10项以上全国以上级别的体育精品赛事，打造20项左右具有自主知识产权的体育

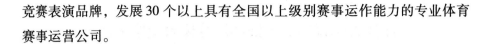

竞赛表演品牌，发展 30 个以上具有全国以上级别赛事运作能力的专业体育赛事运营公司。

三　丰富赛事活动体系，打造高水平体育赛事品牌

（三）打造高端品牌赛事。鼓励各地积极申办世锦赛、世界杯赛等品牌价值高、市场前景广的大型单项体育赛事，办好 2019 年男篮世界杯、2020 年世界室内田径锦标赛、世界跆拳道大满贯冠军系列赛、2021 苏迪曼杯羽毛球赛等国际重大赛事，推动形成城市与大型体育赛事的良性互动机制。服务"一带一路"国家战略及多双边和区域经贸合作，积极拓展与沿线国家间的体育赛事活动，形成一系列联动品牌赛事。设立重大赛事专项补助资金，对纳入重大赛事名录范围的赛事依据评估报告给予适当资金扶持。

（四）培育自主 IP 赛事。主动融入长三角区域一体化国家战略和淮河生态经济带、大运河文化带建设，培育打造环太湖国际公路自行车赛、宿迁生态四项公开赛、不止骑·中国 24H 单车环太湖认证赛等系列品牌赛事，形成具有江苏历史文化底蕴和地域特色的赛事集群，推进长三角区域体育赛事联动。以筹办北京冬奥会、冬残奥会为契机，积极引进高水平冰雪体育赛事，大力发展江苏冰雪嘉年华、江苏省滑雪旅游节等冰雪赛事活动。培育水上、山地户外、自行车、航空、电子竞技等一批消费引领性强、大众参与度高的时尚运动项目赛事，努力提升各地马拉松赛事参赛规模、组织运营、媒体宣传、赛事推广和服务保障水平，推动更多马拉松赛事跨入中国田协金牌赛事和国际田联金标赛事行列。加大省体育产业发展专项资金对品牌赛事的扶持力度，对纳入培育名录库范围并通过评审的赛事给予适当资金扶持。

（五）拓展职业体育赛事。加快足球、篮球、排球、网球、羽毛球、乒乓球等运动项目职业化发展步伐，培育一批竞技水平高、经济效益好、社会声誉佳的职业体育俱乐部。重点发展男足、男篮、女排职业俱乐部，着力营造职业联赛的主场氛围和球星效应，推动提高联赛成绩和主场办赛效益。省体育产业发展专项资金安排职业体育俱乐部扶持资金，按项目类别、影响

力、职业联赛等级、投入和名次等给予适当扶持。

（六）开展全民健身赛事活动。鼓励各地广泛开展形式多样的全民健身赛事活动，积极增加赛事种类，合理扩大赛事规模。办好全省智力运动会、省运会群体项目比赛，开展全省联动、覆盖基层的群众性品牌赛事活动，重点打造"魅力江苏 最美体育"系列品牌赛事活动，打造"舞动江苏"全省广场舞大赛、"爱乒才会赢"全省乒乓球球王争霸赛、"乐在棋中"全省象棋棋王赛、"羽民同乐"全省羽毛球赛、"奔跑江苏"四分马健身跑、"我爱足球"中国足球民间争霸赛（娃娃组）、"乐钓江苏"钓鱼俱乐部联赛、"舞比快乐"体育舞蹈俱乐部联赛、"骑乐无穷"山地自行车俱乐部联赛、"智跑江苏"定向越野联赛等品牌赛事活动。举办全省青少年阳光体育运动联赛。

四　壮大市场主体，拓展体育竞赛表演市场

（七）加快培育竞赛表演市场主体。以专业化、品牌化、融合化为引领，鼓励社会力量办赛，壮大多元市场主体，加快竞赛表演产业转型升级。支持省、市体育产业集团做大做强体育竞赛表演产业，打造一批竞争力强的体育竞赛表演骨干企业。发展一批创新能力强、盈利模式新的体育赛事运营商，建立赛事设施建设、策划设计、市场开发、运营服务、门票销售、宣传推广、终端消费促进一体化的运作体系，延伸赛事产业链和利润链。加快培育一批专业体育赛事服务企业，吸引国际一流的体育组织和体育竞赛企业在我省设立分支机构。引导传统体育装备企业进入体育竞赛表演业，鼓励各地在企业宣传、资源推介、项目培育等方面给予扶持。

（八）提升要素市场化配置水平。加快体育竞赛表演市场资金、技术、信息、人才等创新要素开放集聚和优化配置，构建赛事策划、运营、服务、营销、推广全产业链，形成吃、住、行、购、游配套支撑体系。加强体育赛事冠名等无形资产开发，借助明星、名人效应等多渠道放大体育赛事 IP 价值。深化体育赛事市场资源开发，加强对体育赛事相关权利归属、流转及收

益的保护，加大体育赛事知识产权保护。引导体育竞赛表演企业参与体育场馆运营，盘活场馆资源，鼓励利用学校体育场馆举办体育赛事。鼓励各类体育健康特色小镇、体育服务综合体、体育产业基地、体育公园，利用场地设施积极开展形式多样的体育赛事活动。促进体育竞赛表演产业与文化和旅游、娱乐、互联网等相关产业深度融合，拓展发展空间、助力城市营销和产品推介。

（九）加大竞赛表演宣传推广力度。支持各级各类媒体、新媒体制作播出体育节目，普及运动项目文化和观赛礼仪。发挥省体育局门户网站和政务新媒体等网络传播平台功能，强化体育赛事宣传，营造观赛参赛氛围。鼓励利用各类社交平台促进消费者互动交流，提升体育赛事消费意愿。与江苏体育休闲频道合作，办好江苏体育新闻节目、直播江苏职业体育俱乐部联赛。举办江苏体育文化创意与设计大赛，围绕体育赛事、体育教育、体育文化、体育相关产业等方向开发创新体育 IP，促进体育赛事和体育表演衍生品创意和设计开发。

五 深化"放管服"改革，完善竞赛管理服务体系

（十）持续推进"放管服"改革。落实体育赛事审批制度改革要求，取消商业性和群众性体育赛事活动审批，协调有关部门优化确需保留的安全许可以及道路、空域、水域、无线电使用等行政审批流程。落实全国信用信息共享平台"黑名单"制度，对办赛主体、从业人员和参赛人员的严重失信行为加大惩戒力度。加大与赛事门票销售机构合作，建立健全赛事门票市场化供应机制。推进省本级体育竞赛裁判员管理职能向省属社团转移试点，进一步强化赛风赛纪、反兴奋剂工作。

（十一）完善体育赛事评估体系。发挥江苏省体育产业研究院、江苏省体育赛事研究中心等智库作用，建立体育赛事综合评估体系，发布体育赛事评估报告。加强体育赛事数据统计和分析，为科学决策提供依据。建立体育竞赛表演综合信息平台，推进互联网＋赛事服务，及时向社会公布赛事时

间、地点、主办方、承办方、参赛条件、票务、传媒等信息。落实体育竞赛表演产业国家标准，推进竞赛表演产业标准体系建设，制定各级各类体育竞赛表演活动办赛指南和服务规范。实施体育竞赛器材标准，推动符合高水平赛事要求的专业化、标准化、智能化器材产品研发与生产。

（十二）建立竞赛表演服务平台。完善体育竞赛公共安全服务体系，加大与公安部门合作，严格规范体育竞赛表演场所公共安全服务供给。协调有关部门规范体育赛事活动安保工作，积极探索建立体育场馆安保等级评价制度。推进赛事举办权、冠名权、无形资产开发及竞赛综合服务等具备交易条件的资源公平、公正、公开流转。搭建江苏体育产业大会等服务平台，促进体育竞赛表演产业行业交流和资源互通。以移动互联网、大数据、云计算技术为支撑，提升赛事报名、赛事转播、媒体报道、交流互动、赛事参与等综合服务水平。

六　加强综合保障，营造良好发展环境

（十三）加强组织实施。各地要高度重视体育竞赛表演产业发展，各设区市根据本行动方案，结合实际抓紧制定贯彻方案，加强组织领导，健全工作机制，落实政策措施，强化管理服务，进一步推进体育竞赛表演产业高质量发展，更好满足人民群众对美好生活的向往。加强对落实本方案的监督检查和跟踪分析，重大事项及时报告省体育局。

（十四）加大赛事投入。优化省体育产业发展专项资金投入方向，加大对社会力量办赛的扶持力度。推动体育竞赛表演产业与资本市场对接，引导社会力量参与，鼓励社会资本设立竞赛表演产业发展投资基金。引导金融机构开发符合体育竞赛表演市场特点的金融产品和服务，加强产品推介和服务对接。支持金融机构创新体育竞赛表演消费支付产品，推动消费便利化。

（十五）强化人才支撑。推动体育专业院校加大科研和人才培养力度，成立政府、高校、企业、社会组织等多方参与的科研和培训团队，打造熟练掌握体育赛事运作规律、专业能力过硬的复合型体育赛事人才队伍。创新人才培养机制，支持有条件的高等院校设置相关专业和课程。加强体育产业创新创业教育服务，帮助企业、高校等有效对接。鼓励退役运动员投身体育竞赛表演产业。加强体育竞赛管理干部业务培训教育，培养一批在国内外体育大赛中执法的知名裁判员。健全体育赛事志愿者等级评定体系，构建专业体育赛事志愿者团队。

江苏省体育局

2019 年 7 月 1 日

江苏省体育旅游发展行动计划（2018~2020年）

（苏旅综〔2018〕281号）

体育旅游是体育产业与旅游产业深度融合的新兴产业形态，大力发展体育旅游是盘活体育资源、实现全民健身和全民健康深度融合、提升体育产业发展质量的必然选择，是丰富旅游产品体系、拓展旅游消费空间、促进旅游业转型升级的必然要求，对于培育经济发展新动能、拓展经济发展新空间、满足人民群众日益增长的美好生活需求具有十分重要的意义。为深入贯彻落实《国家旅游局国家体育总局关于大力发展体育旅游的指导意见》，大力推动全省体育旅游高质量发展，早日把江苏建设成为具有较高知名度、影响力和核心竞争力的体育旅游休闲度假目的地，助力水韵江苏、健康江苏和体育强省建设，服务"两聚一高"新实践和"强富美高"新江苏建设，特制订本行动计划。

一 行动原则

——市场主导，政府扶持。遵循市场规律，充分发挥市场在资源配置中的决定性作用，突出各类企业在体育旅游发展中的主体地位；发挥好政府在规划引领、规范体育旅游发展方面的作用，加大扶持力度，激发社会活力，增强内生动力，建立和完善体育旅游产业体系。

——突出重点，集聚发展。加强运动体验、赛事旅游、休闲旅游等重大项目、重点企业引进和培育，加强重大旅游节点建设，统筹国际国内市场，释放体育系统资源，推进健身休闲旅游、赛事活动旅游、体育旅游装备制造等业态集聚发展，培育新的消费需求，加快体育旅游的供给侧改革。

——强化特色，打造品牌。鼓励各地区根据自身的资源禀赋和市场条件开发具有地域特色和产业特点的体育旅游产品、项目、路线，加大体育旅游宣传推广和市场开拓，打造体育旅游品牌，提升体育旅游竞争力，扩大我省体育旅游在国内外的显示度、知名度和影响力。

——强化融合，开放发展。凸显"体育＋旅游"的时代特点，着力推进体育服务综合体、体育健康特色小镇、全民健身模范县、运动健康城市等建设，促进群众充分参与体育旅游活动，推动体育产品和旅游市场的深度融合，积极拓展跨界融合的新业态，形成多业融合的体育旅游发展新格局。

二　行动目标

到 2020 年，体育旅游产业基础不断完善，发展环境进一步优化，体育旅游产品与服务不断丰富，基本形成结构合理、门类齐全、功能完善的体育旅游产业体系。充分利用山水湖林草各类资源，开发各类体育旅游产品，在全省培育 20 个国家级体育旅游精品项目，打造 100 个省级体育旅游精品项目，包括：体育旅游目的地、示范基地、精品赛事、精品线路和具有较高知名度和市场竞争力的体育旅游企业与知名品牌。体育旅游成为人民群众的日常生活方式和旅游重要选择，占旅游业比重不断提升，体育旅游消费进一步增长，到 2020 年，体育旅游总人数达到 1 亿人次。

三　行动领域

（一）实施产品服务拓展行动，提升体育旅游吸引力

1. 拓展健身休闲旅游。以具备较好群众基础和市场条件的户外运动旅游为突破口，重点发展山地户外旅游、水上运动旅游、汽车摩托车旅游、航空运动旅游、冰雪运动旅游、钓鱼运动旅游、健康养生旅游等体育旅游新产品、新业态。加强体育旅游与文化、教育、健康、养老、农业、水利、林业、通用航空等产业的融合发展，培育一批复合型、特色化体育旅游产品。完善空间布局，构筑新型体育旅游功能区。支持南京老山、汤山与桠溪，苏州阳澄湖半岛，无锡马山，常州太湖湾，镇江南山和茅山，宿迁三台山，南

通通州湾，盐城千鹤湾，徐州贾汪，连云港海上云台山等地区高起点打造康体旅游基地。依托宁镇山脉、宜溧山地等宁杭沿线打造健康休闲产品，丰富登山、跑步、骑行等山地户外体验旅游产品。充分利用我省滨海滨江滨湖及沿大运河区域打造水上体育旅游基地，推出水上飞机、热气球、帆船、固定翼、野钓、索道滑水等体验性强的运动旅游产品。

2. 培育赛事活动旅游。支持各地举办足球、篮球、排球、乒乓球、羽毛球、网球等市场化程度高的职业体育赛事和马拉松、自行车、山地户外、武术、钓鱼等市场基础好的群众性体育赛事活动，促进赛事旅游发展。推动具有地方特色、民族风情的特色体育活动与区域旅游项目设计开发，打造具有地域和民族特色的体育旅游活动，推出"全省重点体育旅游赛事活动名录"。积极举办"一带一路"系列体育赛事，举办好南京 2018 世界羽毛球锦标赛、世界女排大奖赛总决赛、2019 篮球世界杯赛、2020 世界室内田径锦标赛，提升南京马拉松、扬州马拉松、苏州（太湖）马拉松赛、无锡马拉松、徐州马拉松、淮安金湖马拉松、不止骑·中国 24H 单车环太湖认证赛、宿迁生态四项赛、南京老山有氧三项赛等精品赛事的旅游吸引力，培育苏州吴中"环太湖"国际竞走和行走多日赛、无锡世界跆拳道联盟大满贯冠军系列赛、连云港铁人三项赛、淮安白马湖户外骑行等赛事活动的参与度；提升现有体育场馆设施的旅游服务功能，支持和引导各设区市、县（市、区）奥体中心、金牛湖水上训练基地、连岛海上训练基地、江阴海澜马术基地等运动训练基地承接大型赛事旅游。

3. 打造特色线路旅游。根据省内体育旅游资源，发现、挖掘、组合特色体育旅游路线，发布体育旅游精品线路，引导沿线政府支持各类体育旅游基础设施建设和公共服务质量提升；引导旅游企业推广体育线路旅游，鼓励旅行社结合省内各类活动和旅游目的地设计开发体育旅游特色产品和精品线路。开拓沿长江体育旅游带、构建沿大运河体育旅游线路、大力发展沿海生态体育旅游和东陇海丝绸之路文化体育旅游线路。强化苏州吴中环太湖骑游线路、溧阳茶马欣道体育旅游线路等精品路线的品牌打造，培育洪泽湖古堰最美跑步线路，建立省域体育旅游精品线路库和线路地图。

（二）实施重点项目培育行动，提升体育旅游竞争力

4. 培育体育旅游龙头企业。加快"引进来和走出去"的步伐，培育一批具有较高知名度和市场竞争力的体育旅游企业。支持具有自主知识产权、民族品牌的体育旅游企业做大做强。推动连锁、联合和集团化经营，鼓励优势体育旅游企业实施跨地区、跨行业、跨所有制兼并重组，打造跨界融合的产业集团和产业联盟。加强体育旅游行业协会建设，搭建政府与企业沟通渠道。

5. 打造体育旅游精品项目。打造一批具有重要影响力的体育旅游目的地、示范区，强化示范引领，从设施建设和服务规范入手，制定体育旅游示范基地标准，规划建设一批"国家级和省级体育旅游示范基地"。培育以体育运动为特色的国家级旅游度假区和精品旅游景区。积极推动各类体育场馆设施、运动训练基地提供体育旅游服务；引导各类体育服务综合体拓展体育旅游服务功能，鼓励企业建设体育主题酒店。培育江阴海澜马术体育旅游度假区、扬州红山体育公园、宿迁三台山森林公园等一批以体育运动为特色的国家级、省级旅游度假区和精品旅游景区。

6. 加强体育旅游品牌创建。以创建国家级、省级体育旅游品牌为抓手，统筹协调城乡体育旅游、区域体育旅游、沿江体育旅游、沿河体育旅游、沿海体育旅游、环湖体育旅游发展，推动体育旅游目的地提档升级，加速区域联动，扶持发展一批体育旅游强县、镇、村。支持体育健康特色小镇通过多种形式创建、培育、打造体育旅游品牌。鼓励具备条件的地区积极打造体育旅游综合体。

（三）实施配套质量提升行动，增强体育旅游支撑力

7. 加强体育旅游基础设施建设。协调争取在用地用林、基础设施配套建设、税费优惠等方面的政策，推进符合标准的登山步道、休闲绿道、自行车赛道、水上运动船艇码头、电竞场馆、汽车自驾运动营地、航空飞行营地、户外运动公园、垂钓运动基地等体育旅游设施建设，对区域自然关联的

运动赛道进行联通。配套建设旅游服务中心、旅游咨询中心、厕所、停车场等旅游公共服务设施。

8. 提升体育旅游装备制造水平。鼓励企业加强自主研发设计能力，加大体育旅游、健身休闲器材材料、配件、装备等的研发、设计与生产，形成较为完善的配套产业体系。深化体育旅游装备相关标准规范研究，进一步健全完善设计建造标准规范体系。制定体育旅游装备重点发展目录，培育体育旅游装备制造基地。举办各类体育旅游装备专业展会，提高国内外体育用品博览会的影响力。

9. 推进体育旅游服务智慧化。开展智慧体育旅游建设，建立体育旅游"资讯一览无余、交易一键敲定、管理一屏监控"的智慧体育旅游体系。依托江苏旅游资讯网等现有信息平台，构建江苏体育旅游宣传推广平台，提升"微旅游"营销管理系统功能，建设体育旅游信息化和视频监控系统。开展智慧体育旅游标杆企业、优秀智慧体育旅游项目和体育旅游综合体信息化建设标杆的评选活动，推进体育旅游行业智慧旅游示范工程。

（四）实施整合营销推广行动，扩大体育旅游影响力

10. 推进体育旅游整体营销。积极推动"区域联动、部门联合、企业联手"的体育旅游营销战略，策划设计江苏体育旅游形象标识，将体育旅游营销纳入"水韵江苏"推广体系，加大体育旅游推介力度。编印江苏体育旅游线路、体育旅游目的地、赛事活动地图，编制自驾游、骑行手册，全力开拓自驾游、落地自驾、自游行市场。发展移动社交、网络口碑、新媒体、线下体验等营销应用，拓宽在线分销渠道，拓展海外网络营销，加强大数据分析应用，实现精准化的体育旅游营销投放。

11. 强化体育旅游主题营销。支持各地举办有地方特色、文化内涵和市场影响力、深度参与感的体育旅游主题营销活动，大力推介江苏体育健康特色小镇和国家级运动休闲特色小镇系列、"体育旅游体验季"系列和"十佳体育旅游基地"、"十佳体育旅游路线"、"十佳体育旅游赛事活动"等主题

营销活动内容，鼓励旅行社结合主体营销活动设计开发体育旅游特色产品和精品线路。推动体育文化保护传承和贫困地区体育旅游，助力旅游扶贫发展。

12. 广泛开展体育旅游宣传。与中央电视台体育频道、旅游频道，江苏体育休闲频道等电视媒体以及报纸、网络媒体合作，按照不同主题，宣传我省体育旅游总体品牌和特色体育旅游活动。策划推广具有自主知识产权和较强品牌影响力的体育旅游宣传推广活动，开设江苏体育旅游公众账号，加强移动互联网的宣传。积极参与中国体育旅游博览会、中国国际旅游交易博览会、海峡旅游博览会、中国旅游产业博览会、中国国际旅游商品博览会的体育旅游内容，提升江苏体育旅游的对外交流宣传水平。

（五）实施规范保障行动，形成体育旅游推动力

13. 完善体育旅游标准体系。加快体育旅游服务配套设施、体育旅游产品、示范基地等的标准化体系建设；推动体育旅游统计体系建设，通过多方位的数据采集分析，进行深度技术分析和重要前景预测，为政府决策、游客出行和学术研究提供参考；探索制定智慧体育旅游数据标准、建设评价标准，结合数据统计，发布年度体育旅游发展报告。

14. 规范体育旅游市场秩序。健全完善体育旅游法规制度建设，推进体育旅游市场秩序综合评价制度建设，实施淘汰退出机制，建立部门联动综合执法机制，严厉惩处诱导购物等严重扰乱体育旅游市场秩序的违法行为。构建体育旅游安全防范和救援体系，完善体育旅游安全服务规范，将体育旅游应急管理纳入各级政府应急管理体系，完善旅游突发事件应对机制。

15. 强化体育旅游人才支撑。鼓励体育院系和旅游院系开办、开好体育旅游专业，强化课程建设；省体育局和省旅游局联合在相关院校或科研机构设立体育旅游研究基地；鼓励体育旅游企业与体育、旅游类院系合作建立体育旅游实习实训基地；组建跨学科、专业化的省域体育旅游智库，组建体育

旅游专家人才库，各级体育和旅游部门组织开展战略性、基础性课题研究，为体育旅游发展提供智力支持；在业内广泛开展体育旅游业务培训，将体育旅游内容纳入导游培训体系。

各地区、各有关部门要根据本计划要求，结合实际情况，抓紧制定具体实施方案，将各项任务措施落到实处，每年将本计划执行情况报省旅游局、省体育局。省旅游局、省体育局将会同有关部门加强对本计划执行情况的监督检查。

附件：1. 省旅游局与省体育局协作任务表

　　　 2. 全省体育旅游重点项目表

附件1

省旅游局与省体育局协作任务表

序号	任务内容
1	体育旅游十大精品项目评选
2	体育旅游精品项目标准制定
3	建立体育旅游精品库(精品赛事、示范基地、示范项目、重点企业)
4	打造体育旅游合作平台,推进体育旅游综合管理与服务平台建设
5	江苏省体育旅游信息地图制定
6	策划设计江苏体育旅游形象标识,开展体育旅游宣传推广活动

附件2

全省体育旅游重点项目表

序号	项目名称
	体育赛事活动
1	环太湖国际公路自行车赛
2	2018 世界羽毛球锦标赛(南京)
3	2019 篮球世界杯赛(南京)
4	世界女排大奖赛总决赛(南京)
5	2020 世界室内田径锦标赛(南京)
6	南京马拉松
7	南京万驰赛汽车嘉年华
8	南京浦口国际女子半程马拉松赛
9	世界跆拳道联盟大满贯冠军系列赛(无锡)
10	无锡马拉松及滨湖蠡湖、惠山阳山、宜兴马拉松
11	2018 年世界击剑锦标赛(无锡)
12	世界斯诺克世界杯(无锡)
13	全国风筝精英赛(无锡)
14	无锡跆拳道系列赛事(世界跆拳道团体锦标赛、全国跆拳道锦标赛、全国精品道馆大众赛、全国空手道锦标赛)
15	中国宜兴滑水公开赛
16	徐州国际武术大赛
17	徐州国际马拉松
18	不止骑·中国24H 单车环太湖认证赛

序号	项目名称
	体育赛事活动
19	常州茅山山地马拉松
20	常州金坛国际围棋甲级联赛
21	常州武进西太湖半程马拉松赛
22	苏州金鸡湖端午赛龙舟
23	苏州吴中"环太湖"国际竞走和行走多日赛
24	苏州太湖马拉松赛
25	苏州同里杯中国围棋天元赛
26	如东国际风筝邀请赛
27	南通濠河国际龙舟邀请赛
28	连云港铁人三项赛
29	淮安洪泽湖国际马拉松
30	淮阴·韩信杯象棋国际名人赛及象棋文化系列活动
31	淮安 CBSA 洪泽美式 9 球国际公开赛
32	扬州鉴真国际半程马拉松赛
33	镇江国际马拉松
34	句容国际马拉松(全程、半程、迷你)
35	句容国际公开水域游泳挑战赛(国际赛事)
36	泰州铁人三项亚洲杯暨中国铁人三项联赛
37	泰州溱潼会船节(龙舟赛)
38	宿迁生态四项公开赛
39	泗洪生态湿地国际半程马拉松
	体育旅游项目
1	南京金地体育公园(网球、篮球、羽毛球、足球、海模、航模等)
2	南京汤山温泉房车营地(房车、射击、垂钓、足球、自行车、定向、bbq 露营、汽车越野等)
3	南京大金山体育公园(拓展、足球、篮球、实弹射击、定向运动、激光打靶、VR 体验、室内儿童拓展、7D 电影、真人 CS、垂钓)
4	南京浦口水墨大埝(自行车、攀岩、健身步道)
5	南京六合巴布洛公园(自行车赛,马拉松、定向越野、骑马、滑草、水上自行车,水上高尔夫、热气球、滑翔机、激光飞碟打靶、全地形和森林探险、房车营地、亲子庄园、帐篷露营)
6	南京六合金牛湖风景区(水上观光、水上摩托艇、皮划艇、赛艇、山地自行车、山地露营、真爱 CS、风筝等)
7	南京溧水万驰赛车场(场地赛车、越野车、全地形车、卡丁车等)

序号	项目名称
	体育旅游项目
8	南京金陵马汇马术文化园（马术运动、马术培训）
9	江阴海澜马术主题旅游区（周六马术表演、马术体验、马文化博物馆参观）
10	无锡蠡湖体育健身公园（皮划艇、OP帆船、快艇、摩托艇、自行车道、健身步道）
11	无锡惠山景区休闲项目（骑马、卡丁车、越野定向、自行车道、马拉松赛道、徒步道）
12	无锡马山风景区（垂钓、高尔夫、自行车道、马拉松、徒步活动、游艇等）
13	无锡市何振梁与奥林匹克陈列馆（模拟体育项目体验、奥林匹克运动体验）
14	无锡阳山东方田园综合体（儿童游乐项目、绿乐园户外活动区、自驾目的地）
15	无锡梦想田园湿地公园（骑马、跑马场、垂钓）
16	宜兴龙池山自行车公园（自行车道、轮滑）
17	宜兴炫宇风暴水上运动培训中心（水上体育运动演出、游艇基地、产品展示、休闲水吧等）
18	徐州贾汪体育旅游度假区（滑雪、滑草、漂流、滑翔伞、攀岩等）
19	徐州月半湾体育休闲基地（欢乐水世界、青少年拓展、儿童游乐、足球、篮球、游船、滑索等）
20	徐州大景山景区（漂流、滑雪乐园、滑草、卡丁车、越野车、真人CS等）
21	武进太湖湾露营谷（骑行、射击、户外拓展、滑草网球、垂钓等）
22	武进龙凤谷（滑雪、漂流、溜索、跑马、玻璃栈道）
23	常州江南环球港体育综合体（足球、保龄球、滑冰、冰球、攀岩等）
24	常州茅山宝盛园（射箭、户外拓展、房车营地、水上乐园、山间游步道等）
25	常州东方盐湖城（太极操、泼水节、定向测绘等）
26	常州天目湖国家旅游度假区（水上世界、射击城、攀岩、温泉、涵田体育旅游度假综合体）
27	苏州阳澄湖半岛旅游度假区（航空模型、自行车、瑜伽、轮滑、定向、直升机、马术、滑翔伞、网球、水上、足球等）
28	苏州太湖一号房车露营公园（房车露营、足球、篮球、皮划艇、帆船、汽车、摩托车、滑步车、车模、游泳、垂钓、攀岩、拓展等）
29	苏州太湖国家旅游度假区（徒步、高尔夫、自行车、帆船、皮划艇、龙舟、足球、定向、摩托车、动力滑翔伞、潜水、田径、登山等）
30	中国（苏州）澄湖航空飞行营地（轻型飞机、旋翼类飞机、模拟飞机、水上飞机、滑翔伞、垂钓、露营、潜水等）
31	苏州太仓新动力越野基地（越野赛车、全地形车等）
32	苏州张家港静湖驿马术基地（马术基地、马术培训）
33	南通开沙岛旅游度假区（乒乓球、高尔夫球、房车露营、骑马、垂钓、卡丁车等）

续表

序号	项目名称
	体育旅游项目
34	如皋长青沙体育健康休闲区(水上运动、攀岩、自行车、垂钓)
35	连云港连岛水上体育旅游基地(海上游泳、海钓、环岛骑行等)
36	连云港江苏东海御园欢乐谷(滑索、滑草、旱滑、游泳、水上游乐、高尔夫等)
37	淮安白马湖体育运动休闲区(环湖自行骑行、房车自驾营地、垂钓、水上运动项目、卡丁车竞技体验等)
38	淮安国际自行车运动综合体(小轮车、自行车骑行体验馆、房车营地等)
39	淮安金湖水上森林公园(骑行、房车、空中滑索等)
40	淮安龙宫大白鲸嬉水世界休闲综合体(室内漂流、浮潜、滑水等)
41	阜宁畅游桃花源生态旅游风景区(儿童户外拓展、垂钓、步道、慢行系统、房车、康养中心、水上漂流等)
42	大丰梦幻迷宫(蹦床馆、射箭馆、VR馆、室内拓展馆、幻影卡丁车赛场、雷霆CS对抗基地、国防教育拓展基地、乒乓球馆等)
43	扬州途居露营地(房车及营位租赁、森林探险、户外拓展、自行车游览、水上游乐、高空热气球、高空滑索等项目)
44	扬州红山体育公园(户外双人动力滑翔伞、越野卡丁车、马术、射箭、真人CS镭战、垂钓、游船、滑草、射击中心和高空滑索等)
45	扬州宋夹城体育休闲公园(集生态、休闲、运动、文化于一体的全民体育休闲类景区)
46	扬州天乐湖体育健身休闲度假村(温泉康养、体育健身休闲、生态观光采摘体验等)
47	丹阳茅山老区体育旅游度假区(健步走、观光、休闲)
48	镇江天空联盟金山湖飞行营地(低空飞行培训、试飞)
49	镇江圌山途居露营地(房车、儿童乐园、健身步道、绿地、帐篷、垂钓)
50	镇江奥悦室内冰雪馆(滑雪、滑冰、冰壶、休闲)
51	镇江赤山湖国家湿地公园(游泳、铁人三项、绿道骑行、健步走、休闲)
52	镇江仑山湖旅游度假区(垂钓、休闲、步道)
53	镇江茅山湖航空飞行营地(飞行、热气球、休闲)
54	泰州溱湖旅游风景区(漂流、军事拓展、户外露营等)
55	泰州溱湖绿洲旅游度假区(汽车露营地、户外拓展、跑马场、水上脚踏车、射箭、垂钓等)
56	泰州凤城河水上运动基地(水上运动、垂钓、游船)
57	泰兴小南湖休闲健身基地(健身、垂钓、游泳、室外网球场、马场等)
58	宿迁市三台山森林公园(皮划艇、自行车、轮滑、健步走、攀岩、定向、露营)
59	泗洪洪泽湖湿地旅游度假区(垂钓、游泳、网球、拓展)
60	宿迁湖滨公园(生态四项体育公园)(游泳、皮划艇、自行车、轮滑、跑步)

续表

序号	项目名称
	体育旅游线路
1	南京老山有氧运动之旅
2	南京高淳国际慢城生态之旅
3	南京江宁黄龙岘美丽乡村健身休闲之旅
4	南京滨江健身休闲风光带
5	溧阳茶马欣道精品体育旅游线路
6	宜兴湖㳇深氧体育休闲旅游路线
7	苏州吴中环太湖骑游
8	苏州环古城河健身步道
9	苏州金鸡湖景区水岸慢行绿道
10	盱眙铁山寺精品体育旅游线路
11	仪征枣林湾体育旅游精品线路(红山体育公园–青马车寨–天乐湖–铜山体育小镇)
12	镇江南山体育旅游线路
13	镇江世业洲体育旅游线路
14	大运河体育旅游文化之旅
15	扬之江体育线路
16	江淮生态走廊空中体验之旅

江苏省旅游局　江苏省体育局

2018 年 9 月 4 日

省体育局关于加快体育服务综合体建设的指导意见

（苏体经〔2017〕6号）

各市、县（市、区）体育局（文体局、教体局、文广体局）：

为认真贯彻落实《国务院关于加快发展体育产业促进体育消费的若干意见》（国发〔2014〕46号）、《国务院办公厅关于加快发展健身休闲产业的指导意见》（国办发〔2016〕77号）和省政府《关于加快发展体育产业促进体育消费的实施意见》（苏政发〔2015〕66号）精神，加快推进体育服务综合体建设，结合我省实际，制定如下指导意见。

一　充分认识加快建设体育服务综合体的重要意义

体育服务综合体是在一定空间范围内，以体育大中型设施为基础，坚持存量资源功能拓展延伸和增量资源业态融合，突出体育服务的主要功能，融健康、旅游、文化、休闲、商贸等多种服务功能于一体的，业态融合互动、功能复合多元、运行高效集约的体育产业聚集区和城市功能区。

近年来，美国、欧洲等国家和地区出现了一批较为成熟的体育服务综合体运作模式，国内也出现了一些体育服务综合体发展雏形，在丰富体育产品供给、推动产业快速发展、培育新的消费增长点、完善提升城市功能等方面发挥着重要作用。

（一）加快建设体育服务综合体，是创新体育发展模式、完善城市功能的重要途径。当前，江苏正处于城镇化高速发展阶段，城镇化率已超过60%。发展以体育休闲服务为主题的体育服务综合体，有利于创新体育发展模式，完善以人为本的城市功能，推动新型城镇化水平提升，有力促进健康江苏建设。

（二）加快建设体育服务综合体，是丰富体育产品供给、提升公共体育服务水平的重要载体。当前，广大人民群众的体育需求日益增长，社会体育资源相对不足，依然是体育事业发展中的主要矛盾。通过新建或完善现有体育设施，建设体育服务高度集中的体育服务综合体，对于推动体育领域供给侧结构性改革，丰富体育产品和服务供给，提高公共体育服务水平，满足群众日益增长的个性化、多样化体育需求具有重要意义。

（三）加快建设体育服务综合体，是发展体育产业、促进体育消费的重要抓手。体育场馆设施是发展体育产业、开展体育消费的重要物质基础。以场馆等体育设施为载体建设体育服务综合体，积极拓展体育及相关产业，有利于充分发挥市场配置资源的决定性作用，调动社会力量参与体育产业发展，促进体育与相关产业融合互动，全面提升我省体育产业和健身休闲产业发展水平，培育引领时尚体育消费。

（四）加快建设体育服务综合体，是盘活存量体育设施、提高体育设施运营效能的重要方式。通过建设体育服务综合体，改革体育场馆运营管理体制机制，建立有利于提升体育场馆设施公共服务水平、提高运营效能的运营模式和业态布局，对于盘活我省存量体育场馆设施，提高开发利用水平和服务能力，破解大型体育场馆设施运营难题具有重要作用。

二　进一步明确加快建设体育服务综合体的总体要求

（五）指导思想。以满足广大人民群众日益增长的个性化、多样化体育需求为出发点和落脚点，坚持政府引导、社会参与和试点先行、稳步推进，合理利用社会资本、优化发展布局、创新体制机制、提升运营服务，在全省建设一批设施基础好、运营模式新、服务能力强、产业集聚度高的体育服务综合体，为加快发展体育产业和健身休闲产业，促进体育消费，建设体育强省作出积极贡献。

（六）主要特征

——场馆资源集约性。因地制宜，结合实际，在新建业态融合的体育服务综合体同时，鼓励充分利用现有体育场馆设施和城市空间，以及其他具备条件的设施建设体育服务综合体。

——资金来源多元性。坚持政府引导，市场为主，通过多种模式充分吸引社会资本参与体育服务综合体建设和运营，更好地发挥体育服务功能，促进体育消费。

——运营模式商业性。坚持创新运营管理体制机制，积极探索体育服务综合体多种运营方式，建立商业模式，转变消费方式，提升专业化、规模化、信息化、社会化运营水平，激发体育服务综合体发展活力。

——业态发展融合性。坚持以体育本体产业为主，积极拓展体育与健康、旅游、文化、会展等融合发展的新兴业态，推动资本、信息、人才集聚，打造业态融合、功能聚合的体育服务综合体和体育产业集群。

——服务内容公共性。坚持适应群众消费新需求，突出体育服务主体内容，积极拓宽服务领域，丰富服务内容，创新服务方式，优化消费环境，提高公共体育服务能力。

（七）发展目标。到 2020 年，全省建成 40 个左右体育服务综合体；到 2025 年，建成 100 个以上体育服务综合体，实现省、市、县三级全覆盖，在全国率先建成设施完备、功能齐全、运营创新、服务领先的体育服务综合体网络体系。

三　强化规划引领，加快体育服务综合体建设

（八）统筹发展布局。加强对全省体育服务综合体建设的统筹规划，分类建设与各层级城市规模和功能作用相协调的体育服务综合体，形成分级分类、形态多元、特色鲜明、功能完备的体育服务综合体。省级要以满足中心城市及功能片区发展需求为目标，以省五台山体育中心、南京奥体中心等体育场馆设施为依托，加快建成集聚效应强、服务水平高、辐射范围广的体育服务综合体。设区市和县（市、区）要立足城市定位，依托体育中心、全民健身中心以及县级体育设施"新四个一工程"，建设一批与城市发展水平相协调、配套功能强的体育服务综合体。支持社会资本新建或利用具备条件的房产设施（空间）建设特色体育服务综合体。引导发展体育主题公园、

体育旅游、体育文化体验等特色体育服务综合体。

（九）明确建设标准。编制体育服务综合体建设标准，加强对全省体育服务综合体建设的技术指导服务。各地要综合考虑经济、职业体育水平、周边体育设施状况及群众体育行为特点，统筹群众体育与竞技体育的均衡发展，体育服务综合体公益性与产业性的有机统一，均衡设置运动项目，完善体育服务内容，优化综合配套功能。依托市、县（市、区）现有体育中心、单体性全民健身中心打造体育服务综合体的，结合自身实际，统筹规划运动项目、体育服务内容和配套功能。

（十）有序开展建设。各地要综合考虑经济基础、城市发展需要、消费水平、设施条件等因素，合理规划体育服务综合体建设，明确总体布局、功能定位和发展路径，有序开展体育服务综合体建设。新建体育服务综合体要科学选址、加强规划论证，明确功能定位、建设规模、项目设置、业态类型、配套功能、商业模式和管理体系。利用存量体育场馆或其他设施改建体育服务综合体，要完善规划和功能设计，合理开展适用性改造，提升场馆设施利用率和服务功能。将节地、节能、节水、节材、环保、信息等技术引入体育服务综合体的规划设计和建设中，提高体育服务综合体集约化水平。

四　创新运营管理，提高体育服务综合体服务水平

（十一）优化运营模式。加快建立适合体育服务综合体自身特点、符合行业发展规律、与地方经济社会发展水平相适应，能够充分发挥体育服务综合体效能的运营管理模式。推广政府和社会资本合作模式，鼓励社会资本以独资、控股、参股、特许经营等方式参与体育服务综合体投资、建设和运营。借鉴商业服务综合体开发运作成功经验，支持经济实力强、运作水平高、开发经验足的商业服务综合体开发主体，采取多种方式合作建设运营体育服务综合体项目。积极推进体育服务综合体运营管理体制机制创新，引入和运用现代企业制度，完善激励约束和绩效考核机制。鼓励和支持管理规范、效益良好的体育服务综合体通过品牌输出、管理输出、资本输出等形

式，提升专业化、规模化、社会化运营水平。

（十二）完善服务内容。体育服务综合体要突出体育服务功能，认真贯彻落实国家、省及各地有关体育场馆设施开放、服务、保障和安全管理等规定，积极开展场地开放、健身服务、竞赛表演、体育培训、体质监测、运动指导、健康管理等体育经营服务。鼓励体育服务综合体适应群众消费新需求，引进和开发趣味性、体验性强的时尚健身消费项目，拓展与健身、竞赛、培训等功能相适应的文化、休闲、商业、会展等服务，提供综合性、多样化消费产品和服务。体育服务综合体要制定服务规范，完善服务标准，健全安全、合同、资产等管理制度，确保安全有序运营。

（十三）提高运营效能。体育服务综合体要统筹规划业态结构、服务项目和商业模式，合理选择入驻企业，提高持续经营能力。鼓励体育服务综合体引进现代科技和信息技术，提高数字化、智能化水平，打造智慧型体育服务综合体。推动体育服务综合体开发以移动互联网、大数据、云计算技术为支撑的体育服务，切实加强商业模式和服务方式创新。鼓励体育服务综合体推广区域内消费一卡通，实现商户联合营销，提高整体运营水平。引导体育服务综合体构建内容服务商体系，探索实行体育游乐、安全教育、素质培养、用品销售等标准化服务供给，打造体育服务综合体发展生态链。

五　推动融合发展，充分发挥体育服务综合体功能

（十四）促进产业集聚发展。鼓励支持体育服务综合体面向市场，协调公共体育服务功能和商业服务功能，完善配套服务，优化消费环境，提高综合服务能力。引导体育服务综合体大力发展健身休闲、竞赛表演、场馆服务、体育培训等体育本体产业，积极拓展体育与健康、旅游、文化、会展、建筑等融合发展的新兴产业，带动体育及相关服务业围绕体育服务综合体集群发展、集聚发展，培育体育特色产业和产业集群。引导运营水平高、品牌影响大的健身服务企业入驻体育服务综合体，吸引国内外大型商贸流通企业

在区域内设立大型超市和品牌连锁店，鼓励体育及相关企业入驻发展总部经济，增强体育服务综合体的辐射带动功能。

（十五）促进城市功能提升。建设体育服务综合体要纳入城市建设规划，与城市建设统筹规划、同步推进，进一步完善服务功能、提高运营效率、提升文化内涵，使体育服务综合体与城市发展相适应，与城市经济相融合，与城市文化相协调。发挥体育服务综合体有机融入、高效承载、合理完善城市功能的作用，完善居住、商业、旅游、娱乐、餐饮、停车等功能，促进体育服务综合体与周边区域功能互补、互动发展，优化提升城市功能和品质。

（十六）促进发展环境优化。鼓励体育服务综合体搭建区域内公共服务平台，开展产业孵化、投资融资、信息咨询、行业交流、人才培训等服务，为区域内企业发展提供全方位服务。针对体育服务综合体建筑体量大、物业类型多的特点，创新监管方式，维护经营秩序，为体育服务综合体正常运营创造良好环境。指导督促体育服务综合体运营单位加强对区域内各类经营主体的监督管理，塑造环境美、服务优、信誉好的形象，促进体育服务综合体健康有序发展。

六　加大保障力度，形成推进体育服务综合体建设合力

（十七）加强组织领导。各地要将加快建设体育服务综合体纳入体育发展规划，切实加强组织领导、协调推进和督促落实。发挥省体育产业发展联席会议作用，统筹推进体育服务综合体建设。各级体育部门要积极协调发展改革、财政、国土资源、住房和城乡建设、城乡规划等部门，共同推动体育服务综合体建设。各地也要建立相应工作机制，制定具体发展计划，统筹规划建设，抓紧实施推进。要强化体育服务综合体建设跟踪监测与分析研判，定期发布全省体育服务综合体发展报告、发展指数和投资指南。

（十八）开展典型培育。加强规划引导、分类指导和典型培育，在"十三五"前3年，每个设区市建设2~3个体育服务综合体，带动在全省形成

一批具有示范效应的体育服务综合体。各地要制定本地区体育服务综合体发展计划，做好对辖区内体育服务综合体建设的指导和服务，加强工作跟踪和经验总结。省体育局将对体育服务综合体进行认证，适时召开体育服务综合体建设现场会，总结工作经验，加大宣传推广力度。

（十九）完善政策支持。省体育产业发展专项资金以及体育场馆免费低收费开放补助资金，对符合条件的体育服务综合体给予支持。通过政府购买服务等方式对体育服务综合体惠民项目予以扶持。对以体育服务综合体设施为载体开设的健身俱乐部，纳入省级健身俱乐部专项资金扶持范围。经省体育局认证为体育服务综合体的场馆，优先列为江苏省体育消费券定点服务场所。鼓励社会资本和各类投资基金投资体育服务综合体建设运营。引导金融机构加大体育服务综合体建设运营项目的信贷支持力度，支持有条件的体育服务综合体运营机构进入资本市场募集资金，鼓励担保、再担保机构提供优惠服务。与有关部门沟通，完善与体育服务综合体建设有关的土地、规划等政策措施，落实国家和省有关体育场馆的税收以及水电气热等优惠政策。

（二十）强化人才支撑。顺应体育服务综合体发展对人才的新需求，充分利用高等院校等各类教育资源，大力开展体育服务综合体规划建设、运营管理和专业技术人才的培养和培训工作，培育一批既懂经济又懂体育的专业人才。进一步完善人才、智力和项目相结合的柔性引进机制，畅通体育服务综合体人才引进绿色通道，注重吸引和聘用海外高级人才和领军人才。充分发挥体育产业智库和社会中介组织作用，加强体育服务综合体战略性和前瞻性研究。

附件：体育服务综合体建设参考标准

江苏省体育局

2017 年 1 月 25 日

附件

体育服务综合体建设参考标准

综合体类型		市级体育服务综合体		区(县)级体育服务综合体	
载体类型		综合性体育中心	单体性全民健身中心	综合性体育中心	单体性全民健身中心
场地设施	体育场地面积(万平方米)	8~10	2~3	2~3	1
	座位数(万个)	1	—	0.5	—
运动项目	必备项目	田径、游泳、足球、篮球、网球、排球、羽毛球、乒乓球	游泳、篮球、网球、排球、羽毛球、乒乓球	游泳、足球、篮球、羽毛球、乒乓球	游泳、篮球、羽毛球、乒乓球
	可拓展项目(不限于)	保龄球、高尔夫、射击射箭、舞蹈瑜伽、跆拳道、冰上项目等	保龄球、高尔夫、射击射箭、舞蹈瑜伽、跆拳道、冰上项目等	棋牌、太极、武术、舞蹈、轮滑等	棋牌、太极、武术、舞蹈、轮滑等
体育服务	体育培训	√	√	√	√
	运动健身指导	√	√	√	√
	专业训练	√	—	√	—
配套功能	必备功能	商业(购物、餐饮)、文化娱乐、酒店、会展	商业(购物、餐饮)、文化娱乐	商业(购物、餐饮)、文化娱乐、会展	商业(购物、餐饮)
	必备功能建筑面积	$1.2~1.5$ 人/m^2,其中商业占60%~70%、文化娱乐占30%~40%	$1~1.2$ 人/m^2,其中商业占50%~60%、文化娱乐占40%~50%	$0.8~1$ 人/m^2,其中商业占70%~80%、文化娱乐占20%~30%	$0.6~0.8$ 人/m^2
	可拓展功能(不限于)	办公、居住、运动康复医疗等	酒店、办公、运动康复医疗等	酒店、办公、居住、运动康复医疗等	文化娱乐、酒店、办公、运动康复医疗等

注:"√"为需要开展的服务;"—"为不做要求的内容。

社会科学文献出版社

皮 书

智库报告的主要形式
同一主题智库报告的聚合

❖ 皮书定义 ❖

皮书是对中国与世界发展状况和热点问题进行年度监测，以专业的角度、专家的视野和实证研究方法，针对某一领域或区域现状与发展态势展开分析和预测，具备前沿性、原创性、实证性、连续性、时效性等特点的公开出版物，由一系列权威研究报告组成。

❖ 皮书作者 ❖

皮书系列报告作者以国内外一流研究机构、知名高校等重点智库的研究人员为主，多为相关领域一流专家学者，他们的观点代表了当下学界对中国与世界的现实和未来最高水平的解读与分析。截至 2020 年，皮书研创机构有近千家，报告作者累计超过 7 万人。

❖ 皮书荣誉 ❖

皮书系列已成为社会科学文献出版社的著名图书品牌和中国社会科学院的知名学术品牌。2016 年皮书系列正式列入"十三五"国家重点出版规划项目；2013~2020 年，重点皮书列入中国社会科学院承担的国家哲学社会科学创新工程项目。

权威报告·一手数据·特色资源

皮书数据库
ANNUAL REPORT(YEARBOOK)
DATABASE

分析解读当下中国发展变迁的高端智库平台

所获荣誉

- 2019年，入围国家新闻出版署数字出版精品遴选推荐计划项目
- 2016年，入选"'十三五'国家重点电子出版物出版规划骨干工程"
- 2015年，荣获"搜索中国正能量 点赞2015""创新中国科技创新奖"
- 2013年，荣获"中国出版政府奖·网络出版物奖"提名奖
- 连续多年荣获中国数字出版博览会"数字出版·优秀品牌"奖

成为会员

通过网址www.pishu.com.cn访问皮书数据库网站或下载皮书数据库APP，进行手机号码验证或邮箱验证即可成为皮书数据库会员。

会员福利

- 已注册用户购书后可免费获赠100元皮书数据库充值卡。刮开充值卡涂层获取充值密码，登录并进入"会员中心"—"在线充值"—"充值卡充值"，充值成功即可购买和查看数据库内容。
- 会员福利最终解释权归社会科学文献出版社所有。

社会科学文献出版社 皮书系列
SOCIAL SCIENCES ACADEMIC PRESS (CHINA)

卡号：525458919546
密码：

数据库服务热线：400-008-6695
数据库服务QQ：2475522410
数据库服务邮箱：database@ssap.cn
图书销售热线：010-59367070/7028
图书服务QQ：1265056568
图书服务邮箱：duzhe@ssap.cn

基本子库
SUB DATABASE

中国社会发展数据库（下设 12 个子库）

整合国内外中国社会发展研究成果，汇聚独家统计数据、深度分析报告，涉及社会、人口、政治、教育、法律等 12 个领域，为了解中国社会发展动态、跟踪社会核心热点、分析社会发展趋势提供一站式资源搜索和数据服务。

中国经济发展数据库（下设 12 个子库）

围绕国内外中国经济发展主题研究报告、学术资讯、基础数据等资料构建，内容涵盖宏观经济、农业经济、工业经济、产业经济等 12 个重点经济领域，为实时掌控经济运行态势、把握经济发展规律、洞察经济形势、进行经济决策提供参考和依据。

中国行业发展数据库（下设 17 个子库）

以中国国民经济行业分类为依据，覆盖金融业、旅游、医疗卫生、交通运输、能源矿产等 100 多个行业，跟踪分析国民经济相关行业市场运行状况和政策导向，汇集行业发展前沿资讯，为投资、从业及各种经济决策提供理论基础和实践指导。

中国区域发展数据库（下设 6 个子库）

对中国特定区域内的经济、社会、文化等领域现状与发展情况进行深度分析和预测，研究层级至县及县以下行政区，涉及地区、区域经济体、城市、农村等不同维度，为地方经济社会宏观态势研究、发展经验研究、案例分析提供数据服务。

中国文化传媒数据库（下设 18 个子库）

汇聚文化传媒领域专家观点、热点资讯，梳理国内外中国文化发展相关学术研究成果、一手统计数据，涵盖文化产业、新闻传播、电影娱乐、文学艺术、群众文化等 18 个重点研究领域。为文化传媒研究提供相关数据、研究报告和综合分析服务。

世界经济与国际关系数据库（下设 6 个子库）

立足"皮书系列"世界经济、国际关系相关学术资源，整合世界经济、国际政治、世界文化与科技、全球性问题、国际组织与国际法、区域研究 6 大领域研究成果，为世界经济与国际关系研究提供全方位数据分析，为决策和形势研判提供参考。

法律声明

"皮书系列"（含蓝皮书、绿皮书、黄皮书）之品牌由社会科学文献出版社最早使用并持续至今，现已被中国图书市场所熟知。"皮书系列"的相关商标已在中华人民共和国国家工商行政管理总局商标局注册，如LOGO（▨）、皮书、Pishu、经济蓝皮书、社会蓝皮书等。"皮书系列"图书的注册商标专用权及封面设计、版式设计的著作权均为社会科学文献出版社所有。未经社会科学文献出版社书面授权许可，任何使用与"皮书系列"图书注册商标、封面设计、版式设计相同或者近似的文字、图形或其组合的行为均系侵权行为。

经作者授权，本书的专有出版权及信息网络传播权等为社会科学文献出版社享有。未经社会科学文献出版社书面授权许可，任何就本书内容的复制、发行或以数字形式进行网络传播的行为均系侵权行为。

社会科学文献出版社将通过法律途径追究上述侵权行为的法律责任，维护自身合法权益。

欢迎社会各界人士对侵犯社会科学文献出版社上述权利的侵权行为进行举报。电话：010-59367121，电子邮箱：fawubu@ssap.cn。

社会科学文献出版社